北洋风云人物

曹锟

董 尧◎著

中国言实出版社

图书在版编目(CIP)数据

曹锟/董尧著 . -- 北京：中国言实出版社，
2015.10
（北洋风云人物）
ISBN 978-7-5171-1615-8

Ⅰ.①曹… Ⅱ.①董… Ⅲ.①曹锟（1862～1938）—
生平事迹 Ⅳ.① K827=6

中国版本图书馆 CIP 数据核字（2015）第 247515 号

责任编辑　李昌鹏
责任校对　张国旗

出版发行　**中国言实出版社**

　　地　　址：北京市朝阳区北苑路 180 号加利大厦 5 号楼 105 室
　　邮　　编：100101
　　编辑部：北京市海淀区北太平庄路甲 1 号
　　邮　　编：100088
　　电　　话：64924853（总编室）64924716（发行部）
　　网　　址：www.zgyscbs.cn
　　E-mail：zgyscbs@263.net

经　　销　新华书店
印　　刷　北京温林源印刷有限公司
版　　次　2016 年 1 月第 1 版　　2020 年 4 月第 3 次印刷
规　　格　710 毫米 ×1000 毫米　　1/16　16.75 印张
字　　数　274 千字
定　　价　36.00 元　　ISBN 978-7-5171-1615-8

目录

破　题

天津临海的荒凉小镇——大沽，到了清朝光绪元年（1875）依旧荒凉。镇子上造船世家曹氏也还是靠着造船为生。唯独这家的三儿子曹锟，却偏偏不想子承父业，竟决心去投奔淮军，老爹曹本生着实气闷了几天，但最后还是想通了："唉！一人头上一颗露水珠，这小东西已经十九岁了，读书不成，卖布蚀本，终天游手好闲也不是办法，当兵就当兵去吧。"于是，把儿子叫到面前，铁青着脸说："三儿，你拿定主意要当兵了，爹也不拦你。只是有几句话我得先说出来，听不听便由你了。"

曹锟见爹答应他当兵了，忙说："爹，有话你只管说，儿子一定听。听了之后，当成金科玉律记在心上，终生不忘。"

曹本生依旧寒着脸说："你记住，别到外惹祸，能混碗饱肚子的饭，活得平平安安，就算你能耐，爹在大沽为你烧高香。实在混不下去了，还回大沽，造船是咱的祖业，你还是跟老爹我造船。曹家老林没风水，没人有多大出息。命定的，别妄想。"

曹锟眨着眼睛，对老爹的话一时品不出酸甜苦辣，只默默地点点头。

老爹的话算说中了，曹锟当兵二十年，才混上个营长，可见曹家老林风水不好。谁知到了北洋军阀"盛世"，曹锟竟时来运转，青云直上了，他做了袁世凯北洋新军第三镇的统制，随后，又是师长，又是虎威将军，一等伯，直隶总督，直鲁豫巡阅使……成了以保定为根据地的北方一霸！

中国的版图，毕竟不只是长城内外那片北方黄土，长江上下，沿海左右，还有大西北、大西南广袤无垠。所以，历朝历代中国的霸主总想一统华夏，成为人王地主。于是，兵连祸接，厮厮杀杀，战事连年。争权力，争地盘，争那个极顶的宝座。

曹锟却不同，在成了北方霸主之后，广敛钱财，家资无数，他要用金钱买一个"极位"。这在中国历史上是少见的，故而我们的这本"传奇故事"便围着"贿选"一事说三道四吧。

第一章
一心要买个总统干干

太行山刮过来的狂风，只几阵，便把一座古老的冀中城市保定刮得昏昏欲睡。城市上空，一派蒙蒙灰；街巷之中，车马行人几乎绝迹了；落光了叶子的老树梢头，几只乌鸦在有一声无一声地哀叫着。

这是1922年严冬的一个早晨。

当人们揉着困倦的双眼离开热炕头时，发现院子中落了一层稀稀落落的雪粒，屋檐上也似蒙上一层轻纱。无事做的人索性又缩回屋里，再钻进依然暖烘烘的被窝。

最显热闹嘈杂的地方，是曹锟的直鲁豫巡阅使署。石狮子把守的铁红色大门，在朦胧的晨曦中被打开，几个武装整齐的兵士尽职尽心地立在门旁；一个长衫束腰的老汉有气无力地在门外打扫落雪；几个为膳房采购食品的用人拉着一辆小车匆匆走出；守护和清扫署内各房的用人和兵士，纷纷走上岗位；该亮灯的房舍，都已灯火通明了……

巡阅使曹锟，又一个通宵未眠。庭院中的夜幕尚未消失，他已立在门里，对着静寂的院落呆望了许久。曹锟，六十岁了，不算太发福，身子骨还是十分硬朗。他面色红润，双目有神，短短的八字胡浓而黑，站立在早晨的严寒之中却连长衫也不穿，证明他健壮有御寒力。然而，那副紧锁的眉头和闭得紧紧的嘴巴，又表明他心事重重。

内侍给他送来了洗漱的水盆，他不理不睬。少夫人让人送来他几乎每天早晨必饮的蛋奶蜂蜜茶，放在八仙桌的角上，也就放下了。他每日早晨要在院中独自练练的八段锦，这几天也丢了……

"大帅有心事了！"他身边的人都这样认为。可是，却没有人知道他究竟有什么心事，更没有人敢问他有什么心事。

昨日深夜，巡阅使署的秘书长王毓芝在他身边停了许久，向他汇报了好几件事，诸如京城中的人事变迁，天津卫几笔财务往来，吴佩孚在洛阳练兵，新复任的大总统黎元洪的施政态度，等等。企图引出巡阅使的心事，而后以自己的足智多谋来为他排忧解困。王毓芝说得口干舌燥，曹锟听得索然无味。最后，他无精打采地呼着秘书长的雅号说："兰亭，天不早了，你回去休息吧。我也想睡了。"

王毓芝知趣地退了出去。

秘书长走了，他身边只有新纳的、比他小了四十多岁的小妾刘凤威在。这是一位机灵俊秀的女孩子，一脸稚气，却颇有城府——这大约与她的身世有关。刘凤威出身梨园世家，七岁登台，九岁遍唱了津保城乡，是河北梆子队伍中有名的"九岁红"，十二岁又串演京腔和北昆，是个见过大场面的妮儿。曹锟荣升巡阅使那年把她"接"进府中，成了他的四姨太。那时候，刘凤威才十六岁，但却成了曹锟身边最得意的人，小凤威把床铺拉好，娇声娇气地说："大帅，天不早了。过来，我待候您安歇吧。"

要是往日，曹锟准把她抱在怀中，"乖乖儿"的亲几口，然后伸开胳臂腿，让她为他脱去衣服，再一同钻进被窝。今日却反常，曹锟只闷闷地眼望着窗外漆黑的夜空，仿佛在倾听那紧一阵慢一阵的风声，连一字可否也不回。

小凤威知道大帅心事不轻，轻眨着眸子心想："为啥？"想是想不出缘由来的，索性投其所好，来为他排解排解。"大帅，我看您无心睡觉，这样吧，我选几段您喜欢的曲子唱给您听听。您也有许多日子不听我唱的曲子了。怎么样？"

曹锟是个戏迷。听戏是在大沽小镇上养成的习惯。当初，他长成身个之后，老爹让他跟着排船——那是他曹家的祖传手艺，他嫌出力太大不干；老爹让他种田，他又觉得没出息还是不干。最后，老爹出了钱为他拾掇一个布包包，让他走乡串村去卖布，他干了。就那时，他终日追着戏班子跑，上了瘾。散戏之后，他还常常能哼几句高昂的河北梆子。说真话，强取豪夺把

"九岁红"弄到手，首要原因是热衷于听她唱，其次才是她的姿色。"九岁红"受宠，主要原因也是凭着随时有几段曲送到曹大帅耳中。今日，曹锟虽然心事重重，"九岁红"的撒手锏，还是打动了曹锟的心。他转过身来，缓缓地坐在太师椅上，说："也好，我听你唱几段吧。"停了停，又说，"但必须唱新段子，唱好的。"

"是，大帅。"小凤威善解人心地说，"一定让大帅满意。"可是，当她静静神，想张口的时候，竟想不出唱什么段子才能使大帅满意了——离开剧团，小凤威几乎成了曹锟的玩物，朝朝暮暮，卿卿我我，当初为自己壮胆、提身价的曲子，早在曹锟面前唱烂了，又无处新学，恰似江郎才尽。拿什么曲子去排解大帅的重重心事？这个小坤伶一时犯了愁。眉锁有时，只好拣《西厢记》中一曲先唱来：

> 彩云何在，月明如水浸楼台。僧归禅室，鸦噪庭槐。风弄竹声，则道金珮响；月移花影，疑是玉人来。意惹惹业眼，急攘攘情怀，身心一片，无处安排；则索呆孩倚定门儿待。越越的青鸾信杳，黄犬音乖。

"不好，不好。"曹锟摇着手，说，"又是死沉沉。找点儿开心的听听。"

"好，好，好。"小凤威服帖地说，"换一曲，换一曲开心的。"说着，便唱了一段京腔《锁麟囊》：

> 春秋亭外风雨瀑，
> 何处悲声破寂寥？
> 隔窗只见一花轿，
> 想必是新婚渡鹊桥。
> 吉日良辰当欢笑，
> 为什么娇珠花泪抛……

"好了，好了。我不听这些曲子。"曹锟说，"什么'新婚''泪抛'，你还嫌我心事少？"

小凤威是被宠惯了的，何时受过这样的白眼？一怒一娇，索性背过身去，竟自流起泪来。一边流泪，一边又赌气唱道：

> 落红成阵，风飘万点正愁人。池塘梦晓，阑槛辞春；蝶粉轻沾飞絮雪，燕泥香惹落花尘；系春心情短柳丝长，隔花阴人远天涯近。香消了六朝金粉，清减了三楚精神……

唱着唱着，竟钻进被窝自己睡去。

曹锟一直把她当成娃娃看待，娇宠惯了，见她生气睡去，少不得又偎在床沿边哄逗了几句。然后，也不问她喜了还是怒着，依旧想自己的心事去了。

按说，曹锟不该有心事了，这几年，他的官运还是十分顺畅的。就从辛亥革命算起吧，十年中他是飞着升腾的，别人千载难逢的机会他几乎一年碰到一个：清帝退位之后，袁世凯握了极权——袁世凯可是曹锟的大恩人、大靠山。从小站编练新军起，他就是袁十分喜欢的人，凭什么呢？凭着他曹锟的机灵，凭着唯命是从，处处听命，令"袁大人满意"。是袁大人送他去天津武备学堂深造的。袁大人任直隶总督时，曹锟跟着到保定当了管带，不久当了统领，又不久竟做了第三镇统制。袁世凯当大总统了，曹锟的镇改为师，他又是三师师长。

曹锟这个师长可不是一般师长能比的，他一直围在袁世凯身边，得算"朝中"的师长。比如说吧，南京政府派蔡元培、汪精卫等特使到北京，请袁去南京就职大总统，袁世凯不想南下想在北京当总统，便命曹锟在北京、保定搞"兵变"，曹锟纵兵在北京烧淫抢掠三天三夜，把和和平平的京城闹得天翻地覆、昏天黑地。曹军发了横财，袁世凯有了借口，名正言顺地不去南方，而仍以北京为基地，扩大自己的势力。曹锟"救驾"有功，袁世凯称帝后便封他为虎威将军，一等伯爵。曹锟常在北方，手下有大帮直隶军队，通称直军。直军的首领是冯国璋。冯国璋斗不过皖系军阀段祺瑞，1918年从代总统宝座上下了台，次年病死北京，这样直系这个家族的族长便成了曹锟。经过一度振作，曹锟又先后打败了段祺瑞和奉系张作霖，他控制了中国的北方，成了直鲁豫巡阅使，成了中国三分天下有其一的霸主。这样的人还能有什么心事呢？

夜深了，风大了。曹锟的卧室里有些冷。他转过身来，为凤威掖好被子，自己却毫无睡意，仍然坐回桌边，去默默地沉思——

到了1922年，北洋军阀统治的中国，已经乱得几乎入了"膏肓"：北洋之祖袁世凯死了，北洋大权落入皖系段祺瑞手中，由黎元洪做傀儡大总统，发生了"府（总统府）院（国务院）之争"的黎段明争暗斗；利用辫子元帅张勋的复辟，段祺瑞把黎元洪赶下台了，由冯国璋代总统。冯国璋是直系首领，皖系自然不放心，不久又被段祺瑞拉下马。此刻发生了直皖大战，由于直奉的结盟，皖段失败了，政权进入了直系时期，直奉两家达成默契，请两派之外的大清遗老徐世昌出来做总统，他想幕后指挥徐世昌。谁知徐世昌不肯就范，他只好赶徐世昌下台。

就在徐世昌下野的时候，直系的第二号人物吴佩孚从洛阳匆匆来到保定。吴佩孚与曹锟一照面，就流露出不满情绪。

"珊帅（曹锟字仲珊），不该让徐卜五（徐世昌字卜五）走这么早。这样会影响咱们的计划的。"吴佩孚虽然比曹锟小了十二岁，却比曹锟稳几分，早在直皖大战之后直系得胜时，曹锟就想握有极权，要当总统。吴佩孚狠狠地摇着头，说："不行。皖系虽新败，那只是北方，他们南方还有强大势力，一旦动起，危险很大。何况，东北还有蠢蠢欲动的奉张。我看还是等待时机，以武力来统一而后再握极权。"于是，才有了徐世昌当总统之举。现在，吴佩孚尚未具备统一全中国的实力，曹锟便迫不及待地赶徐世昌下野，吴佩孚怎么会同意？

曹锟望望满面情绪的吴佩孚，轻轻地叹声气，说："也是无可奈何呀。这个徐卜五也太不识抬举了。"

"不就是让他维持一下局面么？"吴佩孚说，"我们怎么能指望他干什么呢？他在大位上冲挡阵子，我就可以有时间扩大势力，养精蓄锐。待我用武力统一天下了，他徐卜五会如何？只怕一个眼色不需使，他便会乖乖地走开。"

曹锟微闭眼睛思索着，虽觉不如心意，但还点头了。可是，事隔不久，曹锟还是不能容下徐世昌这个大总统，于是，借故发动了一场直奉大战，以把奉军赶出关为名，孤立徐大总统。张败退东三省之后，曹又逼大总统免去张作霖本兼各职。不想惹恼了张作霖，张作霖一纸通电，把徐世昌从大总统宝座上拉了下来。

徐世昌退出大总统位了，曹锟急于登台，怎奈吴佩孚还是不同意。最后，直系中的曹锟保定派和吴佩孚的洛阳派达成内部协议，暂时由黎元洪来重做大总统。现在，正是黎元洪主政期间。吴佩孚回洛阳去了，曹锟在保定又做起了大总统梦……

深夜退出巡阅使署的秘书长王毓芝，一大早又匆匆赶来。

王毓芝是个机灵人，曹锟的心事他常常推测得八九不离十。这一次，有些儿反常，不仅没有推测准，还惹得曹锟总是皱眉摇头。秘书长犯了思索："曹三傻子到底想啥呢？"

直系得势之后，所有采取的行动，王毓芝都是参与的，拉徐世昌上台，推徐世昌下台，又拉黎元洪上台，曹锟的热热冷冷，王毓芝都清清楚楚。现在曹锟想什么？他糊涂了："现在夺大位，吴子玉（吴佩孚字子玉）不同意。再说，黎宋卿（黎元洪字宋卿）是刚刚被直系拉上来的，不能马上推下去呀！"王毓芝想来想去，还是没有想出头绪，所以，他天一亮又匆匆赶到巡阅使署，赶到曹锟面前。

曹锟对着庭院发呆，抬头又见王毓芝来了，忙转过身来，像是要迎出去似的，但却只摇一下身子，便仍在原地等他。

"兰亭，你早。"

"大帅早！"

"昨晚你啥时走的，我竟记不得了。"曹锟淡淡一笑，说，"不见你了，我倒想起几件事。"

王毓芝心里一动。"不是你让我回去休息的么？你下逐客令了，我能不走？怎么又问我啥时走的呢？"秘书长觉得曹锟也够假的。可是，自己毕竟是他的部下，是为他服务的，他不会也不能同他计较这些事。于是，他还是驯驯服服地说："大帅，我知道您有心事，觉得夜深了，怕影响您休息，便先走了。所以，今儿天刚亮我就赶来了，不想大帅也起得这么早。"

"来来，咱们屋里坐。"曹锟拉着王毓芝，边往屋里走，边说，"兰亭，昨日你来这里我竟忘记招待你了。日前，一位浙江淳安的朋友来访，带来一点当地名茶，叫什么来着？好像是叫'鸠坑毛尖'。你是知道的，我对茶是外行，知道浙江的名茶那就是西湖龙井。鸠坑毛尖怎么有名？倒是说不清楚。你对茶有研究，拿出来招待你，正好也顺便讨教一二。"说着，又转身对屋内喊一声："凤威，兰亭来了，你快把昨日我给你的新茶泡来，我们品尝一番。"

凤威应着，泡茶去了。

王毓芝有点纳闷："曹锟好多日子愁眉不展，一大早，哪里来了茶兴，何况自己平素与茶并无厚缘。大约是醉翁之意不在茶吧？好，我就扰他一杯再说。"于是便说，"那我先谢谢了。至于说茶么，我也是门外汉，常常饮而不知味。这种鸠坑毛尖是听说过，就产在淳安的鸠坑乡，所以得名。成茶色泽绿翠，银毫披露，外形紧细，条直匀齐而秀美，滋味醇厚鲜爽，气味馥郁扑鼻。喝起来倒是挺不错，只是，较起龙井等名茶还差些声望。之所以列为名茶，大约与睦州刺使范仲淹的那首诗有关……"

"好好、好好。这茶已经被你说得清清爽爽了，还有诗？好，你得说说是什么诗，让我开开眼界。"曹锟一扫愁容，竟乐呵起来。"你说的范仲淹，是不是那个写了'先天下之忧而忧'的宋朝人范仲淹范希文？"

"是的，正是他。"

"只知他文章写得好，原来还会写诗。你一定知道这诗，快念给我听听。就算我拿茶换你的诗。"说着，仰面笑了——这可是许久不见的笑脸。

王毓芝其实也想讨好他，便颇有韵味地朗诵起来：

潇洒桐庐郡，
春山半是茶。
新雷还好事，
惊起雨前芽。

"这么说，鸠坑茶是清明前后采的了。"

"是的，所以叫'雨前茶'。"

"好，茶来了，咱们先品品。"

二人对坐品茶，对茶寒暄几句，自然书归正传。

"大帅，"秘书长先转话题，"我冒昧地问一句，您这一段时间，一定有心事。可以对我说说吗？"

曹锟点点头，说："心事有，不大。没对你说，是没考虑成熟。你问起来了，我当然可以对你说。"

"洗耳恭听！"

"不是听，有些事是需你去办。"

"一定尽心！"王毓芝说，"请大帅吩咐吧。"

曹锟手捧冒着淡淡香气的茶杯，缓缓地踱着步子，说："兰亭，我想聘请一些国会议员为我的顾问。想许多日子了，只是没有决定这样的事让谁去做，什么时候去做？你看……"

"请议员做顾问？"王毓芝有点茫然。议员是管国家大政的，巡阅使是地方官，地方官署请国会议员做顾问，不合常规呀！王毓芝这么想着，便沉默下来。

曹锟一见秘书长沉默不语，知道他没有领会他的用意，心里有点生气。但又不好说明，只得含糊糊地说："没有什么用意，只想联络感情，交交朋友。"

"交朋友？"王毓芝说，"往日咱们跟他们交往不多，议员又来自四面八方，只怕……"

"当然得有所表示了。"曹锟忙说，"他们答应了，咱不会白用他们，每人每月给两百元车马费。"

"这个……好，好，该这样交朋友。"

王毓芝知道曹锟的为人，平时跟谁交往，都是一毛不拔的人。现在，想跟议员交朋友，每人每月还要送两百元活动费，这事有点反常。但又不便问，便只表了个赞成的态度，然后问："这事何时开始做呢？"

"当然越快越好了。"曹锟说，"这事你去做，如何？"

王毓芝心里一慌——他跟议员们交往不深，加上意图不明，所以他慌神。"大帅，要说跟这些人打交通拉关系，我是不行，我可以荐举一位，他准行。"

"谁？"

"远在天边，近在跟前。"王毓芝说，"他就是你的副参谋长王坦。"

"王养怡？"

"是他。"王毓芝说，"大帅知道，他跟议长吴景濂吴大头有抹不掉的交情，议员他大多认得，他去做这个工作最合适。"

"兰亭，你不是开养怡的玩笑吧？"曹锟说，"你是知道的，王养怡跟大头的老婆……"

"这不更好吗，给他们一些接近的机会。"

"怕闹出事来。"

"不会。"

"为啥？"

"吴大头是不计较帽子红绿的人，"王毓芝说，"再说，他又视财如命，只要养怡在他面前多烧香，万事皆休。"

曹锟想想，觉得也对，便说："兰亭，此事就由你向养怡说一声吧。他答应了，你来告诉我，我再见他。"

王毓芝走了，他带着一种迷惑去找副参谋长王坦。

王毓芝尚未动身，王坦却走上门来了。和他一起来的还有直隶省长王承斌。王毓芝迎着他们笑了："燕赵地灵，念着谁谁就到了。"

王承斌说："你念着我了？"

王毓芝说："你在天津，是大忙人，我不敢念你。倒是念着养怡呢！"

"肯定有收不了场的事。否则，不会念着我的。"王坦是个喜好调侃的人。

"有美差给你。"王毓芝说，"我是奉命传达。"

"先别谈这个，"王坦说，"我和孝伯（王承斌字孝伯）来找你，是一同解谜团的，先谈谜团吧。"

"什么谜团？坐下说。"三人入座，有人奉茶。

王坦开门见山地说："孝伯说大帅想当大总统，问我信不信，我说信，他又问我'当得当不得'？我们争了半天，尚无结果，才把这事端到你这里来了，咱们'三个臭皮匠'来共议议。"

"大帅要当大总统，这事早传出了，只是吴子玉不同意才放下的。"

王毓芝说："怎么又重提此事？"

"你说的是往日，我们说的是今天。"

"今天又重提了？"王毓芝疑惑。

"先别说这个。"王承斌说，"我想问问二位，大帅当大总统当得当不得？"

王毓芝没有思想准备，一时不知该如何说，他把脸转向王坦，问："养怡，你的意见呢？""我得先问问你，"王坦说，"你是秘书长，总管家，你知道大帅目下有多少家产吗？"

王毓芝眨眨眼睛，说："这个……约估数，也有一千几百万吧。"

王坦笑了。"普通人家，有个三二十万，他的后人就走邪门歪道了。大帅有一千几百万，心里不平静。留给后人，肯定是罪；买个总统当当，最是办法，哪怕当三五天。曹氏毕竟出了国主……"

"这么说，大帅想买总统？"王毓芝恍然大悟。不待客人再说话，他便把曹锟要与议员交朋友、请顾问的事叙说一遍。"就这样，我还特地把养怡推荐出来呢。咱们也不谋而合了。"他又问王坦："养怡，聘议员当顾问的事，你就当仁不让了。"

"大帅早就'号'着我了，不干也得干。"王坦顺从地说，"当总统，是下台倾家的最好办法，难为珊帅想得出。只怕他家的守财奴老四爷不肯出血。要知道，曹家财产全在他手里。"

王毓芝还是不解地说："咱们势力不弱了，吴子玉也答应用武力夺总统位给大帅，怎么又想买呢？"

"迫不及待了！"王坦说，"能早一天就早一天。"

"请议员做顾问，就为此事？"

王坦点点头。

王承斌说："匆匆忙忙买总统，沙滩上造大厦牢不了。我看是不是给大帅提个醒，缓缓再说。"

"提不得。"王坦说，"大帅刚愎自用，认准的事不会回头。我们只好听从命令。"

王毓芝说："怪不得这些日子大帅总是闷闷不语，原来是想着这件事。我明白了，这些年，从当三镇统制起，尤其是任长江上游警备司令时，弄了不少钱；年年做生日都大办，又弄了不少钱；在老家大沽镇，通过老大、老四等兄弟又弄了些钱，原来就是为了今天！"

大家心中明白了，也都想跟着主角儿演这场戏。于是，又一起去见曹锟。

花钱买总统的事，曹锟和他的文武助手们已经心照不宣了，再不必掩掩盖盖。曹锟便明明白白说出要说的话了。"各位，如今是大乱时期，争争斗斗许多年，把好人坏人的面目都闹得分不清楚了。子玉坚持的武力统一天下，不是不可以，只是需要时间。说不定武力起不了作用，天下便被别人抓了去。所以，我想走国会这条路。"他把话停了片刻，又说，"至于用什么办法同国会议员联络的事，我看不必计较。人都是有感情的，在感情上花点钱，也算不了什么。你们说呢？"

大家都点头。

曹锟又说："现在，也只能做感情联络，还有许多别的事要等这件事做完了，才能提到议事日程。你们说对不对？"不待别人开口，曹锟便从自己的抽屉里拿出一张银票，递给王坦，说，"养怡，我和兰亭商量过了，这事还得你去办。当然是要通过吴大头。好在你跟吴大头挺投缘，办起来不难。至于说要花多少钱么，不必计较，以办成事为原则。怎么样？"

今儿，曹锟说话特别温柔，总是一副商量的口气。其实，办事的准则，他却提得明明白白，明白得不许别人讲一点价钱。王毓芝、王坦他们呢，也觉得这多半是曹锟私家的事，办成了，大家跟着沾光；办不成，也损害不了自己什么。索性言听计从、顺水推舟，好在花的是曹家的钱，何乐而不为呢！弄好了，还有点油水。王坦收下银票，先自告别，王毓芝和王承斌也随着出来，各自干各自的去了。

第二章
黎元洪又当了大总统

　　曹锟在保定他的直鲁豫巡阅使署只平静了一天，又不平静了。从眉头消失的愁云只在头顶飘忽了片刻，又重新钳在眉头——参谋长、秘书长去做议员的拉拢工作了，为他分了一点忧。不过，只一点而已。"果然议员都乐意了，何时开国会？果然开国会了，黎元洪在总统位子上，下一步怎么办？"曹锟一想到黎元洪，就像患了疟疾病一样，通身上下，奇冷奇热，他真想立刻就除掉他。是的，大总统一个国家只能有一个。黎元洪坐上了中国大总统的宝座，这个宝座就不许别人再坐。要坐，就得把黎元洪赶下去。黎元洪是直系把他推上总统宝座，不是想拉就拉下来的。曹锟咋不愁？！

　　曹锟也并不想马上拉下黎元洪，只是黎元洪"不识相"，逼得曹锟非拉他不可——

　　当初徐世昌下野的时候，曹锟是不同意再扶黎元洪的。他对吴佩孚慷慨激昂地说："既然我直系的敌人一个一个都臣服了，大总统自然也是我们的！为什么还要别人出任呢？黎元洪凭什么？凭政治，他早在国人心目中失宠了；凭军事？他无一兵一卒，无方寸之地……"

　　吴佩孚轻轻地摇头，说："不让黄陂出来，恢复国会就有困难，国会恢复不了，下一步棋就不好走。"

　　曹锟无可奈何地默认了。"这样做也好，除了恢复国会之外，黎元洪也会知道事该怎么办的。"

黎元洪再次登上大总统宝座，国会是恢复了，议长、议员也大体定了下来。但是，黎元洪却别出心裁地干了一件令曹锟十分生气的事——

黎元洪重新走进总统府的第二天，就把他的智囊团中政学系小有名气的李根源、韩玉宸找到密室，问他们："这个总统该怎么当？"

韩玉宸爽快，喜欢开门见山。他说："要当大总统就当自己的大总统。要有权，要说了算数。"显然，这是针对黎元洪几起几落的教训说的。

李根源和韩玉宸一样，都是随黎多年同甘共苦过来的，且又都是颇有智谋的人。他说："'前事不忘，后事之师'！高位和大权是相一的。如今，军权、政权都过于分散。比如，那巡阅使、督军之位，本来就是沿袭旧制，既然国家设总统了，就该以共和政体施政。我看，应该首先取消这些各霸一方的军权，地方自治以政权为主。天下应归总统统管，不要再受制于人。"

黎元洪心领神会，决定采取这两个人的高见。又经与国会中的实力派协商，取得一致意见，很快便决定在国中废除巡阅使、督军等职衔，并且明令实施。军阀混战时期，巡阅使、督军都是一方呼风唤雨的人物。如今，皖系已败，虽有少数人物仍领着旧头衔，但大权早失，有职无能了；奉系新败出关，关内起作用的巡阅使、督军他们很不上了。显然，黎大总统废除的，只是呼风唤雨的直系的巡阅使和督军。黎元洪的新令，显然是对曹吴来的。

天下事也是巧合的多，曹锟迫不及待想当大总统，正谋划着赶黎下台，但却借口难找；黎元洪一纸废巡、督的令下，给了曹一个暗下决心的刺激。他一个密令，把吴佩孚从洛阳"请"来，二巨头谈起驱黎办法——曹锟跟吴佩孚，称得上是生死与共的关系。吴佩孚二十岁投军之后，凭着"秀才"的文笔，很快便在军中小有名气，归了曹锟麾下之后，又因为都极为崇拜平倭名将戚继光，甚受曹的信赖。后来，吴佩孚出力为曹锟平息了陈长远的哗变，曹便升任他为炮兵第三标的标统，吴曹开始形影不离。使曹锟把吴佩孚当成心腹的，还是五年前辫子元帅张勋复辟那件事。

张勋复辟，得算是对北洋各派军阀最严峻的一次考验：是倾向覆灭的清王朝，还是倾向新兴的革命共和？明明白白。所以，张勋为复辟大事在徐州召开四次预备会议，各派军阀都极为震惊，何去何从？脑汁绞尽。作为直系军阀的实力派，曹锟犹豫不决，问计于吴佩孚，吴佩孚极力支持他派员参加徐州会议，并明白表示支持复辟。曹锟这样做了。1917年7月1日，张勋果然复辟成功，北京城又挂起了龙旗。

曹锟高兴了，复辟成功，他是功臣，溥仪重登极位，理应首先嘉奖功臣，功臣还不得个个加封！他忙着把吴佩孚找到面前，兴奋之极地说："子玉，子玉，皇上复位了，辫帅得胜了！你赶快拟个电文给张绍轩（张勋字绍轩），咱们得祝贺祝贺他！"

吴佩孚也兴奋了，是他鼓动曹锟派代表去徐州支持张辫子的，如今张辫子胜利了，复辟的丰功伟绩，他曹锟得有一份，岂不又是一次"上青云"的机会？于是，吴佩孚拿出文房四宝，闷在密室，搜肠刮肚，编起贺电来。

也该着事情蹊跷，吴佩孚电文拟好之后，尚未发出，一位老朋友请他去赴宴。并说"酒宴已摆好，只待大驾光临"。吴佩孚春风得意，正是处处显风流的时候，自然乐为。结果，酩酊大醉，竟把那张拟好了的祝贺张勋复辟成功的电稿当手纸用了。正是吴佩孚大醉躺在自己床上时，曹锟匆匆赶来，焦焦急急地追问贺电一事。

"子玉，子玉，你怎么醉成这个样子？给张绍轩的贺电发了没有？"

大醉中的吴佩孚，神魂都出了窍，仿佛回到了老家山东蓬莱，又潦倒穷困地钻进一家烟馆，正因为无钱被人赶出来了。听得曹锟问电报，便糊糊涂涂，颠三倒四地说："不发了，不发了，他要失败了，彻底失败了！还发什么贺电。"

吴佩孚在曹锟面前从无戏言。今天忽出此话，曹锟大吃一惊："难道吴子玉能先知先觉？"再看看吴佩孚，却醉不醒事。曹锟便十分生气地走了。临出门还说："如此行为，若有战事，岂不大误！"

北京龙旗挂出不久，张勋黄粱美梦正酣，段祺瑞便在天津附近的马厂举行一个讨伐张勋的誓师大会，并成立了"讨逆军总司令部"，一场讨逆大战展开了，曹锟竟被任命为讨逆军的西路总司令。

段祺瑞毕竟是北洋之虎，张勋复辟那阵子，他的国务总理和陆军部总长等职虽然被黎大总统给免了，可他手下庞大的皖系军队还是原封不动的，张勋哪里是他的对手，何况还有直系的相助。誓师会后，讨逆军一出，张勋就一败涂地，潜入荷兰公使馆去了。而刚扶上龙座的小溥仪，自然还得回到冷宫。

一场噩梦式的灾难过去之后，曹锟恍然大悟："吴子玉不是凡人，此人今后必成大器！"据此，更加相信和依赖吴佩孚了。

曹锟一见吴佩孚来了，连寒暄也未及，便焦急地说："子玉，出乱子了，你知道么？"

吴佩孚不惊不慌，只淡淡一笑，说："不就是想把大权揽到他一个人手里么？没多大乱子出。"

"黄陂忘恩负义，向你我开刀了。"

"只能说举起。开不开刀的主动权尚不在他手里。"

"在谁手里？"曹锟急了，"在你，在我？你我都不是大总统呀！"

"他黄陂是怎样当上大总统的？他的靠山是谁？"

"如今他在位上，可以下令，令出可以法随。名正言顺。"

"水能载舟，亦能覆舟。"

曹锟猛然出了一口气——心里明白了："黄陂这只舟是用武力推上去的，用用武力，自然可以覆了他。"

玩了大半生武力的曹锟，今天竟忘了武力的作用。他击着自己的脑袋，暗暗自责："嗯，不错。段歪鼻子（段祺瑞有个歪鼻子毛病，激动起来常歪鼻子，故有此外号）不是不可一世么？宝座比黄陂坐得牢。一动武他不是也乖乖地走了么？赶一个黎宋卿比赶一个段祺瑞容易多了。"曹锟轻松地一笑，对吴佩孚说："好，就按你的意思，来它个兵谏！"

吴佩孚忙摇头说："我何时说'兵谏'的话了？这种事用兵不是上策。"

"你不是说'水能覆舟'么？不动兵他黄陂会自动走开？"曹锟又焦急了。别看曹锟在官场上是老手了，可在智谋上，他却往往不得要领，有时只凭激情办事。比起吴佩孚，他还相差一筹。

见曹锟这模样，吴佩孚暗自笑了。"只知用兵！师出无名，又怎能收效呢？"他对曹说，"现在看来，不至于用兵。要让黄陂下台，有几个小动作就行了。"

"什么小动作？"曹锟不相信。

"找几人一同商量一下，就会有的。"

曹锟没有点头，也没有摇头。沉默了好半天，他只让人把参谋长熊炳琦找来。

"润承，"曹锟呼着熊炳琦的雅号，把刚刚同吴佩孚谈的事向他简要介绍了一下，然后说，"就这事，请你来，就是想听听你的意见。你看如何？"

有"小诸葛"之称的熊炳琦，竟反问了一句："大帅打算如何对待黎宋卿呢？"

"想发个通电，逼他自动离开。"曹锟直率地说。

熊炳琦对这个回答，同样没有点头，也没有摇头，却把目光缓缓地转向吴佩孚，想听听吴佩孚的意见。他对吴是崇拜的，知道他会有好办法。正如吴平时的口头禅："人说无有办法的事，我偏说吴有办法。"于是，他转了话题："玉帅，您的意见呢？"

吴佩孚摆出一副儒将的风度，慢条斯理地说："中国的大权，最终是要落到咱们手里的。如何才能落到咱手？我想，还得考虑顺乎民心的事。古人说：'理国要道''君子为国，正其纲纪，治其法度''攻取者先兵权，建本者尚德化'。连《晏子春秋》上也说：'能爱邦内之民者，能服境外之不善。'照我看，无非是用明、暗两种办法，方能由近及远地实现一个长治久安的结果……"

吴佩孚慷慨陈词，把他的两套办法说得头头是道，使得曹锟乐得合不上嘴，声音洪亮地说："好，好！这两个办法一个交给孝伯，一个交给润承。你们一个直隶省长，一个巡阅使署参谋长，一定能够妥妥当当地完成。"

吴佩孚的办法，也着实奸诈得很，先说那暗的——他让王承斌去拉拢国会议员，让议员不支持总统，使总统失去依托，继而刁难国务总理，逼着总理无法工作而下台。责任内阁没有总理了，政府自然瘫痪下来。这一步做得很顺利，黎元洪上台后的内阁总理是张绍曾，本来就是用他装潢门面的。国会和京城中一忽儿那么多人造他的谣言，说他的坏话，他无法理国务了，只好下台。张绍曾这边下台，曹锟那边便把直系骨干高凌霨推到代总理位子上，而高内阁又是只挂牌不理政，政府依然瘫痪下来，但表面上却有内阁总理。再说那明的，更厉害了——吴佩孚让冯玉祥、王怀庆去找黎元洪要军饷。

重新登上大总统宝座的黎元洪，并没有因为重登而大喜过望，总觉得双脚像踏在薄冰上，不知道哪一小步不慎，就会掉入冰窟中。五十八岁的人，虽然尚算不得老，但由于仕途坎坷，黎元洪不仅脸上过早地布满了皱纹，双眸失去了神采，鬓发也多银丝，背明显地驼了，行动已不像前些年那么利索了。正应了那句"千愁万愁人自老"的话了。

黎元洪不容易呀！他是北洋水师出身，随德国教官训练湖北新军，以后基本上是以湖北为根据地。由军中的管带、统领升为二十一混成协的统领。湖北是革命党的根据地之一，黎元洪却干了许多破坏革命党的活动，亲手杀害起义士兵。武昌起义之后，他却被推到军政府鄂军大都督宝座上，南京临时政府成立时，当选为副总统。袁世凯死后，黎元洪由副总统升任总统。不幸的是，他的总统府与段祺瑞的国务院发生了不可调和的矛盾，成为清朝退位后中国政治舞台上出现的第一次"府院之争"。利用张勋复辟，段祺瑞把黎元洪拉下马来。复辟失败之后，皖系军阀形势大振，段祺瑞假惺惺地让黎元洪再当大总统。黎元洪明知是假，竟说了这样一段话："岂有辞条之叶再返林柯，坠溷之花重登茵席。心胆俱在，面目何施。"

这是1917年7月的事，没想到事经五年，到了1922年直系军阀统管天下之后，硬是把他黎元洪拉出来再当大总统。但黎元洪"不识相"，硬要行使自己独立的权力，竟连巡阅使、督军也废了，这不是跟自己儿戏吗？

黎元洪觉得，这样才是当了一个硬硬邦邦的大总统。

正当黎大总统自我感觉春风得意的时候，陆军检阅使冯玉祥和京畿卫戍司令王怀庆一起来到总统府，"一定要见大总统。"

"他们？"黎元洪心里一惊。他和他们交往甚疏，这两个人又都是直系中的骨干分子。"他们上门干什么？"虽然不想见，但也不能不见。于是，匆匆到一个小客厅，等待他们。

冯玉祥和王怀庆进来，各自先行了个军人的常礼，然后同声说："大总统好！"

黎元洪欠了欠身子，用手朝旁边的一排红木椅子指了指，说："二位请！请坐下说话。"

冯王二人坐下。黎元洪依然心平气和地说："二位匆匆来访，必有急事。请讲。"

冯玉祥望了望王怀庆，说："请王司令代言吧。"

王怀庆并不推辞，欠了欠身子，作了作姿态，说："大总统，我们业已面临大难数月了，万不得已，才来找大总统，企盼大总统能够体恤属下，给予解决。"

"有何具体难处？说出来，咱们共同商量解决办法。"黎元洪说。

"是这样，"冯玉祥站起身，笔直挺胸，又给黎元洪敬了一个军礼，说，"我们两部的军饷，已数月不发了，官兵十分焦急，怨声四起。虽经数度说服教诲，怎奈大多官兵均有老老小小，家家嗷嗷待哺，实难采取更强硬的办法。恳请总统能拨出库存，以解燃眉之急。"

"数月不发军饷了？！"黎元洪说，"这怎么行呢？"他正想询问具体情况，忽有人来报："总统府外来了许多军警，他们高呼口号，要活命、要吃饭。请问总统怎么办？"

黎元洪说："劝他们先回去，他们的司令正在这里商量这件事呢。"

来人退出了。

王怀庆趁机说："大总统，关于军饷一事，我们已经向您报告了，我们期望短时间能有个解决办法，以安定军心。外边既有军人来闹，让我们出去处理吧。"说着，和冯玉祥一起站起身来。

黎元洪想当几年"文治"的和平总统，生怕有人闹事，正为总统府外的大兵焦急着呢，一见冯、王二人主动要去排解，自然欢喜。忙说："好好，好好！二位出去，必能解散。至于军饷一事么，我一定过问，一定过问。"

冯王二人退出去了，黎元洪顿觉轻松。其实，他根本就想不到这是逼他的一步棋——冯王出了总统府便钻进自己的汽车，一声鸣笛，便飞得无影无踪了。

总统府外，奉命来要军饷的军警越聚越多，"要活命、要吃饭"的口号越呼越响，不大工夫，便把那条大街围得水泄不通，闹得天翻地覆。此时，黎元洪才感到问题严重。不见冯王二人的回音，再派人出去劝阻又毫无作用，他只急得团团打转，但急不出任何办法。

闹事的军警一帮一帮，从上午到下午，从下午闹到入夜，而且从总统府一直闹到北京的大街小巷。满天星斗的时候，喧闹声竟充满了京城的各个角落。

"怎么办？"大总统急了。

驻在京城中的军警都是直系的队伍，黎元洪自然想到住在保定的曹锟，急电"令曹锟火速来京"，想请他拿个办法。

在保定巡阅使署有些焦急的曹锟，正猜疑着这招棋是否见效时，忽然接到大总统来电，他笑着说："黎宋卿应付不了了，我得进京。"

曹锟坐着他的专车，忽忽悠悠从保定来到北京，一头钻进了总统府。

黎元洪焦不可耐。一听曹锟到了，像似捞到了救命绳一般立即在小客厅召见。

这是一个很特殊的召见，一个（大总统）是因军警困扰急求排除困围，一个（巡阅使）是因为急于实现自己的逼宫计划，两人都在争分夺秒，两人都在焦焦急急。一见面，黎元洪便双手拉住曹锟，如释重负地说："珊帅，珊帅，可把你盼来了！"

曹锟也说："大总统，我何尝不是急着想见见你呀！"

一阵热情之后，黎元洪还是先说出了心事。"珊帅，北京的情况你看到了吧，军警都叫着没饭吃。军队是你的王孝伯管辖，警察属于冯焕璋（即冯玉祥），你们得解决薪饷问题，不能任其饥荒呀！"

"大总统，"曹锟倒是平静得多，他只淡淡地笑着，说，"我也正因为薪饷的事想向大总统报告呢。北京闹薪饷，保定比北京闹得更凶，我几乎无法来京了。"

"军饷怎么不按时发放呢？"黎元洪急着问。

"大总统应该问问陆军总长金永炎。问问他往下拨军饷了没有？"

"怎么会不拨军饷呢？！"

"此番来京，我也想问清楚这件事。"

——其实，黎元洪想问的问题曹锟是不必问的，军饷不发，他最清楚，就是他曹锟，一而再再而三地调换内阁总理，早把政府架空了，谁也别想行使职权。财政总长无钱拨陆军部，陆军总长自然无薪饷拨给各军警总部。这正是曹锟想造成的局面。今天，这种局面造成了，他坦坦然然，高高兴兴，根本就无需再追问什么。

黎元洪把陆军总长找来了，陆军总长如实地表明"没发薪饷是事实"，但他不愿说出没发薪饷的原因。大总统却是恍然明白了，所以也没有追问，只冲着他挥了挥手，让他出去了。

陆军总长走了之后，黎元洪仿佛猛然间明白了许多问题，尤其是钱的问题——战争连年，国库空虚，几个银钱全在各大军阀手中，总理和各总长到哪里去弄钱呢？大总统本来想责怪曹锟一番，没想到曹锟竟给他带来一个十分棘手的问题。他无可奈何地对曹锟说："珊帅，这么说来责任不在士兵。你抓紧做做说服工作，我也再跟陆、财两部协商一下，欠弟兄们的饷总是要发放的。"

曹锟心满意足，笑嘻嘻地离开了总统府。

曹锟没有去对士兵做工作，士兵的工作他根本不需去做。眼下最当紧的事是，他得迅速离开北京，他得迅速返回保定，以排除将要发生在北京的事情牵连上他……

曹锟走了。黎元洪望着他身影消失的那个门洞淡淡地笑了。"曹三傻子呀，曹三傻子，这方面的斗争我虽不一定胜了你，但你比段歪鼻子的手段差多了。"想着，便把面前曹锟未曾饮尽的茶杯端起来，手腕一用力，把半杯残茶泼了出去，泼茶时几乎把那只汉白玉的茶杯也扔出去——因为是大内的器皿，他舍不得。

黎元洪转身要入内室的时候，有人匆匆来报："大总统，北京城主要街道上的警察都罢岗了，全城秩序大乱！"

"啊？！"黎元洪吃惊了，"怎么回事？怎么回事？"

"警察罢岗了。"

"为什么？"

"说是没饭吃。"

"不是正在解决么，怎么能罢岗呢？"

又有人来报："大总统，不好了。"

"又有什么事？"

"大街小巷，五颜六色的标语飞满天，闹得人心惶惶？"

"什么标语？"

来人把在街上捡到的标语递给黎元洪。

大总统接过红红绿绿的标语一看，惊呆了——大大小小的标语几乎全是一个内容，同是一行字，那就是："黎元洪快快下野！"黎元洪的眉头一下锁了起来："这是什么人干的？难道能是曹锟？不会吧。他要说的话我全让他说了，他要薪饷我答应给他解决，他没有理由再鼓动下边这样干。"黎元洪这样想着，自己摇着头。

他拿起电话，要警察总局。

警察总局要不通。

他拿起电话，要京畿卫戍总司令部。

京畿卫戍总司令部的电话也要不通。

"给我要总统侍卫队！"

"报告大总统，侍卫队电话也要不通。"

黎元洪这才感到形势严峻了！他皱起眉，深深地呼一口气，自言自语："曹锟要赶我下野了。"他仰面无神地望望天空，侧身又听听大墙外的呼号，暗暗发狠："曹锟呀曹锟，你今天这么迫不及待地赶我下野，当初又何必把我拉出来？你这不是在玩人么！"

就在此刻，陆军检阅使冯玉祥、京畿卫戍总司令王怀庆以"京城形势突变，职等无法控制大局，有失职责"为名，请求辞职。

中枢大乱了，京城大乱了。"怎么办？"黎元洪像当年武昌之役时一样，心急如焚，恨不得再来一次钻进床下。他急急忙忙离开总统府，又急急忙忙赶到东厂胡同他的私宅，想在家中召开一次文武亲信齐聚的紧急会议，来磋商一个救急的办法。

曹锟没有回保定。他的车子在京郊转了一圈便折回京城中，并且直开进京畿卫戍总司令王怀庆的官邸。王怀庆向他报告了部署情况，然后说："黄陂太不自量了，京中那么大变化，他还死死恋着总统府，人说'不见棺材不落泪'，他这是见了棺材也不落泪。"曹锟勾着眼睛沉思阵子，说："黎宋卿官迷心窍，常常忘乎所以。要防止狗急跳墙，来个先下手，他会怎么样？"

王怀庆说："军警都在咱们手，他没有多少办法。"

"别忘了，当初段合肥既是国务总理又是陆军总长，可谓权倾天下，还不是被黄陂给开了。黄陂厉害着呢！"

王怀庆笑了："珊帅，别只管长他黎黄陂的威风。合肥是被他免了，可是，到头来怎么样？合肥只略施小计，便借张辫子的刀就把他从高位上拉下来。我们，我们……"

曹锟也笑了。"该怎么做，你们看着办吧。"

王怀庆说："请珊帅放心，我知道该怎么做的。"

黎元洪回到家中，在书房刚坐下，便大声喊道："来人！"

"大总统……"一个随员来到他面前。

"超快把李根源、韩玉宸他们叫来，我有急事找他们。"黎元洪发号施令了。

可是，随从站着不动，面色也十分难看。

黎元洪发怒了，问："怎么不去呀？"

"大总统，您进来时没看见？"

"看见什么？"

"咱们家连门卫都换人了。"随员说，"门卫一换，便谁也不许外出……"

"那就打电话！"

"水电全部切断了。咱们的院子与外界隔绝了。"

"什么？"黎元洪感到事情严重了。他锁起眉，就地打起转转。

正在这时，陆军总长金永炎和美国顾问福开森匆忙赶来。

"大总统，"金永炎一照面就说，"形势乱了，曹三傻子对我们发难了，咱们得采取紧急措施。"

"什么措施？"黎元洪问，"早就该有措施，为什么今天才想？"

"早就想了，只是京津地区，全在曹锟势力范围之内，针也插不进。"

"现在能采取什么措施？"黎元洪急了。

美国顾问发话了："大总统，是这样，我们想先请大总统躲一躲，安全第一。"

"往哪里躲？"

"想请大总统先到天津。"金永炎说，"而后，我再把李根源他们也请到天津。"

"曹三傻子已经先下手了，他让我出去？"黎元洪紧张了。

美国顾问笑了。"请大总统放心，我们美国人还是可以保证大总统行动自由的。金总长已安排好专车，我们最好现在就动身。"

黎元洪自己没有主张了，只好点头答应。

1923年6月13日，当红日刚刚坠到西山山顶的时候，大总统黎元洪在陆军总长、美国顾问及少数家人的陪同下，秘密地离开了东厂胡同，登上了陆军部的特备专列，偷偷摸摸去了天津。

黎元洪一群人刚走出东厂胡同，曹锟便知道了。可是，他缺乏那种当机立断、忙而不乱的能力，尚未来得及作出对付的打算，黎元洪已迅雷般地飞走了。曹锟只有慌张焦急了。焦急了一阵子，才忙着把吴佩孚找来，想请他拿个办法。

吴佩孚来了。吴佩孚听了曹锟的情况介绍，没有激动，平平静静地思考片刻，说："珊帅，是不是把孝伯请来，听听他的意见？"

曹锟眉头一皱——他想：我是找你拿主意的，你又推给王承斌，王承斌是直隶省长，怎么问得了总统的事情？曹锟好大一阵没说话。他心里明白，在总统问题上，他和吴佩孚有分歧；但在反对黎元洪废除巡阅使、督军问题上，二人意见却是一致。所以，驱黎也成了共同目标。"吴佩孚为什么不表态，把事情又推给了王承斌呢？"曹锟想不准。他只好说："我已给孝伯打过电话了，他马上就到。"

吴佩孚为什么要把这事推给直隶省长，他自己不去处理呢？吴佩孚也有他的想法。驱黎是当前直系的大事，驱黎成功之后怎么办却又是直系中的大分歧。曹锟急于驱黎，是迫不及待想当总统，他不会等待全国统一、直系势力牢固。吴佩孚仍然感到时机不成熟，此刻据有大位，是进空中楼阁。此事如果让王承斌去做，将来无论进退，吴佩孚都给自己留下了退路。直隶省长兼督军的王承斌来了。王承斌一见曹锟和吴佩孚便说："黄陂跑了。跑得好！"

"跑了有什么好？"曹锟说，"他还是总统，跑到任何地方，都是一样。"

"他会逃跑，咱自然会有对付逃跑的办法。"王承斌不像吴佩孚想得那么多，吴佩孚是儒将，办事总讲究个"名正言顺"，讲究个"非礼不为"。直隶省长只照着自己的想法去干。

"你有办法？"曹锟问。

"老帅请放心，"王承斌胸有成竹，说，"跑得了和尚跑不了庙。他只能去天津，天津在我手中，自有办法。"

"好，好，你抓紧去办。"曹锟轻松了。不过，他还是转身又问问吴佩孚，"子玉，你的意见呢？"

吴佩孚一见直隶省长大包大揽下来了，也轻松地说："兵贵神速。孝伯既有通盘打算，就要立即实施，免得夜长梦多，留下后患。"

"那好，我将用最快的速度赶往天津。一切都会办好。"说着，王承斌退了出去。

果然，王承斌一边通知京畿卫戍司令部转告北京铁路局，要他们控制黎元洪的专车速度，一边乘上最优良的汽车赶往天津。一场激战在天津车站发生了……

直隶省长、督军王承斌赶到天津的时候，黎元洪的专车尚未到达。他把部队安排好，车站内外又设置了岗哨，然后带领随员坐进车站贵宾室。

天津车站，静悄悄的。没有进站的列车，连往外发送的列车也暂时停下了；站台上下，昔日那种人流熙攘已不见了。黎元洪的专列像一头猛狮轰隆隆地开进来，当他领着中外随员轻松地从车厢里走下来的时候，惊讶地发现，立在月台上等他的竟是省长、督军王承斌！

"大总统好！"王承斌彬彬有礼地迎上去。

"是你？！"黎元洪立即沉下脸来。

"没想到吧。"王承斌口气逼人。

"我从来都不愿意这样想。"黎元洪立在车门下，颇带怒气地说，"请你不要妨碍我的公务行动。"

"接到北京训示，大总统无故离京，已表明自动谢职，"王承斌依然恭敬地微笑，"这样，即请把总统印件暂时交出来。"

黎元洪怒了，他瞪起眼、挺起胸，暴跳着说："我是大总统，我为什么要交印？截车夺印，是何居心？"大总统说话的声音虽尚洪亮，但也能明显地听出，那语气却缺乏底气了——原来他在说话的同时，目光已经把车站上下左右窥视了一遍，他发现通道上、列车首尾、站台内外，布满了军容整齐的队伍，而且全是曹锟的部下，他心里吃惊了。那岁月，所有玩兵玩权的人都明白，一切权和威，都是搭在强兵之上的，只要有几师兵力在手，不管你是人还是鬼，照样有地位、威风；失去军队了，你又陷入别人的军队包围之中，哪怕你有三头六臂，纵然身上依旧披着龙袍，你也得乖乖地当孙子。黎元洪叹息着、摇着头，说："当初要我当大总统的，是你们直系；今天逼我出走又截车夺印的，又是你们直系。你们这样翻手为云覆手为雨，难道就不怕别人谴责么？难道就不顾未来，历史对你们的评价么？"

王承斌笑着说："大总统，你别忘了'此一时，彼一时'嘛。当初要你当大总统，那是完全正确的；今天向你要大总统印，也是完全正确的。这就是潮流，这就是时局。轮到你，你也是这样做。"

黎元洪不再答话，眼睛和嘴巴一起闭上——眼前这种形势，黎元洪是有所预见的。前两天，他把姨太太黎文绣安排到东交民巷法国医院"住院"去了，并且随身把大总统印带了去。他想在万不得已时便到租界内去行使大总统职权。然而，他不曾想到事态发展这么快，以致他离京时连向姨太太告别一声也未及，只是，总统大印还留在法国医院黎姨太身边。王承斌逼印，给是不给？黎元洪此刻像热锅上的蚂蚁一般，思索乱，通身燥。他想：交印，无疑是宣布自动下野。下野的滋味黎元洪是领教过了，那是1917年7月张勋复辟之后，他便是从大总统宝座上被逼下来的。下来了，就人不像人、鬼不像鬼了。现在，他有点后悔，后悔不该"再返林柯"。不交印呢？眼睁睁在天津这个不着天地的车站上再无路走。黎元洪山穷水尽了，猛然之间，他领略了官场上的险恶。沉默有时，他转身对身后的副官唐仲寅说："去，打个电话给法国医院，让姨太太把大印交给高凌霨。"

唐仲寅应了声"是"走出去了。

王承斌却不放心，他说："请大总统先到休息室休息，待孝伯安排一下，再送总统出去。"

黎元洪明白，王承斌不是做什么安排，而是以他作为人质。大印不到手，人质是不放行的。他叹息着，只好被囚进一个休息室。

住在北京东交民巷法国医院的黎文绣接到电话，知道大事不好，只好将大总统所有印件悉数交给代理国务总理高凌霨。

黎元洪总算又当了一次中华民国的大总统，虽然只是昙花一现。在常人眼中，有一现总比没一现好。

不过，黎元洪虽把总统印交出了，能否走得利索，尚不知。

第三章
总统大印我得收下

　　代理国务总理高凌霨，从东交民巷法国医院取回十五颗大总统印，捧在手上，心里打起算盘："曹仲珊要我去取印，并未告诉我取出印交给谁。大印这玩意可是有斤两的东西，一分一秒也离不开主。放我手里算个什么呢？我不能要。连保管我也不想保管。我得交给曹仲珊去。"

　　高凌霨驱车来到京畿卫戍司令部，见着曹锟，先表示祝贺，然后把大印放下，说："珊帅，总统大印全在这里，一共十五颗。您看看吧。"

　　曹锟捋着短短的八字胡，满面春风，伸出双手，想把总统大印接过来——为了这些印件，他做了许多日子的梦了。他多么想占有它呀！那是闪着耀眼金光的东西，是至高权势的象征，是人王地主的象征！手里有了它，普天之下皆属己有，举国男女无不臣属。

　　可是，他又把手缩了回来——他意识到用这样一种办法拿到手的大印，是没有身价，没有公信力的。谁给的权力？谁承认它从今之后就姓曹了？有几许人会出来为之保驾？曹锟冷飕飕地寒战一下，身不由己地退了半步，吞吞吐吐地说："这个……这个……"

　　高凌霨一见曹锟缩回手了，心中一惊："咋？不想要？"他立即感到了问题的严重——曹老三想推却篡夺大位的责任！高凌霨是深知中国的仁义礼智信和廉耻的。"天下最大之罪莫过于弑君！总统大印是我要来的，岂不是我弑君了？虽未灭了君，却驱君下野了。"高凌霨了解曹锟，知道他是个既想作婊子又盼望立牌坊的角色。"万一有一天他把责任推到我身上，我岂不成了千古罪人？！我不能上他的当，塞也得把总统大印塞给他。"这么想着，便诚诚恳恳地说："珊帅，这些大印您收下吧，早晚得是您的。孝伯他们费了那么大劲总算要来了，放在外边也不合适，还是您收下好。"说着，又把大印捧到曹锟面前。

曹锟依然皱着眉，缩着手——中国只许有一个国主，就像天空只有一个太阳一样。黎元洪是国会议员表决后登上国主大位的，他在位一天，天下姓黎，代表国主权力的大印也姓黎。姓曹的接下来，算什么？王承斌去天津时，曹锟有过交代："务必让黎黄陂宣布下野！"可是，除了逼印之外，天津并没有传来"黄陂下野"的喜讯。为此事，曹锟正在焦急。一事焦急未了，又来收印一事，所以，他不能不犹豫。

——王承斌并不疏忽曹锟的交代，只是事情尚未办好。

黎元洪命人给北京打过交印的电话之后，北京又传来交印的消息，他满以为自己可以自由了。于是，便对王承斌说："孝伯省长，让我走吧。我还有事情要做。"

王承斌冷笑着，从衣袋中拿出一张纸头，还算恭敬地交给了黎元洪。"请宋卿阁下看看这个。"他不称他为"总统"了，只称他的雅号。

黎元洪接过纸头一看，纸上第一行大字便是写的"大总统辞职书"。黎元洪惊讶了："辞职？我怎么辞职？！"他不想辞职，他想继续当大总统。他第一次当大总统没有作为，给国人留下的印象不好；他这一次当大总统想有作为，争取在国人心目中为自己树一个光辉的形象，挽回第一次做总统的坏影响。他尚未施展开来，尚未以自己的理智实施政纲。"我现在辞职岂不比上一次当总统更狼狈！"他发怒了，他站起身来，想冲着王承斌大骂一顿，甚至给他两个耳光。可是，就在休息室外，那群荷枪实弹的兵士，全是王承斌的人呀！就凭这，黎元洪已经感到气短了，有怒也发不出来，他更不敢大骂。只好把涌到胸口的怒气往下吞了吞，语气并不强硬地说："王省长，大总统辞职不辞职的事，恐怕不是你我个人决定的，应由国会来定。咱们是不是最近召开一次特别国会？国会如通过决议，一定要我辞职，我自然会交出辞职书。你看这样如何？"

王承斌冷笑了声，说："你说的是正常时期。正常时期，自然要通过国会决定总统去留。现在是特殊时期，另当别论。"

"什么特殊时期？"黎元洪不明白眼下有什么特殊，"内外平平和和，没有什么特殊。"

"你估计错了。"王承斌有些口气逼人了，"军人是国家之本。军人已数月不发薪饷了，他们为之效忠的政府已丢弃了他们，他们反了。中国历史上兵谏事件层出不穷，都是一些什么样的结果，我想阁下是悉知的。今天，仅仅是让阁下辞职，也称得上当今军人仁至义尽了。阁下如连辞职也不愿做，其后果会如何恐怕不是你我能左右的了。何去何从？还望阁下慎思而行。"

黎元洪软瘫了，他像一只被扎了洞的皮球，顷刻间便萎缩在座椅上。最后，他疲惫不堪地站起身，颤抖着手，在辞职书上写下了自己的名字：黎元洪。

就在曹锟为收印的事焦急不安的时候，王承斌从天津打来电话："报告珊帅，大喜讯！"

曹锟迫不及待地问："快说，什么喜讯？"

"黄陂在'总统辞职书'上签字了！"

"他答应下野了？"

"答应了！"

"签字了？"

"签了！"

"没有附加条件？"

"咱们不向他附加条件，就算便宜他了。"王承斌兴奋地说，"他怎敢向咱们要条件？"

"好，立即在天津通过特快的方式向全中国、全世界发布那个大总统辞职书！"

曹锟兴奋了，脸上那一层淡淡的愁云也消失尽了，眉展开了，眼有神了，举止也轻捷了。他笑容可掬地对代总理高凌霨说："既然你们都说总统大印我该收，那我就收下。不过，我只是暂时保存而已，待新的大总统选出之后，我自然会随时交出来。"

高凌霨心中暗笑："司马昭之心，谁人不知！到今天了，还在我们面前打掩护，真够滑头的了。"心里这么想，嘴上还是顺水推舟地说："珊帅当该收印。除了珊帅，当今天下还没有第二人有这个资格。至于今后的事，到时候再说吧。"

高凌霨交出总统印之后，便告辞去了。

曹锟把客厅门闭上，抱着总统印来到窗下，趁着骄阳，仔细打量起来——他激动了，十五颗闪着金光的最神圣的印章摆在他面前，他爱摸哪一颗便摸哪一颗，他想把它盖在什么纸上便盖在什么纸上！他翻弄着，抚摸着，端详着，品味着，那形、那色、那字、那……他有点儿忘情了。他把它们拢在一起，用那幅红绫子托着，捧起来，捧到面前，捧到嘴边；他微微低下头，用长着八字胡的嘴巴，一颗一颗地亲吻起来……

——这是由袁世凯经手的完全用纯金镂刻的十五颗代表着中华民国最高权力的印件。当初，袁世凯当临时大总统时，曾郑重其事地向大清隆裕皇太后索要过传国玉玺，他知道那是极权的象征。可是，隆裕却告诉他，"玉玺从元代就失传了，莫说清朝，连前明也没有人再见过玉玺。"袁世凯没有办法，才做了金的，就这样，这金印依然是神圣的，是极权的象征。真正把它抱在怀中的，除了袁世凯之外，只有黎元洪、冯国璋、徐世昌三个人。如此宝贝物件，居然到了他曹三傻子手里，能不令他兴奋？他亲着、吻着，不由自主地两行热泪便流下来。他暗自发誓："我一定要得到它，让它成为我的……"曹锟把那包大印抱得死死的。

大总统宣布辞职了，总统印件都交出来了，做着总统梦的曹锟兴奋一阵子之后，终于冷静下来了。这一冷静，他却慌神了：

——原总统下野了，并不等于自己就会成为总统；

——大印到手了，自己却无权使用它；

——自己离大总统位子近了，要上去，却并不是一件易事；

——出钱能不能买动议员？买议员要多少钱？钱够不够用？

哎呀呀，一串串问题都来了，来得那么凶猛，凶猛得使曹锟有些儿脑涨、眼花、神慌。他闷在一个房子里，冷落了来之不易的总统印，思考着一串串焦心的问题。最后，他把王怀庆和冯玉祥找来——他的得力将领能用的只有这两人在身边了，吴佩孚已回洛阳，且对曹想当总统的思绪并不感兴趣；王承斌去了天津，一心办黎元洪的事。

在北京，王怀庆算个炙手可热的人物——京畿卫戍司令，全城百姓、中枢要员、各界名士等人的安危，无不系于他一身。他，又是直系的骨干，曹锟的亲信，当然他又系在曹锟的腰带上。王怀庆来到曹锟面前，毕恭毕敬地立在一旁，聆听着曹锟的旨意。

冯玉祥，可是一个比较复杂的人物，袁世凯组建北洋新军时，他从老牌的淮军投靠了袁世凯。后来，他成为皖系军阀段祺瑞手下的大将。那时候，他真想马革裹尸，为自己的祖国洒尽一腔热血！可是，他不知什么原因，竟和段祺瑞的"小扇子军师"徐树铮如同水火一般不能相容！徐树铮掌管的陆军部不仅扣发了他的军饷，还要改编他的混成旅，又想把他流放边疆。一怒之下，冯玉祥弃皖归了直，成了冯国璋、曹锟的部将。第一次直奉大战，冯玉祥为直系军队立了汗马功劳，张作霖败退关外之后，曹锟几乎要把冯玉祥捧上天，以奖他的丰功。不久，即委他为河南督军。又是说不清的原因，他竟和直系的第二号人物吴佩孚如同冰火。冯玉祥到河南就任督军时，却发现吴佩孚任命宝德全为军务帮办。气得冯玉祥大骂："什么帮办！明明是他吴佩孚派来监视我的奸细。我饶不了他！"

宝德全，是吴佩孚的心腹。第一次直奉大战前冯玉祥与河南督军赵倜大战时，他竟率部于郑州北袭击冯部，几乎把冯的军队灭光。冯玉祥早恨他恨得咬牙，岂能容他做自己的帮办？结果，宝德全赴任在开封拜会冯玉祥时，一照面，就被冯玉祥枪毙了。吴佩孚怒电责问，冯玉祥只说："宝帮办未到任，即于途中被乱军打死。"尤令吴佩孚恼怒的是，吴在洛阳做五十大寿，那正是"八方风雨会中州"之际，许多军阀想攀附唯恐攀不上，冯玉祥竟送去清水一罐，还表白了许多穷苦，弄得吴佩孚大失脸面。如此，冯玉祥在河南不好立足了，曹锟不得已，来个明升暗降，调冯来京给了个"陆军检阅使"名目。自此，冯玉祥不仅对吴有意见，对曹也有了意见，但却表面上尚是服服帖帖。

曹锟见到王、冯，简单向他们说明了北京和天津的情况，然后，明明白白地给他们二人下达了任务："国中不能再动荡了，尤其是北京，务必稳住形势。请你们二位注意，首要的任务是把国会保护好。这个乱局下一步要收拾，必须通过开国会。议员们若不在，国会怎么开呢？保护国会，就得稳住议员。"

"稳住议员？"王怀庆有点犹豫。一个京畿卫戍司令，并无权干涉国会议员的行动。他明白曹锟的意思，是不让议员出京。可王想：这些人真要出京，我能咋办呢？他问曹："往日我只有保护他们的任务，现在要稳住他们，恐有困难。"

曹锟说："有何困难？"

"只怕引起意外。"

"特殊时期，有些行动过激，情有可原。"

"我们……"

"可以自己处理。"曹锟转过脸，对冯玉祥说，"焕章，你的意见呢？"

"执行珊帅命令！"

"不是命令，至多算个意见。"

"卑职照办。"

王怀庆和冯玉祥退出去了，他们做"保护国会"和"保护议员"的工作去了。

几个小时后，一辆普通军用汽车载着曹锟和几位随从从北京城开出，风驰电掣般地朝天津方向飞去。车子在天津市区的小巷中转了几圈，便开进一家门外挂着"天津同福饼干公司"招牌的院子。曹锟从车上下来，一位清秀的中年人把他接进一个秘密的房间，而后，急促地掩上了房门。

这是曹锟的五弟曹钧在天津开办的四大企业之一，另外三大企业是天津证券物品交易所、北方航业公司和大信成五金行。唯以饼干公司规模最小。大约正是这个原因，几个小时之前，曹锟一个紧急电话打给四弟曹锐，说"有十万火急的事要和你们几兄弟见商"。曹锐心领神会，立即告知："就在老五的饼干公司里，那里地僻人少，无人注意。"

曹锟走进密室的时候，他的兄长曹镇、四弟曹锐、五弟曹钧、七弟曹瑛全都到了，他们一个一个神情焦急地坐在那里，不知曹家发生了什么与身家性命相关的大事。曹锟走进门来，除了对大哥曹镇点头喊了声"哥"之外，对其余几兄弟连头也不点，瞥也不瞥一眼，便坐在正中间的椅子上，俨然是曹氏的一家之主——论官职，曹锟在兄弟行中最大；论财产，曹锟在兄弟行中也最多。这样，曹锟在兄弟行心目中，自然应该坐在正位上。正位坐定之后，曹锟用眼角窥视了一下四座，大约是知道该来的都来了，这才发号施令似地说了话："有些话电话上不好说，所以，我只让老四把你们请来，还是当面说好。"

老大曹镇虽然无心去坐正位，身份毕竟不同，大沽镇曹氏院落、曹氏祠堂还都是以他为主。"长兄代父"这是俗礼。虽然他常常把座位让给三弟，那种"代父"的自尊总使他具备着所有弟弟都没有的气度。老三的话开了个头，老大当仁不让，接下来便说了一串该说的话："有什么话，开门见山。该怎么办，兄弟齐下手。都是家里的，不必吞吐。"

"是这样……"曹锟把京城跑了总统，他拿到总统大印的事简要说了一下，才入正题："就这样，国中一时无主了。各方面的意见，大位由'保定'来承担，是天经地义的。我也就只好顺其众愿了。照理说，对皖、奉大战后，大位自然是'保定'的。可是，念于目前国情，皖、奉虽败，其影响未灭，何况南方革命党也在大动。走上大位，生怕各方多有掣肘。据此，几位幕僚共商，首先应做好议员的工作，现在是共和政体，大总统要民选。民的代表是议员。议员中人，既杂且乱，非用钱难以统一思想。在钱的问题上，我没有想借外债，也不愿动国库——那样做，都会留下祸根。唯一稳妥之法，是咱们兄弟先拿出来，应应急。大事成了，瞬息之间，不仅本可收回，其利尤为可见！今天就是为这样的事，请大家来聚。"

曹锟把话题落到钱上了，几兄弟面上的愁云顷刻扫光，一个一个面上陡增了微笑，还是老大曹镇先开口："我说什么天大的事呢？原来老三想用几个钱。小事一桩。回头算算账，说个码，到家来拿就是了！"

比曹锟大五岁的曹镇，虽然在大沽老家守着曹氏老营，多半以农为业，但此人颇擅算计，又有一点小小的手腕。凭着坚守曹氏大沽老营，又亲手扩建宅院，建造祠堂，把个默默无声的造船小营生户一下子发展成了大沽镇门楣最光彩的富户，堪称曹家大孝子。何况这些年，曹老大早不是面朝黄土背朝天的庄稼汉，而手里有一只独霸渤海湾的中通当铺，在大沽高家港，还有一片年可获利十万大洋的河滩房地产，也算是个财大气粗的人，跺跺脚，天津东南方也会摇晃一阵。就说那片高家港的河滩地吧，原本是大户高明镜的，曹锟的爹老造船工曹本生昔日走在这片地上连一株野草也不敢踩。到了曹锟当北洋三镇统制的时候，曹镇以发展沿海工业为名，说"买"下就"买"下了，分文未付荒滩便姓了曹。据说，河滩姓曹之后，当年的收入真用在买地上也有结余。在大沽，没有第二家有这种能耐。所以，说到钱，曹镇并不吝于其他兄弟。

老大表了态之后，曹锟没有答话，只把脸转给四弟曹锐。曹锟心中明白，老四的胳膊比老大的腿粗。何况，曹锟的许多"来财"之举多是经老四手的，老四是名副其实的"曹氏财政总长"。曹锟想急于看看他的态度。可是，曹锐对于坐在正位上的老三送来的目光只淡淡一笑，便转送给老五和老七。

老五曹钧，快五十岁的人了，那仪表还风华正茂，是个敛财的好手。除了上边我们提到的四大企业之外，他还秘密地在京郊廊坊开了一个宝权珠宝店，那是能够做大内珠宝交易的；另外，他还以儿子曹士杰之名在保定开了一家电灯公司。此人表面上以商人自居，不问政治，可是暗地里却对政治极为敏感。1918年皖系军阀段祺瑞为抵制孙中山广州召开的国会非常会议，决定重新选举议员，由皖系政客王揖唐等人在北京安福胡同组织安福国会，包办选举徐世昌为大总统。曹钧竟弄了个安福国会的议员，正儿八经地投了一张选总统的票。现在，听说他的兄长也要向总统位上攀了，自然欣喜之极。忙对老四说："四哥，银钱上的事你精通，不必商量什么了，你跟三哥合计合计，合计出来个数目，从哪里出都可。别看我比不上你们几个，到时候我不扯腿，实在还有不足，我全包下。怎么样？"

曹锟笑了。"包就不必了。其实，做这样的事，银钱只是个过程，而且又是一件薄本厚利的事，一个小周旋，马上便回来。谁也不必倾家。"

秀才出身的老七曹瑛一听老三这话，心里十分兴奋，薄本厚利的事，何乐而不为。忙站起身，说："为了三哥，为了咱家，为了光宗耀祖，即便倾家，我也在所不惜。请四哥算下账，我一定尽力。"

曹瑛已不是文弱书生了，从大沽镇走出，他考入了测量学校，毕业分配不久，便担任了陆军测量局的局长。因为这是个没有油水的单位，督军三哥便提携他，使他当上了二十六师师长。师长油水虽大，但曹瑛的欲坑也大，目前正偷偷地以办军需的名义贩烟土。干着真薄本厚利的买卖，也算个财大的人了。只是，他总以兄弟中"最穷"自居，所以他说了个"一定尽力"的话。

兄弟中最沉着冷静的，要算老四曹锐。五十八岁的曹锐，一副超人的沉默，脸膛绷得犹如冰霜，唯其脑壳中的算盘珠却拨弄得十分灵活。曹锟混入军界时，他不动心，他致力于大沽镇上的钰盛号米庄。那是他当年学徒的地方。学徒期满不久，他便从三哥曹锟的手里借来一笔钱，从师傅手中把米庄接了过来，着实捞了不少；后来，他又从钰盛号分出一店，叫利丰大米庄；不久，又开了一爿被服厂，跟老五合开了天津同福饼干公司——也就是今天兄弟聚会的地方。曹锐大扩经营的时候，曹锟正是官运亨通的时候。曹锟上任第三镇统制之后，便有意拉这位经济头脑极灵的老弟一把。他把曹锐叫到保定，问问经营厂、庄的情况，然后说："健亭（曹锐号健亭），你经营得几个项目都不错，只是都成不了气候，弄来弄去，小打小闹。"

曹锐冰冷着脸膛说："大沽到天津卫，就那么一片小地方，生产大了，经营大了，市场打不开。再说，得要大本钱，大本才能求厚利。难哪！"

"难什么？不难。"曹锟说，"把你的服装厂扩得大大的，给我做一个镇的军装。"

"哪里有那么多原料？"曹锐说，"要用多少钱买？"

曹锟冷笑了："军供处有的是物资。军供处没有的可以以军用名义去买，可以用军车去运。原料买低价，运输不花钱，军用品又不征税，这样的经营难道你干不好？！"

曹锐豁然开窍，忙说："一切全靠三哥提拔。"

不久，曹锐经营的庄、店、厂、公司，一个一个都挂出了"军用"的标签。连他昔日的竞争对手，也都一个一个望而却步。到了1917年，曹锐已经成了天津的首富。于是，他便用自己的经济实力，换来了一任直隶省长。当省长后的第一件事，便是挪省库款四百万开了一家悟源纱厂……

当了省长的曹锐，完全用一种经济头脑去处理省里的政务，依然坚持"对我生财"之道。"一任省长只能干四年，这四年我得捞回本钱还得赚一把。"这是曹锐的算盘。除了挪用四百万库款之外，还能干什么呢？曹锐一时想不出门路。一天，他到劝业场去闲逛，忽然发现一个小男孩在那里插草自卖。他走上去问问，原来这个小男孩只有父子二人生活，父亲病了，无钱求医，男孩才自卖。这事竟启发了他的异想："一个家只有男孩值钱，可以自卖解困。我一个省有上百个县，上百个县有上百个县长，我若把县长当成货物去卖，岂不是好财源？"曹锐这么想了，眼睛竟猛然一亮："好！我就这样干。历朝历代的官场上都设有捐班，卖官的事不是今天才有，我何不做做？"

曹锐想卖官的岁月，正是北洋军阀大混战热化的岁月。手中有兵，能霸一方，这一方天地就是你的，你就是皇上、总统。曹锐虽手中无兵，他的兄长曹锟却有，而且兵很多，所以曹锐自然也是一方之霸。卖县官，还不是天经地义之事？于是，他把直隶的县分出大、中、小三等，明码定出大县县长一万大洋，中县县长九千大洋，小县县长八千大洋，任期一年。想当一年大县的县长，拿大洋一万，即可走马上任。另外，曹锐又把滦县、清苑等富县列为"特缺"县，价码定为三万到四万大洋。县长有明码了，价码又不算高，一些有经营头脑的分子自然争着抢购。曹锐卖官的交易干得十分顺利。四年省长期间，光是这一项，三百万大洋轻而易举地到手了，他分别存入了美国的花旗银行和英国的汇丰银行。之后，轻轻松松地卸了省长职。曹锟想买总统时，曹锐已经钱到手，不当省长快一年了。不过，他对老三想买总统这事，十分冷漠。"钱够花的了，安安稳稳过日子吧。世界不是容易闯荡的，万一有个啥，前几年不是白白的辛苦了么？"偌大的家业多半是曹锐亲手打造的，创业的艰辛他明白，所以他更珍惜已到手的家业。兄弟们都表过了决心，轮到他的时候，他犹豫不决起来："随着兄弟们支持老三吧，存到银行里白花花的银元得拿出来。这一拿，说不定流水似的再也回不来了。不支持老三吧，曹家就他这杆大旗，旗倒了，曹家就完了，创下的家业能不能保得住？难说。"曹老四进退不是，左右为难，眉头皱得核桃皮一般，垂着头。

曹锟一见老四沉默不语，便知道他恋财难舍，心里老大的不高兴。"守财奴！知道这财是怎么来的么？没有我这把火光照着，曹家会有今天？你手里会那么多钱？我想用几个钱你又舍不得了。有朝一日我倒下了，你纵有家产万贯，你保得住吗？"曹锟越想越生气，他真恨不得对着众兄弟痛骂老四一顿。可是，他没有骂出口，毕竟是一母同胞，毕竟曹锐守的是曹氏的财产。"守财奴就那么鼠目寸光，怪他有何用呢？得开导开导他，让他知道只有大投入才能有大收益。"曹锟依旧心平气和地说："健亭思想犹豫不定，也是有情理的，唯你知道创业之难。不过，钱总是要用出去的，无论存到哪家银行，利息都少得可怜。若有大三倍五倍、十倍八倍利息的用途，咱何不用呢？是的，钱来之不易，我也不愿轻易往外撒。得撒时不撒，也是不行的。"曹锟说到这里，停了一下，转过脸去，望望四弟。然后又说，"何去何从？说说你的想法，咱们再磋商么！"

老四听老三话中有话，心里惊讶一下，觉得老三有气了。他不愿让老三生气，曹家全靠老三这把大伞遮风挡雨呢，得让他心里舒服些。于是，这才说："三哥不要以为我恋财。不是的，我不恋财。这样的事，我举双手，一百个赞成！我只是想，办这件事，成功了，得多大个谱？咱们能不能拿出来？拿不出来，力不从心，岂不也是一件玄虚事？"

曹锟心里一松，笑了。"这样想更实在了，说明健亭办事牢稳。好！"

"三哥,"曹锐说,"咱谁也没有办过这样的事,不知你跟身边的人商量过没有?大约谱得多少钱才能办成?"

"没有具体商量。即使商量,也难得出一个确数。"曹锟说,"大约谱,还是盘算了一下的,恐怕要一千上下。"

曹锐面上一喜,忙说:"就是千把两银子咱们也办,难不住。"

"千把两银子?!"曹锟又怒了,他又想训老四一顿,"你以为是买匹好骡子好马呢,千把银子!这是买大总统,买一国之主!"想了想,却把此话吞了下去,平平和和地说:"哪有那么轻而易举的事?我说的大约谱是千把万大洋!只怕还得冒点。"

"啊!!"兄弟们都惊讶了,他们一个个目瞪口呆,谁也不说话。

曹锟站起身来,真的来气了。"怎么,千把万大洋你们看重了?不愿出?好,不出就不出,这事不干了。明天我就回保定,我就辞官不干了,回家来跟你们一起守家业;大总统印交还他们,凭天下人谁去当总统吧!"说着,便往外走。

老大曹镇一看事闹僵了,觉得不好,忙出来说:"老三,不能走。大伙没说不出钱。这事咋能不办呢?千载难逢,求还求不得。办,办!你坐下,再商量。"

曹锟又坐下了。

曹锐知趣了,不再吝财,忙说:"还商量什么呢?不必商量了,看看这钱如何出就行了。我先说说我这里的底,咱们再凑。"

兄弟们不再争议,随后便各自报出了能出的钱的数目……

第四章
要的是你表表心

　　中国版图上出现叫"北洋"的军队，应该从 1895 年清政府命袁世凯在天津小站编练"新建陆军"起。1901 年袁世凯任北洋大臣，因而，他所建的这支新军便称北洋军。辛亥之役，清帝退位，共和兴起，袁世凯成为中华民国的大总统，他所建的这支北洋军便成了中国从中央到地方握有控制权的军事集团。1916 年袁世凯病死了，他的那支北洋军队因为受着东西方各帝国主义国家的钳制，遂分为以皖人段祺瑞所指挥的皖系，以直人冯国璋、曹锟所指挥的直系和以奉人张作霖所指挥的奉系三足鼎立之势。于是，中国进入了北洋军阀大混战的高峰期。1920 年 7 月发生的直皖大战，皖系出动五个师和四个混成旅组成的定国军，段祺瑞任总司令；直军以一个师九个混成旅组成的讨逆军，吴佩孚任前敌总司令，激战四日，皖军大败，段祺瑞宣布下野。北京政权为直奉两家共有。1922 年 4 月下旬，由于分赃不公发生了第一次直奉大战，张作霖指挥四个师、九个旅约十二万奉军，自任镇威军总司令；吴佩孚指挥七个师、五个旅约十万直军，自任直军总司令，两军从长辛店始拉开战幕。至 6 月上旬，以奉军之败结束。至此，北京政权落入直系之手，为曹锟的总统梦打开了大门。

　　得天下的人总想得大位。曹锟不安于保定一隅了，他想据有北京。可是，曹锟有一点并不自量，他手下的直系人马并不是团结得如同一人——曹锟在保定做总统梦时，吴佩孚回洛阳去经营他的中州去了。吴佩孚的信念是：只有用武力统一了天下，天下才能所属，"花钱买议员的选票，那是不牢固的"。但是，吴佩孚看透了曹锟，知道他非过几天总统瘾不可，说是说不服他的。"咱们暂时就各走各的吧！"于是，直系队伍在不声不响之中分出了曹锟的保定派和吴佩孚的洛阳派。

到洛阳去的吴佩孚，凭着富饶的中州，一心去发展他的武装，梦想走自己的"武装统一中国"路。于是，在自己书房的门楣上新张起一副能表白心迹的对联：

> 龙泉剑斩血汪洋
> 千里直驱黄河黄

曹锟迫不及待。六十岁的人，无法再慢慢悠悠地等下去。从天津回来之后，心情尤急，兄弟们都愿意出钱了，有了钱，赶快买（总统）不就完了？他偷偷地在密室中打开保险柜，取出一包总统印——他舍不得把它们留在保险柜，他真想把它们一颗一颗都系在腰带上。若不是怕不保险，他准会那样做。就这样，他只要走进密室，总要把保险柜打开，亲昵地把它们一颗一颗地抚摸个够，然后再谨慎地锁起来。那颗颗闪着金光的大小"疙瘩"，不仅灰尘让他摸光了，印文的朱砂红泥也被摸光了，他虽然还不曾用它们印在什么公文上。他多么急着用它们呀，那可是世界上最光彩的事情。

曹锟今天又过了一阵抚摸总统大印的瘾，可还是得轻轻地、无可奈何地叹息着，再把它们包起来，放回原处，重新锁上保险柜的门。"什么时候才能不锁呀？"

锁好了总统大印，曹锟觉得应该马上干点实事了。他从密室走出，对身边的侍从说："你把副参谋长王养怡找来，我有急事。"

王坦，五十多岁的人还是一表清秀，连流行的小八字胡也不留，虽担着军中副参谋长之职，却很少军装打扮。早年，长衫小帽，有时还挂一根文明小棍，俨然一副名流绅士；近年来，却又多是装束西化，穿起马裤和胸前有排扣的西服，足下自然有一双锃亮的皮鞋，文明棍不见了，多了一只公文包包。此人年富力强，行动敏捷，思维敏捷，又善于谈吐，是京、津、保颇有点名气的名士派人物。虽然在吴佩孚眼中并不十分高大——吴佩孚的儒家的眼光批评他华而不实，说他是个只注重修饰外表而腹中空的花花公子，认为他只能败事，不能成事——，但在曹锟心里，却是个有勇有谋的人才，不可多得的人才，值得信赖的人才。这样，便应了那句"人以群分"的俗话，王坦成了曹锟的座上客、心腹。

王坦来到曹锟面前，寒暄几句，便竟自坐在一旁，等候他的大帅"交代任务"。

"养怡，"曹锟对他的部将从来都是直来直去，"这阵子我只在京津忙忙，不知你把事情办得怎么样了？见吴大头了？"

王坦心里一惊，心想："你钱不着落，八字没一撇，我咋去办事？我事办成了，你两手空空，分文拿不出，我怎么收场？"心里一急，额上便冒了汗。忙拿出手帕，一边擦抹，一边说："大帅，听说您去天津了，不知那里的事落实得怎么样了？大爷和四爷他们有什么意见？"

王坦软丁丁的一个发问，曹锟心里陡然凉了一下，面色又猛然间添了一点怒："什么话？我要你办事还能没有钱？老大、老四还能不听我的？我交代你的事你尽职不就完了？"不过，曹锟只是在心里想，并没有发作出来。他知道王坦是个有用的人，现在得拉拢他，得利用他，得让他出力办事。又想："可也是，办这样的事，钱不落实也难插手。空口白话，给人印象坏了，下一步也难走。养怡想得不坏。"于是，缓了缓口气说："养怡，这一点你只管放心，老大他们没有不支持的，什么时候用什么时候有，用多少有多少。你放心大胆去办就是了。"

王坦笑了。"大帅，我不是这个意思。"

"那你想什么？"曹锟问。

"我是说，这样的事，大爷、四爷他们觉着可办不可办？"

"没问题。他们都说可办。"

"这就好说了。"其实，王坦还是在想钱的事。他明白，花钱的事，没有老大、老四开口，十有八九办不成。尤其是老四，此人管钱多，管得又严，是个人钱越多越好、出钱越少越好的角色。现在，既然管钱的乐意出钱了，这经手办事的事，王坦还是乐意干的，何况是这样名利都不薄的好事。"大帅，您放心，大头那里我会尽心的。只是……"王坦说了两句大话，却又留下一个关子。

曹锟尚未来得及兴奋，心里便紧了起来，他问："怎么，有难题？"

"大帅，听说段合肥跟张雨亭（张作霖号雨亭）勾结在一起，正在上海同孙中山谈联合的事。大概其中就有有关议员的事。"王坦的消息可靠，他不是有意吓唬曹锟。"这几天，议员们纷纷南下，似乎与他们有关，像是去投靠他们。"

"有这事？"曹锟急了。

"有。"王坦说，"消息十分可靠。"

"这么说来，咱们更得快下手。"曹锟皱着眉说，"你把礼品准备得厚点，让他们都能动心。争取留下来。"

"厚？"王坦神情一愣，"厚是多少？"

"每人三千元，如何？"

"论理说，三千元也不算少了。"王坦知道，曹氏兄弟这些年捞了不少钱，得趁机抓他一把，便说，"只是，各派都在拉人，多一份礼总是多一分保险。从这方面想，大帅，您看……"

"可以，可以。"曹锟很大方，"你看着办吧。"又说，"尤其是大头那里，务必厚赠一些。"

"我明白。那也得有个适度。"王坦说，"大帅，我看这样，议员么，每人限在五千大洋，也就够了。吴大头那里么，就给他整数，您看如何？"

"你说十万？"曹锟瞪了一下眼。

王坦心里一惊："难道曹三傻子嫌多？咳，到什么时候了，你还拿着铜钱当镜子！"忙说："大头这个人，别看能耐不怎么样，位子在，议会的成员还是听他左右的。少了就怕动不了他的心。"

"养怡，"曹锟笑了，"我素来敬佩你的胆识，今天怎么有点英雄气短了？办这样的大事，捧着十万八万，先不说别人动心不动心，咱自己的身架也不够气派。这样，你先拿四十万去给大头，不够以后再补。"

"这个……这个……"王坦大吃一惊，老家伙不惜血本了！他忙说，"大帅有这个心意，这件事便有十二分把握了。那……我就去办了。"说着，便退了出来。

"你等一下。"曹锟站起身来，说，"这里有两张银票，你先拿着支配，时间抓紧点，免得夜长梦多。"说着，拉出抽屉，取出纸包，从中拿出两张汇丰银行的支票交给他。

王坦也不说推让的话，接在手中，笑嘻嘻地走了。

买总统的决心不再动摇了，曹锟真不惜血本了。一旦真的要倾家了，又觉得家资太小、太不够用了——他怕因小有不足而功亏一篑。倒不如宽打窄用，得心应手。因而，他想在内宅也做做工作，请妻妾也出一臂之力。"果然大事成功了，她们都是宫院中的角色了，出点血，也不算什么。"这么想着，他便从前厅走出，向内宅走去。

为钱的事，这几天，曹锟可算绞尽脑汁了。昔日，无论从何处弄钱、弄多少钱，他只要有一个眼色、一个示意就行了。比如几宗进项较大的款项吧，都是如此，像军饷中的油水，那是由李彦青办的。

李彦青，比曹锟小二十四岁，原本是长春一家澡堂里的小伙计。曹锟是在洗澡时认识他的。那时候，曹锟刚任第三镇统制，奉调长春，常去澡堂洗澡。每次洗澡，总是前呼后拥，咋咋呼呼。李彦青是小伙计，二十岁上下，机灵透顶，一表人才，每次都是围着曹锟团团打转，捶捶背，捏捏脚，推推拿拿揉揉，弄得曹锟通身发酥。不久，这李彦青便被曹锟弄到身边当差。曹锟从长春回保定时把他带回保定，并且把一个家仆的女儿嫁给他为妻。李彦青认真地伏在曹面前，着着实实地磕了三个响头，然后说："大人，您给小的我成了家，我便把小命全交给您了。日后该我办的事，您只管交代，刀山火海，我都不眨眼。"

曹锟微笑着，说："该办的事，不是如何交代你，得凭着你机灵的小脑瓜去想。懂吗？"

李彦青点点头。不久，他便升为副官。曹锟做了直鲁豫巡阅使时，李彦青竟当上了巡阅署的军需处处长。这小李动了脑筋："曹大人让我管军需，军队的衣食住行全归了我，我得动动脑瓜呀！"这小李真不愧是机灵鬼，脑筋一动就有门，每次发军饷，每个师扣两万元作为对大帅的报效，杂牌军还更多一点，谁也不会不答应。那时候，直系的正规军是二十五个师，仅此一项，曹锟的月"外快"收入就是五十万大洋。曹锟笑嘻嘻地收着银子钱，笑嘻嘻地对李彦青说："小李子，你行。你真行！"

在曹锟的发迹过程中，利用战争发财，已是他惯用的手段了。就说1917年反复辟那场战争吧，段祺瑞委他为西路讨逆军总司令，任务是由他率第三师从保定向北京进军。进军途中无仗打，等他跑到北京，辫子元帅张勋早已败逃荷兰公使馆。他的军队几乎只是一次不远的行军。到京后，曹锟只向军需处使了个眼色，军需处便向段报销六十万大洋战争消耗。段祺瑞明知是卡油，也不得不如数拨给。

最离奇的还有贪。1920年直皖战争皖系失败后，接收皖系物资时，曹锟坚持把皖系骨干分子徐树铮所办的西北边业银行全部"没收"，这可是一个巨大的金融集团，是皖系的经济支柱。有人报告说："银行中有安福系要人王郅隆、王揖唐、朱深等私人股本一百万元如何处理？"曹锟只瞪了一下眼，这一百万元就姓了曹……

现在不同了，不是从敌对面或国家府库中去取钱，而是要从自己的亲人衣袋中取钱，诈、骗、抢、掠都不行，只能说服，只能让他们甘心情愿，高高兴兴。这件事，非自己出马不可，任何人也替代不了。

曹锟进入内宅，先向夫人郑氏住处走去。

郑氏，是曹锟卖布时的发妻。如今，已是人老珠黄，足不出室的人了。据说她每日三次烧香念佛，别的啥事也不管。只是，这位郑氏心肠极其善良，家务上也做得大度。所以，姨太太和子女们有什么排解不开的事，总是到她面前，由她论个公道是非。郑氏不问财钱上的事，连自己的吃穿用也不问。曹锟走到她的门外，停足听听，室内静悄悄，门死闭着，门缝里飘过一丝丝松香气味浓浓的轻烟。曹锟索性不想进去了，她这里没有多少积蓄。妻妾们的"私房"，曹锟基本上心中有数的。据他所知，夫人郑氏一生不问钱。天津郊外军粮城的小马厂那两百顷水旱稻田，虽然是以夫人的名义购下的，但一直由夫人的哥哥郑大赣经营着。这位郑大郎舅又是一位吃了清早不问晌午，有仨钱能花五个的角色，这几年不再向曹锟打秋风，曹锟已经谢天谢地了。曹锟皱着眉摇摇头——他没有叫夫人的门，只在门外站片刻，便走了。

离开夫人的宅院，他忽然想起了二姨太高氏，他叹道："唉，她不死就好了。她会助我一臂之力的。"

二姨太高氏，天津卫的名门闺秀，琴棋书画无所不精。曹锟当营长时以夫人身份嫁曹。嫁后方知曹已有妻室便郁郁不乐，只生下一个女儿便离开了人世。高氏死后，曹锟方知她带来了巨额陪嫁，唯因郁郁而退还娘家。曹锟为此，也总是深有怀念。二姨太虽不在了，他仍然为她设有专宅，只让遗女士熙和奶娘居住。曹锟特别钟爱士熙，常来照看。今天，为钱的事来到宅前，竟产生了忧伤，足未停，即匆匆而去。

三姨太陈寒蕊的住处，是一幢完全西化的小楼，和她模样一样，俊俊秀秀，门外还有一株高大茂密的白杨树，巴掌大的阔叶，随着微风，敲打出"哗哗啦啦"的响声，这响声的欢快，也跟三姨太的性格一样。

陈寒蕊，天津大沽人，是曹锟的同乡，陈氏也是仅次于曹氏的大沽富族。大约是陈氏族长为了寻觅一座靠山或者财产的保镖，就在曹锟从东北长春、昌图调回北京、保定时，决定把爱女嫁给他，甘心做姨太太的。那时候，曹锟已经五十岁了，满面皱纹，鬓有银丝，而陈寒蕊刚刚二十岁。这个貌美心高，能诗善画的少女一听说要嫁给一个比自己大三十岁的傻子，顿时痛哭大骂："我不嫁给他，就是死也不嫁给他。谁都知道曹锟是大沽镇上的三傻子，是个浪荡子弟，五毒俱全；曹家又是地方上无恶不作的人家，讹诈、勒索、抢占财产，没有不干的，我怎么能嫁给这样的人，嫁到这样的人家？"

少女纯真的心被伤害了，她宁死不嫁。

陈家族长却另有心思。祖父、老爹偎在寒蕊身边，揉着泪眼，劝道："闺女，俺何尝不知把你嫁给曹三傻子是拿鲜花朝牛粪堆上插呢？但是，又有什么办法呢？在大沽镇上，咱是斗不过曹家的。不知哪一天，曹家把魔爪朝咱们陈家一伸，咱们的盆盆罐罐、鸡猫狗鼠全都完了。闺女，别当是嫁男人，就当是为陈家换来个忠心耿耿的保镖，换来个看家狗！咱要他为咱看家守户，为咱保住金银财宝还不行吗？闺女，算是祖上求你了，你当一个咱陈家财产的救命恩人吧。你嫁出的那一天，陈家一定拿出一半家产为你作陪。"长辈们一边说，一边流泪，一个一个泪人儿似的。

寒蕊一见，心凉了——这姑娘也是知书达理的，有些儿心胸。一边流着泪一边思索："是的，陈家有今天这份家财也实在不容易，几辈人流汗流血、披星戴月、省吃俭用，若是被强权伸手抢去了，也实在可惜。作为陈氏的后人，谁能不珍惜这份家产呢？牺牲了我个人，能保住陈氏祖业，我嫁，我嫁给曹锟——三傻子。"这么想着，便揉揉眼，对身边的家长们说："你们别哭别求了，我嫁给曹家就是了。"

"闺女答应嫁了？"家人齐问。

"答应了。"陈寒蕊说，"不过，我得提个条件，答应了我的条件，我再嫁；不答应我的条件，至死不嫁人。"

"说吧，什么条件都可以答应。"

"你们告诉曹锟，我要当面跟他交谈一次，谈好了，我嫁给他；谈不好，我自有办法对付他。"

"谈什么呢？"爹在一旁犯愁了，"一个闺女家，能和人家谈什么呢？"

"爹，你别愁，我想谈的事，我自有主张。"

家人答应了。把话传给曹锟，曹锟笑了："好一个闺女，未出阁竟敢跟男人面谈条件！我倒要看看你有什么条件，用什么方法谈！"于是，两家相约，便在天津一座大饭庄里举行了这场特殊谈判。

曹锟便装简从，一副相亲相。

陈寒蕊不忸不怩，落落大方。

二人对坐之后，互视片刻，曹锟先开了口。"陈小姐，有什么话，请讲。"

陈寒蕊微笑点头，说："听说是你托媒向我家求亲的，不知有没有这回事？"

"是有这么回事。"曹锟说。

"不知道你是以第三镇统制的官位向陈家求亲，还是以大沽镇上门当户对的两户普通人家的姻亲来求亲？"

"这个……"曹锟愣了一下，忙说，"既然都是乡里乡亲的，当然是以两个家族来结秦晋之好为目的。"

"我知道你是有妻室的人，还娶过一位姨太太，死了。曹陈结秦晋，我至多也只是你的一个偏房，姨太太。这我不计较。我得问你一句，你把我娶过去，是作为有情有义的夫妻相待，还是当作下人、婢女？"

"当然是有情有义的夫妻关系，绝不会有任何歧视。"

"是真话？"

"可以对天表白。"

"好，我记住了。"陈寒蕊说，"那么，今后我到曹家了，家庭地位、钱财、交往、喜好，我都得要求自由自在。当然啦，绝不是随心所欲，而是按照规矩，按照民主共和的新生活规矩。"

"完全可以！"曹锟还说，"你到曹家了，我将以夫人的身份请你参加社交活动。"——其实曹锟是没有办法，原配是个托不上席面的女人，高氏又过早地走了，娶了陈氏，自然由她出头露面。

……一切谈得融洽，陈寒蕊成了曹锟的三姨太。

转眼就是十年了，十年中，曹锟果然特别宠爱她，总以夫人待之。陈氏先生了一个女儿，后来又生了一个儿子。这可是曹锟唯一的儿子，那一年曹锟五十七岁。五十七岁得子，再加上直军攻克岳州，双喜临门，曹锟特别高兴，故为儿取名得岳。为曹氏生子，陈寒蕊自然成为举足轻重的女人，在经济上，她也是厚有所积的。就说老五曹钧的北方航业公司吧，陈寒蕊就有十分之一的股金；陈寒蕊还在天津大华火油公司投资十万大洋；曹锐的恒源纱厂，还有曹家在天津、保定的九家当铺，均有陈寒蕊的大股；曹锟还曾以三万元在北京炭儿胡同为她购了一所原国公府的住宅。在女人中，陈寒蕊早成了首富。

——曹锟在小楼外驻足片刻，便走上楼去。

刚到而立之年的陈寒蕊，一派时装打扮，连头发也剪得齐耳秀气。一见曹锟到了，忙站起身来，理了理天蓝色的旗袍，又从右腋下抽出一方粉红色的手帕，一边轻抹着嘴唇，一边说："哟！今儿啥风，怎么不请自到了？"

"想念太太你了。"曹锟说，"特来看看你。"

"我不信。"陈寒蕊把脸背过去，只给他一个背影，说，"你这段时间这么多大事，一群能人帮还帮办不完，你会有空来看我？"

"真是特来看你。"曹锟说，"顺便么，也有点小事，想跟太太商量。"

"我说呢。敢情那要'商量'的小事，才是正经事吧？"陈寒蕊说，"说吧，大事也好、小事也好，说出来我听听。能办的，我一定会帮你办。"

曹锟笑着把准备馈赠议员、拉选票的事如实说了一遍，然后说："这钱嘛，只是暂时借出来用用。一旦大事办成了，国库中有的是银钱，一本几利还你也易如反掌。何况，到那时，你们几人也都是宫中的主了，要什么没有？你想想。"陈寒蕊笑了，她说："你这事我早知道了，你愿意瞒我，我也装不知。你今儿对我说了，我也实心实意地对你说，事你想咋办就咋办，钱，我分文没有。"

"太太这话就说远了。"曹锟说，"我要是当了总统，你是什么身份？不说你也知道。出钱不出钱，是害还是利？你也知道。不出钱，我也不勉强，那就以后也别怪我封赏时没有你的分子。"说罢，曹锟起身要走。

陈寒蕊急忙转过身来，笑着说："哟，皇位还没坐上，就摆皇上架子了。你走吧，我也不勉强留你。可是，我也得把话说在前，我的儿子绝不领'太子'衔，看你传位给谁？"

曹锟转过身来，拉着她的手，"乖乖儿"的叫一阵，又说："我不白用你的钱。我知道你有钱，再说，大沽那边，就是挪个三五百万也难不着。太太，帮我一下吧。"

"到时候再说吧，没多有少，得表表心。"

"我就先谢谢太太了。"说着，同她又亲昵了阵子，这才走下楼来。

下一个去处，自然是四姨太刘凤威的别墅。

刘凤威的住处，也是一幢别致的小楼。不过，楼前没有白杨树，而是一片怒放着五颜六色的月季花的花圃——凤威喜欢花，尤其喜欢月季，说它身个儿低矮，无骄姿，或数朵或单花，或深红或淡红或白，总是那么相宜；她尤其喜欢月季花的萼片边缘那派羽状分裂，说那是花的魂！更加上月季花花开的时间长，通身又都是药材。所以，有暇时，她总在花圃间拾叶、采瓣，以备药用。

曹锟来到楼旁时，见凤威又在花圃中走动。知道她在采瓣或拾叶，他想看看她到底有什么新趣。

凤威在楼上坐闷了，想练练曲，也提不起兴致。于是，走下楼来，想和月季唠唠。月季花又新开了，鲜嫩娇艳，奇容异色，暗麝著人！"啊，怪不得人称你是花中皇后，一点不过誉！"想着、看着，竟轻声地朗诵起一首并不记得是什么人的七律月季花诗了：

> 只道花无十日红，
> 此花无日不春风。
> 一尘已剥胭脂笔，
> 四破犹色翡翠茸。
> 别有香超桃李外，
> 更同梅斗雪霜中。
> 折来喜作新年看，
> 忘却今晨是季冬。

"好诗，好诗！好声，好韵！"曹锟一边大声喊叫向她走来，一边轻轻地拍掌。

刘凤威神情一紧，转脸一看是老头子，有嗔有怒地说："你做什么来了，怎么连个招呼也不打，就来偷偷地听人家念诗？"

曹锟笑着说："自己的家，自己的夫人、太太，还要打什么招呼？念诗是雅兴，还怕别人偷听？"

"不正经!"说着,刘凤威便用手中的月季花瓣朝曹锟撒去。撒了他一脸一身。"你不在外边忙,跑来做什么?"

曹锟清理着满在头面上的花瓣,一边说:"外边事办完了,忽然就想你了。特来看看你。"

"看我?!看我干什么?还是那个丑样。"

曹锟拉着刘凤威的手,一起走进小楼。

自从那日不愉快的听曲之后,曹锟便没有再到这座小楼来,刘凤威也赌气不理他。她知道,曹锟宠爱她的程度远远超过了三姨太陈寒蕊。所以,她自豪、自信,觉得老头子不会疏远她,他会到她身边来的。现在,他果然来了。她撒娇了,她不想理他,她走回楼里,故意背着身子,不去看他。

曹锟见她这模样,笑着说:"怎么啦,小东西?生我的气?"说着,把她拉到怀里,"我今儿没事,想听曲了,你唱个曲给我听听吧。"

"不唱。"刘凤威脸不转地说,"你没事了,我有事。"

"什么事?连曲也不唱了。"

"就是不爱唱曲的事。"

"别赌气了,快唱一曲。"

"我问你,这几天你到哪里去了?为啥连影儿也看不见。"

曹锟不想瞒她,于是,把去天津的事,把找王坦、王毓芝他们谈的大事简要地说了,又说:"我都累死了,你还生气。你再不体贴我,我可更苦了。"

刘凤威一听是大事,破涕为笑了。"我错怪你了,曹大人。你大人不见小人怪,我给你赔礼了。"说着,给曹锟施一个万福。

"唱个曲吧。"曹锟紧紧抱了她一下。

刘凤威也不挣脱,仰在他怀中,轻轻地唱道:

> 红杏深花。菖蒲浅芽。春畴渐暖年华。竹篱茅舍酒旗叉,雨过炊烟一缕斜……

"好了,好了。别唱了,别唱了。"曹锟摇着手说,"我有正事跟你商量。"

"正事?跟我商量?"刘凤威惊讶了。"有什么正事跟我商量?"

曹锟简简单单地把花钱的事说了个来去,然后说:"不是想要你拿出钱来办多大事，只是大家人人都出一份了，你不出也不好。出多出少都不怕，出了就算对这事尽心了。就这个意思。"

提到钱，刘凤威犯了思索——实话说，这个十六岁进曹家的小女子，还真的对钱没有多经心呢。什么大钱、小钱，一到手就花光，没有了，自有人给，从不曾积累。嫁给曹锟之后，更是在钱堆里生活，有时竟想不出钱该怎么花。有一次，她领着女仆易了服装去游市场，找相士相面问卜。相士看了看她那副清秀素雅的模样，便奉承她几句，说："瞧你这打扮，像个仆人；瞧你这贵相，必定是一位一品夫人！"刘凤威十分高兴，随即拿出一百块大洋付给相士。

然而，在曹氏的各类实业中，刘凤威却不愿意插手。曹锟为她弄了私蓄，她才在天津北马路上的泉立成布庄投资十万元，别的，一项也没有。曹锟又在什么地方为她购置了八百亩土地，地契给了她，地租归她收，她却只委托人代管。在曹家的妻妾中，她算最穷的一个。所以，她听到钱的事之后，眉头锁了锁，笑了。"曹大人，你不是拿小女子开玩笑吧？你自己最明白，连我身上有几两肉你也知道。这正是应了书本上那句话了，'仓老鼠向乌鸦借粮——守的倒是难为飞着的'了。"

曹锟说："我哪里是难为你，大不了要你表表心，有这番心意就完了。怎么会攀着你一定出多少银钱呢？"

"那好，"刘凤威大方了，"到时候，你说个我能拿出来的数，我一定给。大人当大总统了，我受封也就心中无愧了。"

"谢谢小乖乖，我要的就是你这份心！"

曹锟还想再在小楼里待一阵，正在此时，有人来报："副参谋长王坦求见，说有急务！"他这才匆匆离去。

第五章

段祺瑞不是纸老虎

王坦坐在曹锟的小客厅里，心里十分焦急，他感到了肩上担子的沉重："曹锟倾家荡产了，万一总统不到手，这个场怎么收呢？我得担多大个责任？"一旦真的要去收买议长、议员了，王坦又觉得自己无能为力了："那些人是那么好收买的么？几百人呀！三教九流，良莠皆有，思想各异，他们不会都崇敬赵公元帅。万一有几个捣蛋了，掀起了抵制风，该怎么办呢？"——昨天，正是王坦蹲在自己居室里思索如何做吴景濂工作时，突然来了两个陌生人，说有要事相谈。王坦接待了他们。原来是两位国会议员：一个是直隶议员谷之瑞，一个是山东议员史刚峰。一照面，那个叫谷之瑞的便开门见山地说："养怡公，有件大事想得到你的支持，想来阁下不会推辞吧？"

对于谷之瑞，王坦略知一二，是直隶地方一个善辩之徒，贯于包揽讼事，惹是生非之徒，地方上却也有相当的人缘，虽为直隶议员，却与直隶官场并非一脉。这两年和平相处，已属意外。今日上门，王坦预感到有些麻烦。但他还是热情地说："霭堂先生（谷之瑞字霭堂）光临舍下，已是对养怡的信任，先生有任何事，养怡均愿尽力。"

史刚峰满口鲁语开了腔："王先生，俺久慕你的大名，崇拜着哩！嘛事找你？直说了吧，俺们那议长吴大头，实在不是个东西，不能为民办事，俺想推掉他。就为这桩事来拜你。你在直隶，在京城，尤其是在曹大帅跟前很有影响，俺望着你能助俺一膀子。万一有难呢，不助就不助，但求先生你别跟俺设障碍。就这事。"

王坦惊恐地说："你们要打倒吴景濂？"

谷之瑞点点头。"不单是我们，议员中还有人。这个大头太不得人心了。"

王坦虽对这事很不情愿，还是顺水推舟地答应了。"二位所托之事，养怡自当尽力。"

送走了两个议员，王坦心里还在嘀咕："这两个人难道只是为了打个招呼，风风火火地来访一趟？"他想不准还有什么事。但是，他心里一惊：正是他要利用吴景濂的时候，有人上门告知要打倒吴景濂。"这里边必有相应的联系！"

曹锟匆匆来到小客厅。"养怡，你来了。"

"大帅，"王坦欠了欠身子，说，"出去啦。"

"坐着有点闷，出去看看。"曹锟说，"听说你来了，我忙着回来。有事？"

"大帅，"王坦把两个议员的来访的事隐蔽过了，只说吴景濂那里的事，"大头那里的工作，不能延缓了，夜长梦多。我想这两天就争取办成。"

"好，好。事情总是这样，宜早不宜迟。"曹锟说，"钱若不够，再拿。"

"钱暂时不要拿了。"王坦说，"去北京见吴大头，我想还是多去一二位好，显得敬重些。"

"多去一二位？"曹锟有点惊讶。

"比如说，请兰亭或孝伯谁的也去。"

曹锟一听让王毓芝或王承斌随他王坦去做议长的工作，就知道这是王坦怕承担责任，怕事不成要追究他责任，或他不好交代。若不是如此，他何时去吴家要人陪呢，求还求不到的机会。忙说："养怡，这事就别惊动那么多人了吧，多一双耳目就多一份风险。俗话说'三人为公'。再去一个人，说什么话都不那么便当，说不定办事更难了。还是你自己去为好。"

其实，王坦也只是做了个退步之"备"，话说出了，即使办不到，日后事荒了，也有话可说。何况这"私交易"的事，哪有众人一起去干的？王坦也不勉强。同时，也正好借着故儿多要一点钱。于是说："大帅说得也是。大头那个人，也不是多坦荡的君子。那就我自己去，只是……"

"说吧。有什么难，只管说。"曹锟很大方。

"我又想：大头身边有几个狐朋狗友，都不是正人君子，得想个法儿堵堵他们。别到时候惹是生非、狗急跳墙。"

"好办。"曹锟说，"大不了每人给他们几个零钱花花，他们还会惹咱？"

"那我就按大帅的意思办办。"王坦来了假性子,"我本想不理他们,看他们会出什花招。"停了停,又说,"息事宁人,得过且过吧。办大事不计小差错,我就按大帅说的办。"

王坦心满意足——既给自己留了退路,又多得了一些银子——,这才笑嘻嘻地点头告辞。

北京。小麻线胡同一号。

这是一座典型的四合院落,青砖灰瓦,飞檐翘脊。一棵高大的槐树,枝梢婆婆娑娑地遮住整个院子。远远望去,一片绿茵。走近看,高高的门楼,漆黑的大门敞开着,两个门卫没精打采地守护着。由于街巷的闭塞,院外显得十分寂静。

王坦是这里的常客,门卫、侍从对他都比较熟悉。他们用礼节给他欢迎,他只冲他们轻轻点头微笑,便走了进去。

庭院中,由于大槐树的笼罩,虽时已入伏,却依然绿荫浓郁。王坦绕过了影壁墙,来到槐树下,那个装点有些西化的院落,竟是那么悄然无息,像一座久违了香火的寺庙。他望望客厅兼书房的东厢房,门掩着,窗闭紧,他心中一亮:"大头不在家!"他再望望西厢房,也是门掩窗闭,唯那座明三暗五的正房,双门敞开,一抹阳光洒在中庭。他越过门槛,轻轻地问一声:"人呢?"当他驻足打量壁上的字画时,竟听得室间有叮咚的洒水声,他笑了……

王坦和吴景濂,都是直系中的重要人物,常来常往,关系密切,又是多年相互提携、荣辱与共的朋友。更加上吴景濂的随行夫人许玉蘅同王坦有一层特殊关系,就更显得亲密无间了。王坦不仅可以随时出入,连许夫人的居室他还有一把可以通行无阻的钥匙。听得水声,王坦知道许玉蘅在洗澡——王坦拿出钥匙,轻轻地打开了那扇自控力极强的门——他不是莽闯,他有"密码",不仅钥匙在手,他还知道许玉蘅对吴大头约束极严,既不给他钥匙,也不给他权力,不经允许,她的浴室他绝不敢进。而对王坦,则另是宽容。所以,他敢硬闯。

许玉蘅听得门响,还以为是吴大头呢。冲着门怒骂起来:"你做什么?滚!"

王坦早已把门推开,微笑走入,边走边说:"你倒是挺舒服呀!这样舒服的事,竟不叫我一声,独自享受起来了!"

"啊，啊？！"许玉蘅先是一惊，看清楚是王坦了，马上以嗔代怒地说："是你这个坏种，怎么一声不响便进来了？"

"'响'什么？有什么好'响'的？"

"你怎么进来的？"

"还不是你给的方便。"

"既然来了，就来侍候我一番吧。"

"干啥？"

"给我揉揉背。"

王坦笑了——他正想这样做呢。他凑到浴盆边，伸出双手为她揉背。

王坦和许玉蘅已非一日交情了，吴大头略有所闻，但他却避而不问——问也问不了。她向他表白过：若是他限制她，她就抬腿走开。为了还算有她，他一切都默认了。何况，大头自知他需要王坦为他撑腰。王坦出入小麻线胡同也就无拘无束了。他为她揉背，轻轻地揉着，揉着揉着，便渐渐地把手从背移到胸。

刚过而立之年的许玉蘅，鬓角虽然多了几条皱纹，那体型却依然保持着瑰丽的青春，心自然也是娇嫩的，那情也总是火烧火燎。多日不见王坦了，正念着他呢！王坦的揉抚，使她顷刻间飘然起来。她伸出那双湿手，勾紧王坦的脖子，便把脸呈上去。

王王坦搂住她的脖子，狠狠地啃了半天，然后说，"玉蘅，不瞒你说，我今天来，真有一件另外的事，十分重要。"

许玉蘅顿时放下了脸。"黑心鬼，早知你为别的事来，骂也得把你骂出去。你乐够了，竟说有事。有事你不去客厅，闯我这里来干啥？"说着，赌气躺倒床上，拉着被子蒙上头，再不理他。

王坦知道女人撒娇了，也知道自己话说得不得体，忙坐在床沿上，又是揉又是拉，劝慰、发誓了半天，才把曹锟的事说了个详细。然后，把妇人的被子揭开，把脸凑到她脸边，说："那个曹老三谁不知道，腰缠金山几座，钱几代人都花不了。拿钱送上咱的门，咱为什么不要？！"

许玉蘅一听这么大的钱项，立刻来了精神。她翻身坐起，转怒为喜，眉开眼笑地想说什么。可是，眼珠儿一转，却犹犹豫豫地说："议员们愿意干吗？"

王坦笑了。"谁怕钱咬手？钱到手了，大不了还给曹老三一张白纸！就是选不上他曹锟当总统，曹锟也不会再向议员们要回银元了。"

"他能给咱多少？"许玉蘅动心了。

"你想要多少？"王坦问。

许玉蘅对这种事心中没数，不知道该要多少？要少了怕吃亏，要多了怕吓跑了"主"。闪了闪依然润红的双眸，说："你等等，我叫老头子去。"

"他在家？！"王坦心里一惊。

"在家怎么样？"许玉蘅小嘴一抿，不屑一顾地说，"他敢……"说罢，转身走了。

吴景濂是看着王坦进家的。他不敢过问，正生着闷气，两只秃鹫似的眼睛都气红了，又大又圆又光的脑袋，由于心中怒火，竟沁出了汗珠。他坐在太师椅上，喘着粗气，思索着惩治这个浪女人的办法。听说"夫人到"了，赌气背过脸，理也不理她。

许玉蘅可不是怕事的人，敢做敢当，不卑不亢。她朝那里一坐便发了话："咋？使性子了？是不是看着姓王的来了心里不顺畅？那好，我现在就赶他走，走得越远越好！可是，我得说明白，他走了，我也就失踪不见影了，叫你两手空空。怎么样？"

"你爱咋着就咋着，别在我眼皮底下现眼。我得做人！"吴大议长猛长了男子气概。

"也好，我这就走。"许玉蘅站起来，就地扭动一下身子，又说，"我走啦，你可别后悔，别派人去找我。临走之前，我告诉你一件事，让你后悔一辈子吧！"说话间，便把王坦受曹锟之托，拿大钱买议员的事给抖了出来，并说明带给他大头一份厚得惊天的大礼。然后说，"姓王的就为这事上门来的，心烦呢，就赶他滚，把到手的银钱丢到河里去——可你该知道，没有拿着猪头找不到庙门的主，人家曹老三没有你大头照样办成事！要识相呢，丢下臭架子，到我房里热热情情地去款待他。说不定我一句好话就够你用一生。何去何从？你作主。你不是孩子了，会有主张的。我走了。"说罢，转身要出去。

吴景濂虽觉绿帽子压得难受，一听说有大钱项，早转怒为喜，心中发痒了。忙拦住夫人，焦焦急急地说："别走，别走哎。你把话说清楚不就完了。我何时不听你的了？那王养怡为这事来的，我咋能不见他，咋能不热情呢？走，咱们一道去见他。"吴景濂跟着夫人走出自己书房，又说，"这事还得依赖夫人从中多说几句好话，无论如何办成它。至于养怡那里么，咱有情当报，绝不亏待他！"

"这可就是你的事了，我可不敢多嘴！"许玉蘅说，"我要说叫你对王坦如何如何，你不得成了醋罐子，醋缸，醋江醋海！我担不了那个臭名。"

"看看看，看看看！又来了不是。"吴景濂无可奈何地大度了，"如今都是民主共和天下了，男女平等，社交公开，我咋还会计较那些陈俗烂规的事。"

"这是你亲口说的话，言而有信？"

"一言既出，驷马难追！"

"你到底有个人样儿了！"许玉蘅一阵轻松，终于给了吴大头一个意想不到、从来未有的吻！

吴景濂见了王坦，果然热情有加，说尽了欢迎、思念之词，为曹锟的事，自然一拍即合，只是吴景濂还是说："养怡，这可是一件大得通天的事，弄不好，身家性命搭上事小，一生名声可就完了！此事风险太大了。"

"大哥，你别怕。"王坦也靠近乎了，"到时候你发个开会的通知，主持一下大会，表示一个态度就完了。大家都收了曹仲珊的礼，谁还会说别的。事成了，还不得厚厚地赠大哥一笔！"

"这一笔……"吴景濂想探个底儿。

"你猜呢？"王坦笑了。

"他得出个码？"

"还能少得了三五万么？"王坦说，"有我在中间，多说几句话，一个整数也不成问题。说不定还会……"

吴景濂满意了。但还是说："风险不小呀！"

"不怕。"王坦说，"手中有了钱，大不了回家过日子去。也够过的了。"

吴景濂点点头。

许玉蘅插了话："这事呀，还得养怡兄弟多帮忙。你大哥的事就是你的事，就像你大哥的家就是你的家一样。你不帮忙，你不关照，我可不答应，我可饶不了你。记住了？"

"嫂夫人之言，小弟记住了。"

王坦从北京回到保定，把吴景濂那里的事对曹锟细说了一遍，并说："吴景濂胆小怕事，总怕承担风险。幸亏许夫人胸怀大志，有谋有识，几经鼓励，方才乐意接受。今后，当对这位夫人厚以酬谢。"

曹锟心照不宣，只点首一笑，便说："一切由养怡去办！拜托了。"

就在王坦向曹锟汇报北京一行的情况时，王毓芝和高凌霨一起进来了。

曹锟不待他们坐下便说："你们来得好，养怡正谈与吴大头接触的情况，一同商量吧。"

王坦又把去北京的情况叙说一下，还说："我看，眉目清楚了，现在该是分头工作的时候了。"

王毓芝欠了欠身子，眨眨眼睛，慢吞吞地说："当前恐怕不单是钱多钱少的事，是钱能不能送出去的问题。"

"这么说，有意外？"曹锟问。

王毓芝轻轻地叹息一声，说："据可靠的人士说，国会议员这几天纷纷南下，许多人已经到了上海。似乎有些儿异动。"

"当真？！"曹锟心里一惊，"他们南下干什么？"

高凌霨也点着头，说："听说是邓汉祥邀请的。他们在天津设了接待站，议员南下的经费自然也由他们提供。"

"邓汉祥！？"曹锟心里又一惊。他知道，这位邓汉祥是段祺瑞的皖系骨干人物，很有些活动能力。"难道说段合肥至今还是不死心，他还在跟我作对……"

——曹锟想得不错。直皖之战段祺瑞是败了。但是，段祺瑞还没有全军覆没，败散的只是北方京津一带的实力。长江流域他还有相当实力，卢永祥在浙江、上海就很有兵力。曹锟以为他一战皖而胜、再战奉又胜，天下便是他的了。其实不然，就在他紧锣密鼓搞贿选的时候，段祺瑞的代表邓汉祥和奉系张作霖的代表姜登选已经在上海秘密会谈，这个会谈不仅联络了革命党的孙中山，还连云南、四川、湖南各派军阀的代表都邀来了，他们的共同目标是倒曹。议定的项目之一，便是运动旧国会迁来上海，重新开会，决定总统人选问题。皖系具体办这件事的，便是卢永祥，他出了一百万大洋作为议员南下经费。并且在天津设立联络接待站。直系军阀由于业已分为保定派和洛阳派，洛阳派吴佩孚的一帮人都退到河南去了，保定派一般干将都在搞钱，做议员、议长的工作，南方这些活动他们一时知道得甚少。唯其见了议员南下，才慌张起来。

曹锟着急了。王毓芝也感到失职，一时也不知该怎么说。曹锟急了半天，除了连连问"该怎么办"之外，连他自己也不知道该怎么办。

高凌霨倒是比较冷静。他走到曹锟面前，慢条斯理地说："大帅，别着急，事情也不是到了毫无转机的地步。"

"怎么转？"曹锟急问，"议员都到南方去了，北京怎么开国会？国会不能开，岂不所有的事全空了？"

"议员能走，咱们就没有办法让他们回来吗？"高凌霨似有准备。

"好好好，赶快说说你的办法。"曹锟依然焦急，"我最盼望的就是拿个留住议员的办法。"

高凌霨也没有什么锦囊妙计，他向曹锟卖了半天关子，最后还是说："议员们都是些什么人？政客、商人、兵痞、青洪帮，至多加几个失意军官。别看他们一个个坐在庙堂里慷慨激昂，正人君子；其实拿大把银元在他们面前一晃，叫他们干什么便干什么！我看，花它大把钱，不仅能把没有南下的议员都留下，那些走了的议员也会不召自回！"

"有把握？"曹锟问。

"至少能有八九成把握。"高凌霨有自信。

"好，咱就按你的办法。"曹锟又看到了希望，他要孤注一掷，真的不惜血本了。"我决定了，每个议员送大洋五千块！老高说得有道理，议员无不爱钱。重奖之下，一定少不了勇夫！我估计，段合肥再倾家，也不敢同我竞争！"

大家都同意这样做，并且对这个"砝码"表示满意。"大帅这样'厚爱'他们，他们是会动心的。"曹锟又拿出几张支票，分别交给王坦、王毓芝和高凌霨等人，并说："事已至此，各位也不必多为钱费思索，该用的只管用，该用多少就用多少。钱么，以办成事为准。实在不够用，我就是向银行借债，也得把事办好。"

有曹锟这么一番话，大家心中都有底了，一个个面带笑容，揣着支票走了出去。

曹锟把王坦留下，说："你慢走一步，我还想同你商量点事。"

贿选活动以来，王坦在曹锟面前的身价陡然增高了许多，大事小事，他总想同他商量一下。说是商量，其实多半是征求王坦的意见。而十有八九还是王坦拿出作主的意见。有什么办法呢？曹锟就是胸中空空，遇上什么事就只会着急发愁。拿出一个去从的决定，有时候真是十分难为他。

王坦被留下了。在人们都走了之后，他只轻轻地叫一声"大帅"，便又坐在原来的地方，依旧捧起那杯尚未凉的香茶。

曹锟把王毓芝他们送到门外，回过身来，才深有所虑地说："养怡，咱失了一着。对么？"说着，竟自忙着去为王坦倒茶。

王坦接过杯子，宽慰似的说："还好，咱们早觉察到了，议员们尚未走多少，有挽回的余地。"他呷了一口茶，又说，"事情都是如此，智者千虑，还有一失，何况要做好几百、上千有头脑、头脑很复杂的政治人物的工作。大帅，天下乱呀！若说咱们有失，最大的失是小看了段歪鼻子。直皖之战以后，咱把段祺瑞当成死老虎了。其实错了，他阴魂没死，那躯壳也不烂，仍然是一只凶虎！"

"我饶不了他！"曹锟发狠了。狠得他咬牙切齿，"现在看来，咱步子得加快了，不能总让别人牵着鼻子走。"他朝王坦身边靠近些，又说，"养怡，我看，咱还得再加些人做这件事。"

"还有谁可以加入呢？"王坦知道，贿赂议员事尚未公开，做起来，还得隐蔽些。

"邓汉祥为了拉拢议员，把联络点设到咱家院中来了，咱在自己家院中为什么不能多设几个联络点呢？我看可以多设几个。至于人么，我有。"于是，曹锟又在亲信中排出了几位，如张岱青、吴恩和、金永昌、王钦宇等。"你看这几位如何？"

王坦眯着眼睛沉思片刻，一个一个都虑了一下，觉得都是直系中的骨干，虽然平时无大能耐，现在让他们拿着猪头找庙门，还是难不住的。便说："我看这几位都可以。那就请大帅快安排他们吧！"

不久，北京城里在紧锣密鼓争拉议员的工作中，又出了几处颇具实力的曹氏联络点，如猪尾巴大院、汉南寄庐、绒线胡同等处，又是一度慌慌张张地安排应酬之后，曹锟觉得累了——六十岁的人了，正是日近西山的时候，哪里还经得起如此精力消磨？送走了王坦，他觉得腰背都有些酸痛，头脑也昏昏，尤其是两肩，酷似负荷了千斤重担。猛然间，他想起了陈寒蕊，想起了刘凤威。"真该让她们来捶捶背！"想着，便掩上门，走出来，朝内宅走去。竟是身不由己又走向刘凤威的小楼。

……

那一日，曹锟被人从九岁红房里喊走时，他便很不情愿。他虽然得到她的宽心言语了，他总想还该给她些温存。自从九岁红嫁到曹锟身边，曹锟顶担心的就是老夫少妻，难免冷落了她，会使她伤心，会使她因伤心而远了他。所以，他每每强作精神，也要令她笑嘻嘻的。那一日就没有做到，他想去补补情。

刘凤威仍在她楼前的月季红圃中捡拾叶片和花瓣，仍在轻声地朗诵那首月季花诗：

> 只道花无十日红，
> 此花无日不春风。
> ……

"好诗，好韵！"曹锟还是大声喊着向她走去，一边轻轻地拍着巴掌。

第六章
邵瑞彭算个屁！

北京城落了一场入秋以来从未见过的细雨，淅淅沥沥，一落就是没日没夜。今天，已经是第三天了。秋雨伴着西风，树上的绿叶瞬间都萎枯飘落了，气温陡然间就凉了好几度，大街上少许的行人，穿起了长衫。

秋天果然到了！

细雨凉秋的日子里，那些为曹锟当总统贿赂议员的工作，却进行得十分热闹而又紧张。为了不致有意外的影响，那些本来都有专门汽车的曹氏大员，竟包了黄包车，去各议员住处时，连行头服装也都更换了个面目全非。偷来的锣鼓玩不得呀！他们怕成为后天的罪人！从保定到北京来的要员，在细雨中奔奔波波，各人按照分派的名单去联络议员，找到住处了，见着本人了，便笑嘻嘻地先递上由银行开出的款额五千元的支票，然后统一语调地说："曹大帅拜上议员先生阁下，愿议员先生精神愉快，阖家欢乐、幸福！"话说完，不入座、不喝茶，拱拱手，便告辞。只有待议员谦让送行时，才又搭躬哈腰地说，"在最近即将召开的国会上，盼望议员先生给曹大帅厚爱！"

议员大多是清贫之辈，羽毛扇虽然可以大摇特摇，但囊中萧索，钱银相远也是事实。因而，也就对赵公元帅有了特殊的情感。无意中送来大额银元，谁肯不收？不只是收，而且受宠如醉，感激万分，多是送客至门外，拱起双手，哈下腰去，连连答应："遵嘱，照办！"

俗话说得好，"好事不出门，坏事传千里"。京城中"曹大帅大馈议员"的消息竟不胫而走。那些南下的议员，闻道京城中有人无缘无故地便送大洋几千，实在垂涎。于是，便借着故儿，像春天的燕子一般，纷纷从南方的上海、南京，飞向北方的天津、北京。曹锟的差役们当然大喜过望，便尾随着新归的"燕子"，把笑脸和支票一起送上门去；而收到支票的议员们，自然会笑盈盈地答一声："照办，遵嘱！"

不过，天下事想求其十全十美，那也是办不到的。世事难全！如今，咱就单说一个"难全"的。那一天，秘书长王毓芝坐着黄包车来到东四头条胡同里，在一座门外挂着"浙江邵寓"的四合院前停下，付了车费，便去叩门。两扇油漆得黑亮的门拉开了，一个青衣老者露出一副笑脸。"先生，你找谁？"

"请问：可是浙江邵次公的寓所？"

"先生您是……"

"从保定来，是次公的朋友，在下姓王，字兰亭。"

老者点头。"请，请！"

王毓芝跟随老者来到客厅。"请王先生先坐，我去请邵先生。邵先生正在休息。"

王毓芝忙阻拦说："不必惊动邵先生了，我可以等等。不妨事。"

"不，"老者说，"邵先生有交代，有客来访，随时接谈。先生来了，我若传报迟了，邵先生会责怪我的。王先生请坐！"

王毓芝心里一热。"好一个好客的邵次公！"

老者走后，王毓芝才认真打量一下这个小小的客厅：客厅很小，但很雅，方方正正的厅堂，四壁雪亮，正面壁上悬一帧元人赵孟頫的《岁寒三友》图，无楹联相衬，倒显得醒目、清雅；左壁上是一帧放大了的临本《兰亭集序》；右壁上则是主人自书的行书横幅，是录的宋人万俟咏的《长相思·雨》。王毓芝对诗词欣赏一般，但对字却有兴趣，而邵先生的字又写得潇洒流畅，所以，他便因字而厚爱了词，随口轻轻地朗诵起来：

一声声，一更更。

窗外芭蕉窗里灯，此时无限情。

梦难成，恨难平。

不道愁人不喜听，空阶滴到明。

"好字，好词！"王毓芝脱口极赞。

此时，一位年近六十岁的清秀老汉从另一个房中走来。一进门，便对王毓芝拱手。

"先生……"

王毓芝忙拱手答话："王毓芝，兰亭。"

"噢！"老者微皱眉头，略有所思，"没猜错的话，先生便是曹大帅署中的参谋……不，是秘书长！失敬，失敬！"

"久闻邵先生大名，如雷贯耳！今日来拜，相见恨晚了。"

"兰亭公大任在身，怎会有暇光顾寒舍？"邵次公谦让起来，"今日既来，必有见教。请直示。"

——次公是字，本名瑞彭，浙江淳安人，是当代词学和历法学的名士，为浙江所推国会议员。此人生性耿直，不媚不谄，堂堂正正做人，堂堂正正做学问，是第一届国会中浙江名士派的代表人物。战乱之后，由浙江移居北京，是一位京中词界名流借本处房子给他，而他也想借京中一片洁净之所，修身养性，专心致词。日前议员们纷纷南下时，有人上门，邀他一路同行，被其婉言谢绝。此人虽身为国会议员，却从来不想多理国事，一心潜入书法和填词上去，借以心平气和地去调养精神，安度晚岁。至于本人所肩负的国事责任，他则一笑了之："各派争霸，战火烽起，'你方唱罢我登台'，谁人还去问民之甘苦！"现在，是直系天下了，曹锟其人其行，邵瑞彭也是一笑了之，从不想跟他们有什么过往。今日，秘书长大驾上门，他真不知属吉属凶。

王毓芝是奉命而来，当然会依照受命时的安排按部就班地工作。见邵瑞彭还算客气且人也和善，便开门见山，单刀直入，同样先把一张银行支票奉上，然后按稿说了一通"曹大帅拜上议员先生……"的话，最后又有所发挥地说："邵次公乃浙江名士，声满江浙，珊帅常念先生，只是无缘相会。今日兰亭来拜，全为珊帅所使，盼望次公不负珊帅盛情，能常去保定。"

邵瑞彭深润社会冷暖，看透世态炎凉。对于曹锟拉选票、想当总统之为也早有所闻，他是下定决心不与为谋的。王毓芝主动上门，他已知来意，但他想不到堂堂秘书长其拉关系之手段如此拙劣："哪里有连一点风声不见便拿钱收买人的？你就知道我会接受，就知道我会出卖自己？"邵瑞彭心中油然产生了一种怒火，他感到人格被污辱了，真想马上跳起来，给王毓芝个闭门羹吃。可是，他没有那样做。"来者其手段已够拙劣，我再以其拙劣手段相还，自己岂不也成了拙劣之辈？"

邵瑞彭拿着支票，仔细看了半天，笑了。"秘书长的来意我明白了。说白了，就是让我在召开国会、选举总统期间投你们的大帅曹仲珊一票。是不是呀？"邵瑞彭谈话时极为坦然，面带微笑，声音温和，连眼神都流露着欢快感。

王毓芝眼不拙，看出五千大洋的诱惑力。忙说："次公是精明人，果然一猜便对了。"

邵瑞彭还是微笑。"珊帅放着直路不走，为何偏偏绕着道儿？是不是多此一举了？"

"次公此话……"显然，邵瑞彭的意思王毓芝没有明白。

"事情很简单么。"邵瑞彭说，"历来都是'成者为王，败者为寇'，你们直系战皖而胜皖，战奉而胜奉。皖奉败于手下，天下已经归属，曹仲珊当大总统，是天经地义的事，召开一个大会，宣诏天下，岂不大事成功？再拉议员，有必要么？"

王毓芝何尝不是这样想，那是一件多么顺顺当当又合情合理的事呢！但是，他也明白……故而，还是坦然地说："如今毕竟不同了，辛亥之后，国家共和民主了，大总统一席自己坐上去，总不合法统。那样，国会何用？议员何用？民主何在？共和何在？故而，珊帅还是顺潮流，依民意，想通过议会来办成此事。"

王毓芝说得有理有节又有情，邵瑞彭听得可笑可气更可鄙。王毓芝说完了，邵瑞彭倒是仰起面来，真的狂笑起来！那笑声连壁上的字画也震得"嗦嗦"发响。"这么说来，我倒想问兰亭公一句话。"

"请讲。"

"这五千元之支票，是大总统的身价标价呢，还是国会议员我的身价作价？"邵瑞彭说，"若是前者，曹仲珊把自己看得太轻了；若是后者，曹仲珊又把我看得太重了！五千大洋买总统，世上少有的廉价；五千大洋买一纸选票，该算天价！兰亭公，你说呢？"

王毓芝没有精神准备，他经过的，全部是收到支票时的微笑，微笑而后的感谢，何尝有人收到支票又如此儿戏般地嘲弄！他真想训他不知好歹，但是他没有那样做，因为他们要利用他。说不定一票之差，曹老三便会一败涂地。王毓芝不太熟悉这个浙江人，只知道他是江南一才子。"文人多有一副傲骨，家徒四壁还往往打肿脸充胖子。这个邵瑞彭大概是嫌价码太少了。那好办，加点码不就成了。"于是说："次公，我理解你，远离家乡，支用项大，难处是有的。我们珊帅早时还念着你，倒是有心想为次公做点什么。这样吧，次公如不介意，我作主……"

邵瑞彭笑了。"阁下是不是打算再为我提高点身价，以解我这个远离故乡人的燃眉之急，不至于饿肚皮？果然如此，我倒是可以主动出个价码。你们珊帅答应呢，我们就交易一番；不答应呢，就各自随便。"

王毓芝打内心里笑了。"人不为财，天诛地灭！这话一点不假。一个堂堂的文人，也能明码身价！真是连人性也泯灭了。"王毓芝把对邵瑞彭的轻蔑藏在心里，并没有说出口。因为他的任务是拉选票，不能得罪议员。所以，他还是满面带笑地说："次公是个爽快人，那您就直说个价码吧，我从中周旋。"

"兰亭公既是个热心人，又是个忠于主子的好部下，会办事。"邵瑞彭说，"那我就明白说个价。"说着，伸出右手，先攥着拳头，而后慢悠悠伸出一个食指。

"一万？"王毓芝说。

邵瑞彭摇摇头。

"十万？"

邵瑞彭又摇摇头。

"一百万？"

邵瑞彭还是摇头。

"这么说……"

"一千万不算高价吧？"邵瑞彭笑了，"我知道这是个连你也无法接受的天价，更不用说你们的珊帅。这个价他是出得起的，只是他不会出。"

"次公，我知道你那个价码多半是玩笑。"王毓芝说，"总之，我可以担保，珊帅对次公早有厚爱，事成之后，重谢是少不了的，次公请放心。"说着，王毓芝站起身来，拱手告别。此刻的邵瑞彭反而冷静了——他本来想戏弄他几句，然后把支票还给他，不给他那一票也就完了。可是转而又想，那样做太便宜他们了。凭着枪杆子争权争霸，现在又想凭着金钱来收买天下人心，夺取大位，其可耻行径，仅仅戏弄他们几句，太不够了！邵瑞彭想把这件事张扬出去，让天下人皆知曹锟贿选总统之可耻！于是，他收下支票，换成笑脸，对王毓芝说："兰亭公，烦你转告珊帅，他的情我领了，他的心意我明白，到时候该怎样做，我会斟酌的。我也向兰亭公表示感谢，劳累你亲临舍下！"

王毓芝这才心情轻松地走了。

王毓芝走后，邵瑞彭捧着那张沉甸甸的支票思索："这可是曹三傻子买总统的如山铁证，是他的自供状，我怎样利用它，揭穿这件事，让国人都来唾骂呢？"挨近六十岁的邵瑞彭，是个遇事善思的人，颇有自己的独立思考，做事从不随波逐流。曹锟拿钱收买他，他觉得污了他的人格，有支票作为物证，他可以通过检察机关，向社会公诉他。"好，就这么办。"他拿着支票想出去，他却又坐了下去。"不行，中枢大权均在曹锟之手，检察机关岂能奈何他？"邵瑞彭把眉头皱起来，他对在军阀大混战时期中的包括司法、监察在内的所有权力机构都丧失了信心，他看到了权力的权威，看到握权人的权威。

"不交司法机关又让谁去办呢？"邵瑞彭毕竟是一介文士，手中没有雄兵百万，自然感到力不从心，无可奈何！

然而，秉性决定了他又不愿放手。"对这种事放纵、宽容，实际上是对丑恶的屈膝、让步！"邵瑞彭又认真打量起那张含有五千大洋分量的支票。"我得让它发挥更大的作用，使世人都惊讶！"

邵瑞彭想起军阀混战之外的另一片战场——报纸。"我何不把此事连同支票一起公之于世，让天下人皆知中国竟有如此丑闻，而且是出自权倾朝野的大人物！"

邵瑞彭朝北京一家报社走去……

临时移居在南京一条小巷子里的孙中山，近日来心情十分不好。人老了，精力感到了不足：腰背不舒，已是常事；此番从广州北上，更加上心绪不佳，情绪就有极大的衰萎，人也变得沉默了。三天前，北京传来消息，说"曹锟贿赂议员，要买个总统当当"，他气得几乎昏厥了过去。"中国人，礼义之邦，炎黄子孙，文明之辈，竟然能够做出如此丧伦之事，实在可恶至极！"他不能坐视，他要采取一切行动，去抵制这场古今中外都少见的贿选总统事件。

　　——革命先行者孙中山，是因陈炯明叛变不久前从广州退居上海的。在上海，他想认真地反思一下，他在实施自己的革命纲领时为什么道路那么坎坎坷坷、曲曲折折？

　　中国，灾难深重的中国，政治落后的中国，是任何一个帝国主义国家都可以任意欺凌的中国，中国将要沉沦在自己的腐朽、落后状态中了！学医获得巨大成就的孙中山，竟在国家、民族危难之极的时刻上书执政的清王朝中枢大臣李鸿章，提出了许多革新主张，企盼着国家能够兴旺。结果，被清王朝拒绝了。一怒之下，孙先生以他的主张为纲领，组织兴中会，并先后组织广州、惠州起义。虽起义失败了，但革命的火种却播下了。1905 年，他终于在日本成立了中国同盟会，被推选为总理；1911 年 10 月 10 日发动了震惊世界的武昌起义……然而，中国这个国家毕竟太落后了，封建统治和反动势力都那么强大、那么根深蒂固，孙先生的革命屡屡遭遇失败。到了 1921 年，他在广州就任非常大总统，觉得革命有望了，不想出了个陈炯明，而北方军阀之间的搏斗，也使孙先生忧心忡忡，他不得不转而和较有实力的北洋军阀段祺瑞、张作霖商谈联合。孙先生从上海来南京，就是想做这些工作。不想，曹锟在北方搞贿选，又打乱了他的计划。

　　孙先生在居室沉默许久，决定发一个反对贿选的通电，以提醒国人不要上当。通电发出去了，心里仍然不安。他知道，军阀大多不是用舆论可以吓倒的，必须用实力。孙中山手里实力不足呀！调兵遣将打保定，不是个办法，至少是心有余而力不足！他把随身的汪精卫找来，请他拿个办法。"兆铭，"他呼着汪氏的雅号说，"曹锟凭着实力，在北方收买议员，他要攀大位了。咱们发一个声明是远远不够的，我们得阻止他。你看有没有妥善的办法？"

　　刚到而立之年的汪精卫，以他的精明能干、文笔犀利甚受孙中山先生器重，常随在孙先生身边，是孙先生的肱股般的助手。他和孙先生共同组织多次起义，失败之后，他便决心采取暗杀手段震动朝廷，遂乔装去京，企图刺杀摄政王载沣。事未成而被捕，辛亥革命后被释。为此，他在革命者中享有很高的声望。诸多大事，孙先生总问计于他。汪精卫对曹锟的贿选，同样持反对态度的，他对孙先生建议说："发通电只能起骚动作用，阻止不了曹锟的贿选，彻底的办法是武力干涉。据我知，直系军队中冯焕璋（即冯玉祥）是一支劲旅，而冯焕璋与曹吴又不是一脉。如果他能'里应'，我想便会一举成功。否则，不可轻举。"

孙中山点点头，同意汪的意见。"咱们马上派人去北京，同冯玉祥进行联络。"停片刻又说，"派谁去好呢？"

"我去。"汪精卫说，"我和冯焕璋有过交往，可以推心置腹谈。"

"不行。"孙中山摇头。

——对于冯玉祥，孙中山是比较熟悉的，接触时间也不短。冯玉祥和他的部队中的基干，大多是当年辛亥滦州起义的官兵，后来又参加过讨伐袁世凯称帝和张勋复辟，响应过护法战争；冯玉祥的好友胡景翼（陕军暂编一师师长）是老同盟会会员，颇崇拜孙中山；十五混成旅旅长孙岳也是早期同盟会会员，滦州起义前便同冯有深交。胡、冯、孙三人志同道合，联成一体，共同认为孙中山是中国唯一的革命领袖。孙先生也一直把胡、冯、孙作为北方军人中能够依靠的力量。孙先生曾派孔祥熙带着他的《建国大纲》和手书去见冯，孔对冯说："《建国大纲》总理（指孙中山）叫我征求你的意见，可以增减，要加就加，要改就改，不加不改，就信仰这个。"冯认为孙中山确定了一条光明之路，"愿为达成此目的而奋斗！"

……

"那么，派谁去好呢？"汪精卫问。

"还是让徐谦去吧。"孙中山说，"你去影响太大，怕过早地露出真相。徐谦去没有影响。"

"也好。"汪精卫同意了。

就在徐谦被派往北京去见冯玉祥之后不久，孙中山又派伍朝枢和汪精卫赶往奉天，与张作霖磋商联合反直问题。

此时，曹锟在四姨太九岁红那里过得很轻松，因为他觉得事情都安排好了。有钱，有人会拿着钱送给该送的人。钱到了，事自然成功了。一高兴，曹锟的喉也痒了，自己竟也唱起京腔来：

> 那一日在虎牢大摆战场，
> 我与桃园兄弟论短长。
> 关云长挥大刀猛虎一样，
> 张翼德挺蛇矛勇似金刚，
> 刘玄德舞双剑浑如天神降……

"你这是唱的什么呀？"刘凤威冷笑着问。

"什么？你不懂？"曹锟笑了，"这出戏好极了，叫《吕布戏貂蝉》。"

"我是说你唱的是什么剧？"刘凤威是舞台上的行家，讲究曲牌、韵律和剧种的，自然觉得曹锟那副不京不昆、不南不北的调儿好笑。

"告诉你吧，我这是正正规规地京腔京调京韵。"说着，兴致又来，索性再来一段：

> 大雪飘，扑人面，
> 朔风阵阵透骨寒，
> 彤云低锁山河暗，
> 疏村冷落尽凋残……

"班门弄斧！"刘凤威说着，把脸转过去，再不想理他。

曹锟戏瘾过足了，这才抱着刘凤威亲昵起来。"好乖乖，你再孝敬我一曲吧，只孝敬一曲。"

"我原先还想唱一曲的，听了你的'佳音'，把我吓坏了。你这么好的唱腔，谁还敢再开口？"刘凤威半喜半嘲地说，"正是古人说的话了，'眼前有景道不得，崔颢题诗在上头'。"

"别怕，别怕。凭谁在上头、在下头，你只管唱你的，我喜欢着呢！"

曹锟在四姨太那里听够了曲，温存够了，这才走下楼，回到自己的小客厅，他想好好地休息一下——许多日子了，从筹款到截留议员，从保定到天津、北京，没有一天安逸过，夜以继日地操心劳神。"拿钱买总统也这么难！早知这么难，我就不去买这个总统了。"现在晚了，头伸出去，想缩也没那么容易了，硬着头皮也得干。难得此刻有片时的消闲，曹锟想躺在太师椅上养养神。

北京的气候有点反常，立秋过去一个半月多了，气温还是那么高，高得人们连秋装都穿不住，加上又许多天不下雨了，塞外刮过来的风，裹带着尘沙，惹得街巷中的行人睁不开眼，显得精神也萎靡多了。

曹锟在太师椅上刚刚闭上眼睛忽然想起一件事，一位慕名从京城来的访客，昨日临别留下画一轴，说是作为晋见之礼，以资留念。这几年，曹锟虽然附庸风雅，朝着丹青贴近，毕竟面壁甚少，手下出不了佳品，但却传出一声美誉："曹三傻子原来还是墨客！"所以，有人竟以字画向他敲门。其实，十有八九是对牛弹琴。早时，有位也是京城中的名士，为了天津一场讼事，吃了不少亏，竟想通过曹锟的门子请王承斌为之挽回面子，费尽周折，结果弄到明人王鏊的书法和唐寅墨菊各一帧作为敲门。曹锟放在面前，端详了半日，也品不出滋味，无意间问一句："这两个都是哪里人氏？"

送礼者说："王、唐二位，皆江南吴县人，是姑苏大家！"

曹锟生气了。"拿江南名人的东西送给我黄河以北的大人物，什么意思？压我？"他竟拂拂手，让人把字画拿回去。结果，弄得他身边的几位书画癖惋惜十分，道出一串串微词。曹锟知道那些是国宝了，悔之已晚。所以，这次有人又送墨宝了，他毫不客气地收了下来。只是由于琐事（不，是贿选大事）太多，他尚未展卷欣赏。现在，他想起这帧画了，便从座椅上站起来，来到书橱旁，取出画。

那是一帧装裱得十分考究的古画，无论画纸或裱绫，都有相当地苍老状；他看题款，是明人仇英的《上林图》。他对仇英了解甚少，说不透这张画的身价，只见那画面的山、溪、树木都那么苍劲、那么雄壮，但因年代太久，却又是脱落得有些模糊。

"仇英，何许人？"他感到陌生。他想查查典籍，看看能否找到此人，但却又不知什么书本上会有他。

正是曹锟为画的事心神不定时，一个侍从匆匆从外边走来，一照面，就焦焦急急地喊了一声："大人！"

曹锟转过脸来，问："何事？"

"这里……这里……"侍从吞吞吐吐。

"什么事？说么！"曹锟有点怒。

"大人，"侍从举过双手，把一张崭新的报纸递过去，说，"这是外边人送进来的，请大人过目。"

曹锟接过，顺手展开，只见一张普通报纸，版面上无甚新奇。便问："一个什么人送来的？说什么了？"

侍从说："一个普通百姓，丢下就走了，说'曹大人一看便知'。"

"去吧。"曹锟挥挥手，侍从退了出去。

侍从走后，曹锟才认认真真地在报上找秘密。这一找，却有了发现，这一发现，他几乎昏厥了过去——

原来这一张报纸在显要的位置上刊出了国会议员邵瑞彭的公开声明，揭露曹锟的行贿行为，并将那一天王毓芝送上门的，面值五千大洋的银行支票的影印件也登在报上。报纸的大字标题是：

大帅不惜重金　议员原来不贪
京城奇闻——买选票

那份声明更是辛辣：

日间某公造府，面云：遵直鲁豫巡阅使嘱，奉上心意一片，俟国会遴选总统之日，盼能厚爱。余生性视财如土，尤忌无功受禄，且与巡阅使素昧平生，原该当面璧还，但恐举之失敬。故借媒体一角，以了心愿……心愿既了，将无"厚爱"相还。诚恐诚惶！

曹锟看完，头脑顿时"轰"了起来，眼花目眩，耳间轰鸣，天转地旋，那身子摇摇晃晃竟倒了下来；那张油墨未干的报纸，轻飘飘地落在地上……曹锟糊糊涂涂了好大一阵，总算苏醒过来了。他又拾起报纸，再从头到尾仔细看了几遍，一下子又陷入了慌张之中——花钱买总统，本来就是一件见不得天日的事情，曹锟日日夜夜都悬着心，生怕被什么人捅了出去，弄它个世界风雨、国人痛骂。现在可好，报纸上捅出来了，连支票也影印了出来，铁证如山，还不得天下大乱起来！曹锟明白，中国的天下，还不都姓"直"；就是在姓"直"的地盘上，也不都姓"曹"。有人挑动了，再有人随上来，内内外外，风风雨雨，这可怎么办呀？别看曹锟舍得花钱买总统，曹锟花钱再多，却买不到胆量，他怕事着呢！"一旦天下乱了，我就死无葬身之地呀！"曹锟瘫在太师椅上，发起愁来。

自己无主张了，曹锟想到了他的文臣武将，想到了心腹助手。"好，把他们找来，商量一下，采取个对策。"

可是，他的那些得力人都不在保定，他们都去北京、天津给国会议员送支票去了，还不知几时能办完。现在召他们回来，也不易呀！想了半天，保定城里，只有参谋长熊炳琦还在，此人也算有点小智谋，那就把他找来吧。

曹锟抓起电话，好不容易才找到熊炳琦。"润承，你赶快到我这里来一下，有急事商量。"

熊炳琦来了。

曹锟不待他坐下便把报纸递过去，焦急地说："润承，你瞧瞧吧，越是怕鬼，鬼却来了。你知道这个邵瑞彭是什么人么？他怎么竟这样跟咱过不去？"

熊炳琦接过报纸，仔细看了一遍，心里也是一番紧张。他皱着眉，说："邵——瑞——彭，这个人不简单！"

"你了解他？"曹锟问。

"略知一二。"

"干什么的？"

"浙江淳安人，字次公。是当代词学和历法学的名家，在国中，尤其在南方地位很高、影响颇大。"

"这么说，他的号召力一定很强了？"曹锟更怕了，"他这么一喊叫，假若再有人跟着附和，事情岂不糟了？"

熊炳琦笑笑，没说话。

原来，在曹锟找熊之前，熊炳琦也得到一个消息，这消息几乎跟这份报上的事同等轰动。那就是：邵瑞彭已经依照法律程序，把曹锟贿赂这事向北京总检察厅提起诉讼，要求检察厅严惩行贿乱法的曹锟及其帮手。这两件事放在一起，该怎么办？这位参谋长一时间竟缺乏了"谋"，所以，也就不敢妄"参"。

曹锟等不得，火上房了，等下去会烧光了宅院的。"润承，你说呀！此事该咋办？"

熊炳琦没有拿出办法，却吞吞吐吐地把邵瑞彭北京起诉的事又说了出来。然后说："看起来，此人非和咱们闹到鱼死网破不可了。"

"还有这事？！"曹锟更急了，"那你说咱们咋办？"

熊炳琦不能再沉默了，这间小房子里只有他和曹锟两个人，曹问他必须答。"大帅，我看有两个办法……"

"莫说两个，有一个好办法就够用了。快说，什么办法？"

"第一，"熊炳琦说，"派两个人到北京把邵瑞彭杀了，死人面前无对证，这阵风刮不了几天自息。"

"杀一个国会议员？！"曹锟连想都不想，便狠狠地摇头——他在收买议员呢，出这么大的价码，也只是想让议员对他有个好感。杀一个议员，还是杀一个公开骂他的议员，不仅影响大，更逃脱不了杀人灭口之罪。所以他摇头。

熊炳琦说："我也觉得此办法不大可行，所以才有第二个办法。"

"第二个是什么办法？"曹锟急着问。

"把报纸扔下，把北京的诉讼丢开，权当没有发生任何事，咱按部就班干咱的。"熊炳琦此刻到是轻松了。

"这样做能行？"曹锟不放心。

"怎么不行？"熊炳琦说，"大帅还记得早年在袁项城推行帝制之际，有一个叫贺冠雄的人吗？"

曹锟闭起双目，轻轻摇首。

"大帅忘了？"熊炳琦说，"政界名流，文坛坛主，又是军界宿将。此人比邵瑞彭影响大多了。"

"提他何意思？"曹锟问。

"有意思。"熊炳琦说："袁项城当了总统又想当皇帝，又要改元，正在紧锣密鼓准备之中，就是这个贺冠雄，张张扬扬地在京城闹了一场'盗国称帝'案，也是公开发表了一张慷慨激昂的所谓'诉讼状'。结果……"

曹锟忽然记起来了，忙说："我想起来了，想起来了。那个诉讼状上说，如果'法不加予窃国贼，将以头颅毁法'。你说的就是那件事吧？"

"是的。"熊炳琦说，"结果怎么样？袁世凯不是照当皇帝，照改国号么！大帅，丢下那个邵瑞彭，只要大总统当上了，邵瑞彭的声明算个屁！检察厅还敢传大帅？一切都平安无事了。""这办法能行？"

"若是总统到不了手，却不只是邵瑞彭对你一状了，而是咱们一群都完了。所以……"

"必须把总统抓到手？"

"必须！"

"把邵瑞彭丢到一边去？"

"丢到一边去！"

"一笑了之？"

"我行我素!"

"好,就这么办!"二人对面一笑。

"大帅没事,我走了?"熊炳琦转身要走。

曹锟拦住他。"慢走一步。"

"何事?"

曹锟说:"有人送我一帧明人仇英的《上林图》,其人其画我均赏析不深。我知道你是方家,来来,咱们共同鉴赏一番。"

"那我就饱饱眼福。"熊炳琦依旧转身坐下。但看了半天,还是不知其"味"。

曹锟心不在焉地说:"这样吧,有空你查查,查到了,告诉我。咱们藏了人家的墨宝,总不能不知其人。"

"好好,我去查查。"

第七章
务必抓住国会议员

熊炳琦也并非是豁达之辈，只是事到临头了，又见曹锟那么六神无主，不得不说几句大话为曹锟壮壮胆。其实，自己心中何尝不是慌慌张张，花钱买官，与理与法，总是不合的，闹腾出来，天下人都会指责，纵然北京总检察厅有意祖护，也还是民愤可畏。熊炳琦虽然觉得天塌下来应由曹锟顶着，但是，曹锟毕竟是直系的首领，一旦曹锟这棵大树倒了，他熊炳琦这群猢狲都要成为流亡者，无山可靠了。所以，他不得不壮着胆子，做一些支撑曹锟腰杆的事。

熊炳琦把画张挂起来，真真假假地端详着——其实，他哪里是在看画，满脑子是在思索：这个邵瑞彭惹起的麻烦如何收场？收不了场发展下去又该怎么办？熊炳琦不怕总检察厅，那是官场上的事，只要权大，就可以压下去。他怕的是民愤，是舆论，是那些头上无纱帽，但影响却不小的名流，如邵瑞彭之流。

然而，熊炳琦却想不出力挽狂澜的办法，只得眉头紧锁，假装入闸于丹青。

由于想起了袁世凯称帝时的一个叫贺冠雄的人，闹起了那个不顶用的故事，曹锟紧张的心情竟轻松了。"是的，贺冠雄比邵瑞彭影响大，几声狂吼有啥用，袁项城照旧当皇帝……"不过，曹锟想到袁世凯当皇帝，马上又紧张起来。"皇帝是当了，可是，只有短命的八十三天呀！我这样买总统难道也是短命的？果然短命了，我可就不值得了。我可是倾家荡产干的，不比袁世凯，他没有花银钱。"曹锟躺在椅子上，焦焦急急。

不过，当他侧目看看熊炳琦时，却见他并不紧张，而是聚精会神地观画。"难道邵瑞彭真的不值得一顾？"曹锟也是常常依着他的文臣武将在处事的，他见他们平静，也便想着"事态不大"，心里平静。他缓缓地站起身，走到熊炳琦身后，也对着《上林图》观赏起来。

"润承，我对字画素来无兴，只是这两年才靠近，算是略知皮毛。你看这张图如何？"

熊炳琦这才回神到画上，说："珊帅的墨宝已为京保名士共赞，若只算'略知皮毛'，润承便是名副其实的门外汉了。正想请大帅指点一二。"

曹锟笑了。"指点什么？瞎说。只知道画这画的人是明朝人。我也正想查查典籍，竟还没有空闲。今天好了，你来查查看吧。要不然，咱们家中有了人家的墨迹，尚不知是何人，多不好呀！"

熊炳琦心里暗自发笑："都到什么时候了，还有雅兴去查什么人，什么画！"但是，他还是说："珊帅，这件事你就交给我吧，改日，我把这个人的情况给你详详细细地写在一张纸上，让你心里明白。"

北京城贿选风波闹起的同时，天津忽然也乱了——

那一天，黎元洪在车站被迫交出总统印，又签发辞职通电，方被王承斌放开。黎元洪总算领着随员自由了。可是，黎元洪的身影尚未消失又被王承斌追了回来。"宋卿阁下慢走一步，还有一件事需要阁下办办。"

黎元洪愣住了。他望了望王承斌，极不耐烦地说："一切都按照你们的要求办了，还有什么事？"他想说"总不至于把人扣起来吧"，但却未出口。

王承斌微笑，又拿出一张纸头，说："宋卿阁下，你的辞职电报虽发出了，国会尚有个研究批准的时间，国中不可一日无人理事，这里还有一个电报，你是要签个字的。"他把纸头递给黎元洪。

黎元洪接过一看，是这样几行字：

北京国务院鉴：本大总统因故离京，已向国会辞职，所有大总统务职，依法由国务院摄行。应即遵照！

大总统黎寒印

黎元洪依旧无可奈何，冷笑一声，提笔签上名字。

黎元洪总算脱身了。此时，已是十四日后半夜，诗韵上平声第十四为寒韵，当时以诗韵代日，所以电报用了个"寒"字。

黎元洪算是彻底走了，在北京的代理国务总理高凌霨便把他的两个通电通告各省，企图行使极权。

高凌霨想错了。

按照常规，高凌霨的"通告"应该得到各省响应，能够纷纷给个"拥戴"的回声。这样，他便可以名正言顺地发号施令了。结果，并非纷纷，而是冷冷清清，并且还阴风四起。

——总统的辞职通电、委托国务总理摄政通电都得有国务总理附署才能有效的，高凌霨是代理国务总理，知道附署无力，结果，除了自己的名字之外，又加了张英华、李鼎新、程克、沈瑞麟、金绍曾和孙多钰等六名阁员，弄得个通电不伦不类起来。

——现任总理张绍曾尚在天津，没有他的署名，总统辞职通电被认为无效。因而，有人议论提议张绍曾进京主政。

——高凌霨听说有人拥护张绍曾主政，当然不会同意，立即在北京组织力量，进行阻挠。

——直系大家庭中顷刻乱了：有人想乘机抓权，主张立即选举总统；有人想乘选举之机当参议院院长，马上随声附和；有人觉得力尚单薄，怕失去权力，则积极阻止选举而主张缓进……

国中乱了，北京乱了，保定乱了，天津也乱了。

高凌霨邀着直隶省长王承斌一起匆匆赶到保定。见到曹锟，说了说北京的情况，便提出要求："形势不稳，恐有突变，还是请大帅去北京主持一切。"

曹锟欣喜了一阵子之后，情绪也并不安稳，十五颗总统印毕竟不是堂而皇之到手的，只能玩玩，拿去当银钱用，分文不值。现在看来，这十五颗印除了占为己有之外，什么人也别想摸了。可是，谁知哪一天才可以真的成为自己的呢？曹锟很怀疑他手下的几位大将，总觉得他们办事还不是那样让他放心，何况吴佩孚又一直远居洛阳，不声不响。现在，又要让他去北京，去稳住那里的阵脚。他有点心神不定。他皱了阵子眉头，才说："我想起来了，这一段，你们跟外交使团打交道了吗？"

"打交道了。"高凌霨说。

"他们怎么言语？"曹锟问。

"还没有承认摄政内阁的迹象。"

"什么根据？"

"外交公文只用公函而不用照会。所涉具体问题，一概不答。"

"……"曹锟紧皱着的眉头又添了几绺皱纹。他缓缓地站起身来，就地踱着步子。

——曹锟远非当年的曹锟了，四十四岁荣任第三镇统制时，那是何等的雄心勃勃，无论在保定、在奉天、在长春，都是一往直前，迎难而上；五十二岁当了长江上游警备总司令时，其势所向无敌，征战伐讨，无日无夜；五十六岁升任川湘粤赣经略使，一上任就想把南国治理成清平世界；五十七岁那一年冯国璋死了，曹锟成了直系军阀的首领，他开始了做大梦，联奉战皖，再战奉；五十八岁任了直鲁豫巡阅使时，他还是雄心不泯。然而，只三年，今天的曹锟除了梦想大位之外，他却对大大小小的风险都采取回避的态度了。他不想去北京，不想去收拾那个烂摊子，也不敢去收拾那个烂摊子。政争是那样纷纷乱乱，军方也不平静。尽管闹军饷是直系对黎元洪的发难之举。可是，军饷也确是实实在在的大难题。高凌霨摄政了，财政总长更人了，财政空虚却依旧存在，无米之炊是不好做的，高摄政虽费尽九牛之力，也只能暂缓燃眉……北京，一时间千疮百孔，曹锟也就心灰意冷了。他对高凌霨和王承斌说："我暂时还是不去北京吧。北京无大事，小乱是暂时的，你们不必慌张。我想，只要养怡他们把大事办成了，什么事都平静了。当务之急是抓议员。"

曹锟还是避开了漩涡，稳坐他的保定。

匿隐到天津的黎元洪，平静了三两天之后，总觉得咽不下这口气，"曹锟这个东西……"黎元洪忘不了当初曹锟请他再度出山的情形，那是何等的热情；他做梦也不会想到会有北京出逃，会有天津逼印，会有……他眼前，一下子又出现了王承斌逼印那一幕，还有王承斌拿着拟好的电文逼他"画押"那一幕。"简直是对我人格的侮辱！"

现在，黎元洪身边只有随他出来，但已经无权了的陆军总长金永炎，还有美国顾问福开森——这两天，他们却只会闷倒沉睡，无精打采。黎元洪缓步来到金永炎的住室，心事沉沉地对他说："这一幕逼宫，也够惊心动魄的了！咱们竟是没有预感到。你说，奇怪不奇怪？"

金永炎点着一支香烟，并没有去抽，只让它飘出淡淡的烟雾。半天，才说："不奇怪。在权这个问题，任何时候，任何人，都是不择手段的，咱们太书生气了。"

"我咽不下这口气！"

金永炎笑了——咽不下怎么办？现在是凭武力说话的，咱们手中的武力强不过人家，没有争气的本钱——金永炎只有笑笑而已。

黎元洪比金永炎的经历丰富，这也是一种本钱吧。他思索半天，说："不能动武就动文！动文也得给他们点声色看看。"

金永炎一喜。"可以！"他说，"怎么动文？"

"我自有办法！"

不久，黎元洪便仍以大总统名义在天津发出通电：

撤回向国会的辞职咨文；否认"寒"日令国务院摄政的电报；

大总统在津行使职权；

任命唐绍仪为国务总理，唐未到任前暂由农商总长李根源兼署。

别看黎元洪失宠了，影响还是有的，大总统尚未被合法手续免去，而且曹锟并不得人心。黎这么一煽动，八方纷纷起了风火：已经到了上海的国会议员褚辅成、焦易堂等发表声明，不承认北京政府和国会；

上海各社团也纷纷通电，不承认北京政府；

奉天、浙江和西南各省函电纷驰，不承认摄政政府……

有风就有浪，这股反曹潮流，不轻不重地抵制着曹锟的行贿议员活动。

这些天来，最焦急的是曹锟。

保定的天气也捣蛋，一天几变，阴阴晴晴，风风雨雨，秋还不到半，本来该是云淡天高的爽朗日子，竟然是不死不活起来。曹锟的心情也是这样。"花钱买选票，原来不是这么容易的事！早知如此，何必这么匆匆忙忙，等吴子玉兵力足了，武力取之岂不更好？"现在不行了，现洋大把大把地送了出去，即使不想要选票了，也无法收回了。现在，唯一可行的办法是抓紧时间，促使早开国会。曹锟把秘书长王毓芝、参谋长熊炳琦、副参谋长王坦都找到自己的书房，来作一次决策性的会商。

人到齐了，书房里却寂静得出奇，谁也不说话，谁也无动作，个个沉着脸，仿佛是在等待一个可怕的时刻的到来。

曹锟心里这个急呀！可是，他觉得这几位他的最得力的助手都会明白他的心意，会在一照面之际就纷纷拿出妙计，来办妥当务之急。"我平时待你们够朋友了，把大权全交付你们了，这次又把家资全交给你们了，难道你们就不知为我搏一搏么？养兵千日，用在一时！现在，我需用你们，你们得伸开腰杆地干呀！"曹锟心里急急焦焦地想着，侧着两眼神慌地望着他们。可是，众人一个个却默默无语。

——说什么呢？似乎大家心中都茫茫然然。赶走黎元洪时，大家想得简单，做得又顺畅。黎元洪一走，好像万事大吉了，只待曹老三拿出家资。现在，曹老三倾家了，事情反而出了乱子。

王坦不说话，有他不说话的道理："我是做议长大头吴景濂的工作的。大头那边的工作都做好了，我的任务便完成了。下一步是国会开会，到时候我一定让大头出面召集就完了。至于北京、天津、上海以及南方的事情，不该我问，何必多嘴！"

王毓芝本来就是个滑头，遇事绕着走。前一段他已经为曹老三出了不少力了，光是帮他敛财就有汗马功劳！近些日子，他在北京黑夜白天的忙碌，给议员送支票、说好话，跑弯了腿、磨破了嘴，尽职尽心，"我只能做到这样子。至于说大局，那该是由京城中的代理国务的高凌霨他们去做，由他们去稳定。我一个巡阅使的秘书长是无能为力的。"

熊炳琦，更觉得自己怀中抱着的是个不哭的"孩子"。"大帅什么时需要用兵了，我去调遣；要用到什么地方，我就指挥他们到什么地方。"他是参谋长，他觉得那样才是他的天职。其余的，他不想多问——他对花钱买总统这件事有自己的看法，但他却不明说，他想顺大势。成功了，少不了他一份荣耀；失败了，他也成不了主谋。

书房里沉默有时，还是曹锟先开了口。

"大家都说说，看看怎么办好？"他大约怕别人还是不说话，所以，不得不先说出自己的意见。"事情已到这个地步了，我看只能进，不能退。怎么进呢？我的意见分两步走：第一步，采取行动，控制国会议员继续南下。天津的，北京的，务必都留下。第二步，迅速把款送到他们每一个人手中，给他们定心丸吃吃，死了南下的念头。我看还可以增加点'甜头'，告诉他们，凡到北京参加选举的议员，每人每月可领六百元生活费。"说到这里，曹锟挺挺胸，深深地舒了一口气，继续说："一句话，钱么，大家别顾虑，以办好事为宗旨。"

曹锟表明态度了，提出方案了，又不惜血本，其余人自然也"心宽"了。熊炳琦表示"我立即去北京，把军警布置好，做好严密封锁，再不让一个议员南下。"王坦表示"马上去见议长吴景濂，把'优越条件'告诉他，请他做好议员工作。"王毓芝也来了"智谋"，他说："可以多派些人到上海去，做做舆论，把大帅在北京给议员们的'厚爱'都说明，并且表示'欢迎所有议员返京，大帅一定一视同仁'。我想，只要工作做到议员心上去了必然还会有人返京。"

书房的紧急会议结束了，大家分头行动，各自去做自己的工作。王坦晚走了一步，他对曹锟说："珊帅，我看是不是这样，大头那里这次就全部给兑现，也好让他最后努力一下，把事办成。"

"可以。"曹锟毫不犹豫地说，"早几天你不是给了他十万了么，这次再给他……"早时商量过的，打算给吴景濂三十万大洋。现在，曹锟觉得少了，他怕吴景濂不肯卖命。于是，略一沉思，又说："上次的十万不再提它了，这次你如数再带三十万元。就说事情办成了，我还会有厚赠，绝不会亏待他。"

"大帅的意思好极了。"王坦说，"大头是咱的人，他的为人大帅是了解的，此人看钱比人情重。在他身上多花几个，他便会多出几分力。"

曹锟点着头，说："我何尝不了解他。咱们不必计较。在咱们身上，钱多几个少几个，都是无所谓的事情。关键是，让人家办事，就得让人家心里舒舒服服，甘心情愿。"说这话的时候，曹锟心里却想："你王养怡的心事瞒不了我，什么吴大头'看钱比人情重'，还不是你欠人家的人情债，欠人家夫人的人情债，拿着我的'猪羊'去还愿！也好，但愿你们都能尽心尽力。"

王坦心满意足，拿着曹锟的支票又去了北京。

让我们回过头来看看北洋时期的国会吧。

辛亥革命之后，中华民国成立了，孙中山就任临时大总统。当时由各省代表组成的"各省都督代表联合会"制定了《中华民国政府组织大纲》，确立了国家的基本政治制度，决定成立参议院，作为临时的国家立法机关。

1912年1月28日，临时参议院在南京成立，林森为议长，王正廷为副议长，议员共四十二人，代表着福建、浙江、四川等十七个省。辛亥革命的成果——中华民国的大权转移到袁世凯手里去了，孙中山只把希望放在议会、放在制定一部民主的约法上去了。1912年3月8日，经参议院临时约法起草会议起草的临时约法被通过了，3月11日，孙中山以临时大总统名义公布了这个中国历史上第一部具有资产阶级共和国宪法性质的法律——《中华民国临时约法》；4月1日，孙中山又公布了《参议院法》。

临时政府北迁北京，参议院也随迁北京。1912年4月29日，参议院在清朝资政院旧址继续开会。这时的议会，就有二十二个省，加上蒙古、青海，共二十四个地区。选举吴景濂为议长，汤化龙为副议长，谷钟秀为全院委员会委员长。参议院移到北京之后先后制定了《国会组织法》《参议院议员选举法》和《众议院议员选举法》。国会采取两院制，由众议院和参议院组成，众议院议员任期三年，参议院议员任期六年。1913年4月8日，第一届国会在北京象坊桥众议院会场开幕，临时参议院宣告解体。这一届国会只有在同年10月6日勉强选举了袁世凯为总统，黎元洪为副总统之后，便于1914年1月10日被袁世凯强行解散了。1916年6月，袁世凯帝制破产，在国人的唾骂声中死去了，黎元洪以副总统继任总统职位。6月29日，黎元洪下令恢复国会。8月1日，国会继续召开，10月30日选冯国璋为副总统。

……张勋复辟了，《临时约法》被废弃了，孙中山在广州发起了"护法运动"，邀请国会议员南下护法。国会议员纷纷南下。8月19日，到粤议员发表通电，决定召开"国会非常会议"（也称"非常国会"），组织护法政府。8月25日，"非常国会"开会，9月1日，选举了以孙中山为首的护法军政府，孙中山为大元帅。非常国会本是第一届国会的继续，因此一切法律仍然有效。孙中山在护法运动中，遭到西南军阀与北方军阀联合的排斥，孙中山愤而辞职。1918年7月，非常国会通过决议，将未到粤的国会议员解职，以候补议员补足法定人数。9月，宣靠成为"正式国会"，史称"民八国会"。

张勋复辟失败之后，段祺瑞指使徐树铮成立"安福俱乐部"，拉拢政客，操纵新国会选举。1918年8月12日新国会成立，人称"安福国会"。9月4日，安福国会选徐世昌为大总统。1920年8月30日，安福国会两年届满，宣布闭会。徐世昌下令按民国元年《国会组织法》选举新议员，召集新一届国会。正是各省选举新议员时，直奉大战爆发了。

1922 年 4 月，直系曹锟、吴佩孚打败了奉系张作霖，徐世昌被赶下台了，黎元洪再度出山。6 月 13 日，黎元洪撤销了 1917 年的"解散国会令"。8 月 1 日，第一届国会又在北京宣布复会，吴景濂再次回到议长位置。这便是现在的国会。国会又恢复了，无论是原来的国会议员，"民八国会"递补议员还是非常国会解职议员，甚至安福国会"闭会"议员，都想争一席位，并且互争"正统"。于是，一场争夺议员席位战在全国范围展开。结果，拳头大的，势力强的，流氓、恶棍、三教九流、社会渣滓，都进入了国会，他们看权行事，看钱行事，谁心里也没有国家和黎民的大事。黎元洪再次下野，北京形势纷乱，上海有人出钱拉拢了，一些议员便纷纷南下，大似乌鸦觅食。现在，北京又"亮"起来了，只要到北京去参加选举，每人就可以先得酬金五千元，以后还每月有六百元津贴，其诱惑莫大！于是，南下途中的议员或已经到上海的议员，心都动了，他们想着法儿，借着故儿，偷偷摸摸，从水从陆纷纷向北，大部分又回到了北京。别看这些人走时生怕议长吴大头知道了，现在回来了，却又怕吴大头不知道了。一进城，他们就奔向小麻线胡同，把一幅幅笑容投给议长。

吴景濂收了曹家的厚赠，自然尽心为曹家办事。每来一个议员，他都及时告知王坦，王坦便及时盛情款待，安排宿食，而后恭恭敬敬地奉上款额五千元大洋支票一张；影响大的议员，有人还送给了双份或更多一点。

小麻线胡同车马行人都多了起来。

吴景濂不寂寞了，他在小客厅里欢笑，茶香喷放，一拨一拨接待着议员；王坦成了吴家的常客，议长还天天美酒佳肴款待；早日这位副参谋长面上的愁容完完全全地消失了……

那一天，吴景濂一大早就来到王坦的住室，笑嘻嘻地对他说："养怡，你来这几天，我天天忙忙碌碌，也顾不得招待你，不知你吃得如何？休息好不好？"

王坦也笑了。"大哥，都是自家兄弟，说这话，岂不太客气了。"又说，"我总是把大哥这里当成自己的家。到家了，一切都是温馨的。大哥再不必说招待不招待的话。"王坦嘴里这么说，心里却乐哈哈的——有夫人许玉蘅的热情，何须再劳议长大驾。每日早早晚晚，王坦都是到那个明三暗五的居室接受许玉蘅的款待，许玉蘅极尽全能，备办最好的饭菜，还捧着杯儿跟他碰，有时候还口对口地"劝"几杯；半醉之中，又总免不了搂搂抱抱，尤其是晚上，王坦常常大半宿才回去。如此这般地款待，还不够热情的？王坦盼不得吴大头退避得远远的。

吴景濂不多理会这些，也自觉理会不了。索性"眼不见为净"，还是笑嘻嘻地说："养怡，形势很好，好得很！"大约是收了人家的巨款事情办得还不错，吴景濂说话的时候，显得十分兴奋，那双并不圆大的眼睛，也神奇起来，短短的八字胡扇着——此人就这副性格：顺畅时忘乎所以，洋洋自得；困惑时垂头丧气，像一头杀而不死的猪。他对王坦说的"好极了"，指的是有许多议员都回到北京了，并且收了曹锟馈赠的支票。这样，他两次收曹锟的四十万大洋，便可以心安理得地装进了腰包。

王坦却不那么轻松，别看他手里的大部分支票都送出去了，效果如何，他不放心。他了解过议员的情况，正直忠厚的老实人有，心怀叵测的坏人也不少，会不会有人收了礼不待"客"？会不会有人支票到手溜之大吉？别看议员牌子一挂人五人六的，其实瓜子里嗑出臭虫，什么仁（人）都有。所以，他那副清秀的脸膛一直默沉着，他对吴景濂的话连微笑也不报，只平平静静地问："形势怎么好？好到什么地步？"

吴景濂说："南下的议员大多回来了。"

"这我知道。"

"咱们送的支票他们都收下了。"

"这我也知道。"

"到现在为止，在北京的议员已有五百九十人，超过议员总数的百分之六十，合乎开会的法定人数了。"

王坦终于兴奋了："这倒是一个喜讯。现在开国会可以合法了？"

"当然可以。"吴京濂说，"《国会组织法》有规定，超过半数议员即属开会合法了。"

"好，咱们就抓紧安排开——国——会！"沉默了许多天的脸膛，王坦总算面上有笑。一笑，顷刻之间便清秀了许多，脸蛋润红，双眉浓黑，二目灵闪，小平头也显见得雅致端庄，更加上一身长衫合体，人模样儿竟是极为英俊了。相形之下，吴景濂逊色多了，怪不得许夫人早就移情于他了。

当天晚上，王坦便把这个情况报告保定的曹锟。

曹锟微笑着端茶杯，轻轻地舒了一口气。

第八章

我得要玉玺

北京落了一场毛毛秋雨。细碎的雨滴洒在街巷中，只给街巷蒙上一层淡淡的湿意；细碎的雨滴洒在大大小小的四合院，那高高下下的灰瓦房的尘沙只轻轻地翻了个身；和街巷、房屋为邻的参差不齐的树木，倒是猛然间青绿了许多!

行人没有异常，谁该干什么还是干什么，只是增添了一件雨具而已。

落雨的时候没有风，连微风也没有。雨似乎是偷偷地、悄悄地落下的。

邵瑞彭在北京报纸上揭露曹锟行贿的事情，就跟这场秋天的细雨一样，只给北京的街巷一点点潮湿，便悄然无息了——穷兵黩武的岁月，到处都是战火纷飞，杀声震天，一两个文人名士在那里唠唠叨叨，又有谁会去太注意呢？

北京总检察厅对于邵瑞彭的控斥状，连案卷都不曾入便丢到废纸篓中去了。那个检察厅的大胡子厅长还愤怒地说："狗逮耗子——多管闲事!"检察厅是权力机构之一，北京的至高权都在曹锟的部下手中，难道检察厅能够是片独立王国？

邵瑞彭的活动是起了一片涟漪，可是，那只能是一片细微的波浪，只能荡动一下水面上的浮萍，莫说像曹锟这样的巨轮，连一只小筏子也影响不动。以致，气得这位词学和历法学的名士挺着胸膛骂天："还有没有天理？还有没有公道？难道历史就无情得连一点痕迹也不会给这样一个恬不知耻的家伙留一笔'光彩'？这太不公平了！"

名士有愤你只管对天发作好了，老天是肚大能容的，连一句反驳也没有——是的，曹锟拿金钱买总统的事，史籍上是会给他留下"光彩"的一页的，也许会遭到世世代代人的唾骂。可是，对于当事人说来，又有何用呢？曹锟从不想这些，他一心只望着极峰，他要登上去，因为那里无限风光！

邵瑞彭四方走动、八方呼唤，毫无作用。别的国会议员都毫无愧色地收下了曹锟的支票，那些去了上海的国会议员又被支票一个一个地拉了回来，并且通过各种途径，把笑脸送给曹锟。

"无耻！无耻之徒！我绝不参加这样的国会，我要退出国会，我要揭露曹三傻子的罪恶行为！"怒声震撼着四合院，震撼着附近纵纵横横的胡同。

骂——随你邵瑞彭骂吧，老天要下雨时照样下雨！

怒——随你邵瑞彭怒吧，女人生孩子的照样生孩子！

你有勇气退出国会好了，国会照样为曹锟筹备选举！

邵先生，你的正直是会得到国人的肯定的，中国的史书上会为你落下光荣的一笔，世世代代的后人也会对你称赞。只是，曹锟贿选总统这件事，你是无力阻挡也阻挡不了的。因为你只是国会议员的八百分之一呀！

1923年10月5日，北京古城，竟是一个秋高气爽的天气。然而，气氛却人为地极度紧张起来。一大早，京畿卫戍司令部的巡逻车便嗷嗷叫着满街跑，街口巷头，警察也多了起来，还有一些装扮得不三不四的人物游神般地在街巷中东张西望，这情形令京城中的百姓有点慌神。尤为紧张的，却是坐落在象坊桥边的那片众议院。八点钟刚刚过，议长吴景濂便在大门外满面笑容地迎接着来自各方各界的议员。今天要召开国会——谁也不计较届次的国会。国会唯一的任务是选举大总统。黎元洪六月中旬去了天津，大总统位子空下来了，一空就是四个月。国家怎么能四个月没有首领呢？堂堂偌大中国，难道连一个可以当总统的人也找不出来？那岂不笑话！政治家们不会等待笑话的。经过多方努力，国会终于取得了他的八百成员中的五百九十人的承诺，才决定今天开会。

要开国会了，当然得隆隆重重、热热闹闹，更需要认认真真，这就是出动大批军警的缘由。五百九十名国会议员都是收到曹家重金的，参加会议是没有问题的，出动军警干什么？君不见，议员中也并非全是金钱的钟情者，邵瑞彭便是异类，再出几个、几十个邵瑞彭之流，在国会会场上大闹一场，岂不乱了？何况，议员们到会了，并不等于都投曹氏一票，若是人人都不投曹氏的票，这个场怎么收呢？所以，军警齐出之举，便是用强力以助金钱作用的。

就在军警纷纷走上岗位的时候，京畿卫戍司令王怀庆带着一个好大的随从队伍来到国会会场。这便让人惊讶——

王怀庆，堂堂直系队伍中的堂堂骨干分子，由大名镇守使升任第十三师师长，并且兼任着京畿卫戍司令要职，是直系大权的一只看家狗。开国会他到场了，可见事情不一般了。

王怀庆来到国会会场，只同议长吴景濂点头表示友好随后匆匆走到会议大厅，而且坐在一个居高临下、令人注目的地方。那威严的军戎，那带着盛气的脸膛、审视的目光和荷枪实弹的保镖，让议员们第一感觉便是威胁。

国会会场，一派肃杀气氛，从院子四周，大门两侧，到院内角角落落，无处不见军警林立，荷枪实弹；进来的议员，务必按"路标"行进，而且只许进不许退，任何人进来了，想擅自退出也不可能。就在如此紧张气氛之中，院内却备有丰盛的午餐，品种斑斓，香气扑鼻。议员们明白了："威恩并用，看来，不投曹三傻子一票是走不了人了！"

上午九时，国会会议大厅奏起一阵音乐。当音乐停止时，议员们却发现主席台上除了有议长、副议长之外，还有那位京畿卫戍司令王怀庆，他戎装整齐，脸膛铁青，端端正正地坐在议长、副议长中间，二目不眨地望着会场；而会场上，除了布满着荷枪实弹的军警之外，还有不少"游神"；而在会场后台，人们看不到的地方，还藏着代理国务总理高凌霨、直隶省长王承斌、直鲁豫巡阅使署的秘书长王毓芝、参谋长熊炳琦、副参谋长王坦——直系骨干人物几乎全到场了。

吴景濂以国会议长身份宣布开会，然后致简短开幕词。这个胖矮个儿的神态和他的身份猛然间呈现出极大的不协调：他语无伦次，声音乱杂，惊恐的目光不时地望着身边的京畿卫戍司令，以致那段开幕词要表达什么意思，他也糊糊涂涂。好在议员们早已心照不宣，谁也不愿听那些唠唠叨叨，会场寂静无声，无声得吓人。

开幕词完了，散发选票；选票发下，开始填写，开始投箱……

北京召开国会的时候，上海一幢小洋房里也正在举行着一个重要的会议，与会人员是孙中山的代表汪精卫、廖仲恺、许崇智，段祺瑞的代表邓汉祥和张作霖的代表姜登选。汪精卫拉着邓汉祥和姜登选的手，微微笑着说："二公再次来沪相会，可见芝老（段祺瑞号芝泉）和雨帅（张作霖字雨亭）对孙先生的信任。孙先生让我转告二公，我党始终把二公作肱股，革命大业，必得二公鼎力方能成功！联合之事，便依前番所议，咱们共成文书，以便日后协调行动。"

邓汉祥说："曹仲珊忘乎所以了，不顾国人反对，依旧贿收议员，谋得大位。一些议员经不得金钱诱惑，趋之若鹜，到上海来了又返回北京。估计曹三傻子迫不及待了，最近可能召开国会。"

汪精卫说："好呀！早开国会、早当总统、早垮台完蛋！倒是一场利利索索之举。"

姜登选比较谨慎，更加上奉军新败于直，言谈起来，颇流露出一点余悸和底蕴不足。"曹吴现在是春风得意，北方有雄厚兵力；驱黎之后，大权独握，恐一时扳他难倒。还望孙先生和芝老善筹良谋。"

"好呀，我们坐下来，认认真真地协商一下。"汪精卫说，"曹吴立足之基并不太牢，若我们三家同心协力，扳到他只是时间近远之说罢了。"

——皖、奉、粤南北三家联合，共同反直，已非一日之议了。早在1920年7月直皖之战段祺瑞大败而退出政坛时，便从隐居的天津频频与广东的孙中山谋求联合，以便东山再起。那时候，直奉两家还是亲密的，奉张在段祺瑞将败时是向段宣战的。但是，张作霖并非一心向直，而是想在战胜之后能够分得一些胜利品。后来的事实证明，直系曹吴是不愿意"肥水外流"的，何况他们两家背后又各有帝国主义国家做后台，自然因分配不公而有了裂痕。段祺瑞败了，他要寻机报复，当然关注直奉关系，发现他们有了裂痕，段氏十分欣喜，便派要员去东北。1922年初，皖系骨干段芝贵便频频去见张作霖，张作霖也派大员去天津拜会段祺瑞。到了这年四月，直奉因矛盾激化，引发了第一次直奉大战。战争结果便是张作霖大败，退出关外，曹锟独揽了北京大权。

经过这场战争，张作霖和段祺瑞联合的步伐加快了。张作霖坚定地认为要报复曹吴，非联合段祺瑞不可；段祺瑞再起心急，也认为非借助张作霖不可，因此，信使更密计议加紧。

皖系残余实力，浙江总督卢永祥，还是霸据沪浙一方。张作霖便派姜登选为驻沪代表，以便及时联系。卢永祥委派得力助手邓汉祥为自己的代表，和姜接谈。不久，邓姜二人即达成共识：奉浙两方在政治上互相呼应，在军事上做到攻守同盟，誓与曹吴不两立，打倒曹吴后拥段上台。段祺瑞也想尽办法拉拢张作霖，张作霖觉得段祺瑞是北洋元老，资望很高，认定国家元首"非段莫属"，并一次即拨付段活动经费三百万大洋。段祺瑞对张作霖也一改昔日的看法，对张甚为赞扬。

段祺瑞与孙中山的联络，是在孙中山在广州进行的第二次护法运动的紧张的时候，即1921年12月，段祺瑞派心腹大将徐树铮去了广州。孙中山派廖仲恺、汪精卫、蒋介石与他接洽，并且十分认真地告诉廖汪：

"兹请两兄及介石为我代表，与又铮（徐树铮字又铮）切商军事之进行，现决于旧历年后用兵，希望皖系策应，使直系更无归路。自来战争因于政略，吾人政略既同，斯为南北一致，以定中国，其庶几乎。"

1922年1月3日，徐树铮在蒋介石陪同下，由广州乘车去桂林，与孙中山直接晤谈，十分融洽。事后，孙中山给蒋介石的信上还说："徐君此来，慰我数年渴望。"

1922年2月20日，段祺瑞又派周善培到广州见孙中山，进一步商谈反直大计；在二次护法运动因为陈炯明叛变失败后，段祺瑞再派徐树铮南下广州、福建，与孙中山的部下许崇智等联络。事后，徐树铮在通电中就明确表示要奉段孙二人为最崇拜的人物："无论何人命令，树铮概所勿受，唯以至诚敬尊'合肥'段上将军祺瑞，中山孙先生文，为领导国家根本人。在今之日，我中华民国非此二老出任艰巨，国基万难平安。"

1922年10月，张作霖宴请孙中山的代表汪精卫、程潜及段祺瑞的代表吴光新时，三方更具体地讨论了三角联盟大计。张态度坚决地说："中山、芝泉与余同声相应，同气相求、余等当协力同心，第一步以逐吴佩孚、曹锟为目的，第二步再谋新中国之建设，再图国家之强盛。"

······

现在，三方上海会谈，便是具体落实三角联合，共同反直大计的。

三方会议开得很顺利，决定共同出兵，反对曹吴，待反直胜利之后，即由三家共同主持国家大政。关于主政问题，三家的意见是：汪精卫主张由孙中山任大总统，段祺瑞任国务总理。邓汉祥主张由段祺瑞任大总统，孙中山任国务总理。汪精卫想让姜登选支持他的意见，对他说："姜公，我和邓公是两个意见，你看这事该如何处理？"说这话的时候，汪精卫满以为奉系会支持他们的意见，由孙先生做大总统。可是，姜登选却耍了个花招，说："雨帅并未言明，容我再电询雨帅一下，由他来定夺吧。"

汪精卫没有办法，只好同意。

姜登选给张作霖打了个十万火急的电报，张作霖也回了十万火急的电报：共同出兵反直，张作霖完全拥护。但是，张作霖却主张在反直胜利之后应由段芝泉出任总统。

汪精卫无可奈何了，他只好说："那好吧，待反直胜利后，由芝老主政。现在，咱们来研究出兵问题。"

皖、奉、粤三方代表在上海具体落实了反直出兵计划……

北京，国会的选举工作仍在紧张地进行中。

王怀庆率领的武装军警，先是在议会会议大厅里里外外游动，选举开始之后，他们便三三两两地走进会场。先在墙边走廊，渐渐进入座席——原来他们是奉命查看议员究竟投不投曹锟票的。会场显得尤为紧张。

参加国会会议的议员，都是被一张五千元支票买进来的，收了人家的厚赠，自然要为人家投上一票。于是，绝大多数人接到选票之后，便不加思索地在选票上画一个圈圈（也就是在"曹锟"头上画个圈圈），候选人无差额，就曹锟自己，又不许另增，只好画曹锟了——画上曹锟，也就觉得五千大洋的人情还清了，心安理得了。何况，一圈圈五千元，文字的价格也够高的了！所以，当武装军警们走进会场时，大多数人的选票上早画完了圈圈。可是，毕竟还是有些议员属邵瑞彭之类，他们虽然把支票收下了，但是选票到手，忽然良心发现，竟断然在选票上的"曹锟"头上画了一个大的"×"！

投票开始了，按区按票箱在军警的监视下，议员们把自己的选票投入箱中——票投完了，当议员们准备离开会场时，却一个一个被阻拦住了。此刻，那个一直铁青着脸膛端坐在主席台上的京畿卫戍司令王怀庆猛然站起来，大声说了话："请各位委屈一下，慢走一步。我们曹大帅备了点薄酒，略表敬意，请各位吃饭，饭后还有要务相商。"

卫戍司令的话刚落音，军警们几乎把议员架着走出会议大厅，走向餐厅——原来吃饭是假，现在刚十点，不晌不夜，谁也不饿。只是因为王怀庆等要最后查查选票，看看够不够"本"，若是不够，还得议员们重新来一次，来两次，直到够"本"。

议员们吃饭去了，王怀庆"保"着吴景濂，藏在幕后的王毓芝、王承斌、高凌霨、熊炳琦、王坦等人，纷纷浮了出来，把住一个个票箱，瞪起专注的目光，审视起一张一张选票。金钱毕竟是有用的，虽然议员中不乏邵瑞彭辈，但毕竟是少数，更加上有些议员颇有眼光，看准了"非投曹三傻子一票是放不过了"，与其反复折腾，倒不如利利索索如他的愿完了。计票的结果：到会议员五百九十人，合乎法定人数；赞成曹锟当大总统的票数四百八十人，占到会议员百分之八十一，合乎当选法定人数。

"曹大帅当选了！曹大帅当选为中华民国大总统了！"

国会的大门终于敞开了，议员们这才舒舒服服地喘了一口气，陆陆续续地走出"牢笼"，仰面望望蓝天。

曹锟被选为大总统了！消息飞快传到了保定，传到了曹锟耳朵中——此刻，他正在九岁红刘凤威的小楼上发呆，皱着眉头企盼北京的好消息。他的心神是那么的不定：孤注一掷了，倾家荡产了，万一当不上总统，一切全完了，连身家性命都要搭上了。他有点怕，怕他几个兄弟不放他，他们都是竭尽全力的呀！他又怕他的妻妾们发难，她们也是竭尽全力的呀！一大早，他便心神不定地来到小妾房中，希望她能够给他点安慰，稳住他的情绪。可是，那个小凤威却那么不解人意，她没有去体贴他，没有去安慰他，竟自轻声地唱起小曲儿。

曹锟很是厌烦："现在是什么时候？大火烧到房檐了，你还有心思唱曲儿？往天让你唱你不唱，今天不该唱了，你又那么有兴致……"是这样想着，但却不出声，只独自闷坐。后来，渐渐听明白了小凤威的唱词，他心里惊了："这小蹄子怎么唱起这词儿来了？"

原来刘凤威唱的是《桃花扇》中的一曲《离亭宴带歇指煞》：

> 俺曾见金陵玉殿莺啼晓，
> 秦淮水榭花开早，
> 谁知道容易冰消。
> 眼看他起朱楼，
> 眼看他宴宾客，

眼看他楼塌了。

这青苔碧瓦堆，

俺曾睡风流觉，

将五十年兴亡看饱。

那乌衣巷不姓王，

莫愁湖鬼夜哭，

凤凰台栖枭鸟。

残山梦最真，

旧境丢难掉，

不信这舆图换稿。

诌一套《哀江南》，

放悲声唱到老。

　　曹锟听明白了，他大怒了。"你这是唱什么曲，唱的什么曲？我还没到高楼顶呢，你就说'楼塌了'。'乌衣巷不姓王'姓什么？难道我真的连累着你们就要'放悲声唱到老'了么？我就当不上总统，坐不定大座了么？"

　　刘凤威抿着嘴儿淡淡地笑了。"哟？大老爷今日怎么忽然来了性子，难道小女子随便拣个曲儿唱，也碍着大老爷当总统了？果然那样，小女子倒是可以一生不再唱曲！"说着，一赌气躺倒床上，拉起被子蒙上头，竟渐渐地发出了抽泣声。

　　曹锟一见这情形，心里慌了起来："这是何苦，自己为了解闷到此，闷未解，竟给别人添了大闷。"又想，"是啊，人家唱人家曲，你发你的闷，哪儿就碍着你了？唱什么曲不是她自由自在的事，凭什么往坏处想？楼塌楼不塌，唱悲歌唱喜歌又怎能联系到你选大总统的事，不是自寻烦恼么？"想到这里，曹锟伏下身，揭开被头，把一副毛蓬蓬的嘴巴抵到小凤威腮上，就"乖乖儿"地叫起来。

　　正在此时，有人来报："大帅，大帅，北京有好消息！"

　　曹锟抖身站起，忙问："什么好消息？"

　　"总理府十万火急电报，说大帅当选为中华民国大总统了！"

　　"是真？！"

　　"急电在此，请大……大……大总统亲自过目。"

曹锟接过电报，认真看了一遍，看着看着，竟流出了两行泪花。

真的当选为大总统了！曹锟捧着电报的手抖动了，身子也在抖动，头脚都在抖动。他忘情地把电报放在床上，忽然把蒙在九岁红身上的被子掀开，两手把她抱起，又亲又吻又摇晃，声音变调地大叫："我当选了！我当选了！"

一石激起千层浪，万般情怀涌心头！

六十二岁的曹锟，总算可以挺起胸来，对着长空，对着蓝天，对着渤海之滨的列祖列宗长长地舒一口气了……

四十年了，从朦朦胧胧到清清楚楚，曹锟一直做着向那个宝座攀登的美梦。他几乎耗尽了心血，费尽了精神，他终于由想着出人头地而变成了"万民之尊，一国之主"！昨天，他还为他为攀登极顶而花去的大洋一千三百五十六万而心疼，今天，他笑了，他觉得花得值！

曹锟抱着小妾亲昵了半天，竟丢下她，一声告别的语言也没有，匆匆走下楼去。弄得刘凤威心慌意乱。

曹锟回到他的密室，找出钥匙，打开保险柜，又把那十五颗金印捧了出来。匆匆解开红绸布，一个一个抱在怀中，贴在腮上，又一个一个地替换着亲吻——昔日，他只把它们当作至宝珍藏起来，奇货可居，还无法拿它们去耀武扬威；而今天，他是堂堂正正的大总统了，他是十五颗金印的主人，十五颗金印是他高贵身价的象征，他怎么能不对它们特别亲昵，特别钟爱？抱着十五颗总统大印亲着、爱着，曹锟忽然冷静下来，他忽然想起了什么。他把金印放下，皱起眉头，背过身来。

——曹锟想起的，是一个庄严、古老而国人皆知的故事，那就是中国的极权代表不是金印，而是用和氏璧雕琢而成的玉玺，那是历代国主的象征！他也听说，那总统印是现代的人刻的，只能临时代表一种权力。"我不能要临时代表权力的，我得要永久的，世世代代的。"曹锟一个急电，把王毓芝和高凌霨都叫到保定。

王、高还以为是北京选举的事呢，忙主动汇报。曹锟听也不听便用力摇头。"电报我看过了，不要再谈了。我让你们来，是有别的紧急的事情。"

王毓芝惊慌地问："别的，什么事？"

曹锟故意缓了缓口气说："就是那大总统印件的事。"

高凌霨说："上次我从医院拿回来，不是都交给大帅了吗？共计十五枚，是用一块红绫子包着的。"

曹锟还在摇头。"那十五颗印，我都收着了。我是问……"

"大帅，"高凌霨忙作解释，"那十五枚印全是真的，黎元洪是交给一个姨太太保管的，我去取时，那个姨太太根本就没有预料到，她不会复制。"

"你们都忘了中国的历史了！"曹锟有点焦虑，"千古以来，中国最高权力的象征不是金而是玉，不是印而是玺。你们怎么就忘了？现在，咱们做国主了，这件事得计较计较。"

王毓芝拍着脑袋，想起来了——他小时候就从说书人口中知道了玉玺的身价——"是啊，是啊！得要玉玺呀！"

高凌霨没有冲动，他眯着眼睛想了阵子，说："玉玺，好像许久没有人谈了。晚清时，太后皇上和军机大员也很少有人谈过。是不是还有这宝贝？难说。"

曹锟希望它还在。他说："这样珍贵的传国宝，怎么能没有呢？有。咱们得找找。"

高凌霨是代理国务总理，有没有玉玺国务院是应该知道的。他发了一个加急的电报给国务秘书长，让他们"速查急报"。

——玉玺，那可是一件镇国之宝，关于它的传说，可以写一部厚厚的书。据说，秦汉时，皇帝有六玺，隋以后实行八玺制度；到了宋代，用玺便有了严格制度。八玺在隋唐时，名称和用途大体是这样：神玺，只作为国宝藏而不用；受命玺，封禅时用；皇帝行玺，封命诸侯及三师、三公用，以极王公书；皇帝之玺，赐诸侯及三师、三公书，以劳王公；皇帝信玺，征发国内兵，以召王公，以报四夷书；天子之玺，赐番国君书，以劳四夷；天子征玺，征番国兵，以召兵四夷。这些玺均由门下省符宝郎负责保管，如诏敕文书需要用玺，符宝郎于皇帝面前才能启用。

玉玺，成为极权的代表。

国务院的办事人员收到代总理的急电，查档的查档，找老朽的找老朽，终于有了个结果。

当初，袁世凯当了大总统之后，曾找清朝隆裕太后要过玉玺。隆裕揉着泪眼告诉他："此物早在元顺帝北逃时便带走了，国朝和前明都没有传国玉玺。"并且告诉袁世凯，"这是孝钦显皇后亲口说的。"袁世凯没有办法，称帝前只好同国务卿梁士诒商量，而后由大典筹备处处长朱启钤和文案阮忠枢一起用纯金造了一块代玉玺，上边镌刻着"诞膺天命，历祚无疆"八个大字。国务院的人向保定作了回报，问"是不是要这块玉玺？"

曹锟叹息了："唉！玉玺丢失了，袁项城造了金的。我要他那东西干啥？现有十五颗金的呢！"他摇着手对王毓芝和高凌霨说："别再提这件事了。你们去筹备就位庆典的事吧，越快越好。我也准备去北京了。"

第九章
花钱买个大总统

　　直系大家族倾巢为曹锟贿选总统的时候，二号人物吴佩孚却在中州洛阳平平静静，不是盛宴宾朋亲友，就是大请名流人士，一派礼贤下士的气氛。

　　吴佩孚对夺总统不感兴趣，他认为大位是能人坐的，能人是有实力的。自己腰杆不硬，坐上大位了，还得摔下来。所以，北京无论是驱赶黎元洪，收买议员，还是召开国会，他一概不问。

　　吴佩孚在干什么呢？

　　吴佩孚在营造他的天地。

　　吴佩孚在洛阳的两湖巡阅使署，原本只是管着两省以上军队的衙门，在军队执政时期，它至多管着两省的政务。吴佩孚却把他的这个衙门扩大了，他竟然建了参谋、军需、军械、副官四个方面的军务处，还有政务、执法、教育、交际四个方面的政务处，另外还有一个咨议厅。若把这些处厅都改"部"，把处厅长改为"总长"，谘议厅改为国会，洛阳俨然成了完善的国家首脑机关——其实，吴佩孚营造的，就是一个国家的首脑机关了，到北京紧锣密鼓贿选时，洛阳已驻有十八省的督军、总督的代表和代表机构。吴佩孚瞧不上曹锟作为，其实他自己也早已昏昏然，要在洛阳办几件大事——还别说，他真的办到了——

　　年初，他指挥着军队从京汉铁路北端的长辛店起，直杀到河南的郑州，湖北的汉口，杀死四十余人，杀伤五百多人，有一百多人入狱、数千人无家可归，把轰轰烈烈的一场"二七"工人大罢工运动给镇压了下去，造成了震撼世界的"二七大惨案"。林祥谦、施洋、曾玉良等一批优秀工人阶级代表人物惨死在他的屠刀下。

夏季，他在洛阳为自己举办了一场极其隆重地"五十寿庆"，光是河南、湖北、山东的剧团就请来十多个，各省省长、督军和各界名流都送来了贺账、贺礼：陕西督军刘镇华送来了八十把"万民伞"，湖北督军萧耀南送来了足有五层楼高的百万头鞭炮，曹锟派他的秘书长王毓芝送来了纯金寿桃一对，连康有为也送来极尽奉承的亲笔寿幛：

> 牧野鹰扬，百岁功勋才半纪；
> 洛阳虎踞，八方风雨会中州。

吴佩孚沉沉昏昏，长宴不倒，欢声昼夜，自己也书了一首七绝悬在客厅：

> 欧亚风云千万变，
> 英雄事业古今同。
> 花开上苑春三月，
> 人在蓬莱第一峰！

做寿，成为吴佩孚在洛阳和曹锟在北京贿选同样重大而轰动的事情。什么做寿，吴佩孚明明是在检验自己的实力。他满足了，到洛阳来为他祝寿的，几乎包括全国所有省份。他们送来厚礼，光是金制、银制的寿桃、寿糕就摆满了整整四张八仙桌！吴佩孚兴奋了——他，雄踞洛阳，光是自己的部队已有五个师和一个混成旅共十万人，控制着河南、湖北、直隶和陕西等省，且把势力南伸，指挥着孙传芳、沈鸿英、杨森等军阀，企图攻掠福建、广东、四川和湖南等省，梦想彻底消灭孙中山的革命军！

古老而残破的保定城，在1923年10月9日竟突然间变了模样：所有的街道都横空悬起了彩绸；街道上所有的商店、工厂门外均张灯结彩；所有街头巷尾，一律搭起了彩棚；从天亮起，鞭炮声、锣鼓响就此起彼落，声震长空。

直鲁豫巡阅使署，更是装点得富丽堂皇：朱漆大门，刷新得红光闪闪，大红丝绸的流苏大宫灯挂在门楣两旁；大门外的耸天大旗杆上，飘扬着五色民国旗；整个院墙都被粉刷一新，红色映日。署前广场上，搭起一座高大、壮观、五彩缤纷的典礼台，台上摆满着鲜花，吊满着彩带和旗帜，四周还装有霓虹灯笼！

这一天，要在这座古城举行授受大总统证书典礼仪式，以便大总统赴京就职。

寒露刚过，秋高气爽。

六十二岁的曹锟，精神得和这怡人的天气一样，红光满面，双眸含笑，厚唇边的八字胡止不住颤颤巍巍地跳动。一大早他就穿上巡阅使的大礼服，坐在公署大堂上敬候那个授证书的大典时刻。

从北京来保定授大总统当选证书的，是国会议长吴景濂。四十万大洋啊！吴景濂非亲来一趟不可。曹锟见吴来，似乎有点受宠若惊，安排手下人组织商民全面净街、高搭彩棚之外，自己携诸大员迎至十里郊外。望着国会议长的专车了，便锣鼓喧天、鞭炮齐鸣。议长的车子停下，曹锟拱起双手迎上去，向吴景濂又是打躬，又是拱手，又去拥抱。弄得这位议长本来就大大的脑袋，一忽儿又膨胀了许多，有点昏昏然然。曹锟拥抱了议长半天，才说："大驾光临保定，仲珊感激之余，又觉不安。"

"老兄当选大任，我能不来祝贺！"吴景濂也送了顺水人情，"只是来得迟了，还望大哥见谅。"

"当选大总统，还不是全凭阁下的努力。"曹锟说，"这几天忙过去，我得好好酬谢阁下呢！"

"都是自家兄弟，何必多此一举。"

"不，不！我是一定要酬谢的。"曹锟说得认真，吴景濂听得心神不安。明明是四十万大洋买动有这个议长，议长是为着大洋而忙忙碌碌的。现在，大总统总算选好了。四十万大洋算是没有白花，吴景濂只求得心情平静，哪里还想再图什么酬谢呢？所以，他便一再谦虚道："总统客气，总统客气！"

曹锟把吴景濂迎到署中，盛情相待，又是一番厚礼相赠。吴景濂见钱眼开，自然是来者不拒，如数收下。

授受证书的时刻到了。

九日上午八时，授书台下鸣礼炮一百〇八响，炮声震天，礼花腾空；礼炮之后，军鼓军号、唢呐锣鼓、狮龙舞队，轰鸣齐出，把个保定城震得摇摇晃晃！

巡阅使署，从大堂到大门，两侧群官肃立，一排彩旗迎风！曹锟在几个武官护卫下走下大堂，迈着八字步朝门外、朝典礼台走去。

鼓乐、礼炮之后，曹锟端坐在典礼台中央，两旁文官武将，背后士卫林立，典礼台一派肃穆！

吴景濂在一群官员的护卫下走上典礼台。先到曹锟面前，恭敬施礼，然后转过脸来，面对台下被拉抓来的人山人海，高声致辞说：

> 战乱有年，国事维艰，生灵炭涂，民生不聊。百姓无不企盼天下太平，安居乐业，更乞有贤明人主，以期河清天爽。在此之际，依大总统选举法，举行大总统选举。曹锟以四百八十票当选中华民国大总统，诚属众望所归，中外欢腾，百姓仰戴永奠邦基，造福民国于万代，当为万代之盛事，宜举国欢庆！

致辞毕，手捧紫檀木匣子，将大总统当选证书双手递给曹锟。

曹锟接过，放在桌上。有人打开，取出匣中锦套，便见米格宣纸、外镶蜜色绫边的大总统当选证书。金光灿灿，耀眼夺目。曹锟兴奋了，两眼直盯，笑上眉端，八字胡频频颤动，抖着双手捧起证书，通身都在颤抖，站都站不稳了……

次日，10月10日。

曹锟要去北京就职大总统了。

夜色正浓，天空洞黑，巡阅使署的男男女女早已忙成一片，梳洗打扮，收拾行装，登上车辆，络绎不绝地朝保定火车站开去。被岗哨严守的那条巡阅使署到火车站的街道，车水马龙，异常热闹。

保定火车站，里里外外，灯火通明，亮如白昼，新装点的彩灯，大放异彩！荷枪实弹的军警，把个车站围裹得严严实实，连只鸟儿也飞不进去。在军警的严密保护下，在随员及家人的簇拥下，曹锟身穿三色大礼服，斜背红色大绶带，胸前挂满着大清皇帝、袁世凯、黎元洪，还有他自己授予的勋章，一派踌躇满志但却又故作矜持地迈着机械、缓慢的步子，走向列车。

保定至北京，相距只在四百华里，又是曹锟的老巢，按说，应该说这是一条平安无事的通道。然而，曹锟要当大总统了，大总统又是金钱所买，他实实在在有点儿心虚，有点儿害怕，他怕这短短四百华里会有歹徒出没，会给他不幸。于是，当大总统专列开动前十分钟，保定车站便先发出探险车两辆，以试动静。凌晨三点三十分，大总统专列要启动了，车站一阵锣鼓、鞭炮齐鸣，可是，人们惊讶地发现，先后启动的共为三列专车第一列，是乘坐有五百名手枪手的棚子专列。第三列，是乘坐有一千名马步队的棚子专列，中间夹杂的一列，才是曹锟和随员、家眷的列车——一切安排，都是为着护着曹锟这条老命，万万不能让他在路上被歹人给杀死了，杀死了曹锟，谁去做大总统呢？

曹锟，不容易呀！二十岁投奔淮军起，到今天，有今天，整整四十二年了！枪林弹雨，出生入死，鞍前马后为别人效了多少劳、出了多少力才有今天！又花了多少银钱才买来了今天！万一有了什么不幸，一生心血岂不全付东流了！所以，此去北京，曹锟和他的文臣武将们无不百倍警惕，千倍认真，作了万无一失的安排。

列车一列一列从保定开出了，喧嚣的保定车站和喧嚣的保定城总算平静下来了，但那满城灯火依旧。保定城用这灿烂的灯火在迎接着新的，属于曹氏的一天！

北京城也同样热闹非凡——

北京城许多街头扎起了牌楼和花坛，前门车站搭起巨型彩牌，彩牌镶嵌着"薄海胪欢"四个斗大的红字；车站内所有大门前均搭起巨大的五彩牌坊，彩灯齐明，耀眼夺目！

凌晨四时，夜空漆黑，警察和卫戍司令部的军队已在车站内外戒严；车站各门，交通断绝；仪仗队和军乐队早在站台严阵以待；直系军阀在京的要员高凌霨、顾维钧、吴毓麟、李鼎新、冯玉祥、王怀庆等也都早早来到车站恭候。北京前门车站一派寂静，所有进京列车一律停运，唯等大总统专列进站。

起风了。

风裹着落叶在大街小巷中滚动，给北京城增加了迷蒙，也增加了寒凉。星星稀落了，稀落的星星显得那么渺小，那么缺乏生息，微弱的星光也在泯泯灭灭之中。

墙角的虫鸣也不知何时停止了。

京城显得十分静悄，静悄得有些儿恐怖！

东方终于现出了鱼肚白。

新的一天就要降临了。

此刻，从西便门传来嘹亮的军号响——军号报告曹大总统的专车将到了。

前门车站，军警严立，军政要员掸尘整帽。七时四十五分——经过四小时十五分钟的行程，曹锟的专车徐徐开进了车站。军乐齐奏，锣鼓喧天，鲜花、鞭炮，把个前门车站闹腾得地覆天翻！

曹锟身着大礼服走下车来。

恭候在车站上的军政大员走上前去，向他行礼致敬。

此刻，曹锟的表情十分做作，尤其是他的脖子，仿佛由于病变而僵化着了，直挺挺无法转动。仔细一看，原来是那件礼服的尖角领子是挺硬的，卡得脖子无法转动。因而，他只有用手急促摇动向大家还礼。

在军政官员的前呼后拥下，曹锟挺着脖子钻进一辆黄色的汽车，从前门朝中南海驰去。

前门到中南海，全是黄土铺路，手枪队、马步兵，戒备森严，断绝交通。

中南海怀仁堂，早已布置好了就职典礼会堂，文武官员鹤立两侧，司礼官站在台口，只待时辰，例行一种仪式也就罢了。

当初，袁世凯就任大总统时，也只是在几位官员的陪同下，读了几句"誓词"也就完了。曹锟不想繁琐，他怕繁琐中有乱，乱中出差错，所以，他再三安排，一切从简。

曹锟到怀仁堂，走向就职典礼台，旅途的疲惫尚浓，屁股尚未沾椅子，司礼官只说了两句话，他便从衣袋中拿出早已拟好的宣言，匆匆忙忙读了起来。在场的官员们尚未定神，他的宣言早念完了。"宣"的什么词，谁也没听清楚。一个一个只管发呆。

曹锟的宣言读完了，下一个仪式该是议长、议员和百官向总统致意了。于是，议长吴景濂、副议长张伯烈以及到场的议员和官员们来到台前，向曹锟恭恭敬敬地行三鞠躬礼，表示祝贺。

就职仪式完了，该曹锟到国会，向全体国民的代表作宣誓了。于是，议长带领大家乘车，又从中南海匆匆朝象坊桥国会走去。

中南海至象坊桥，要经过西长安街。西长安街上，也是黄土铺地，岗哨森严，并且多了许多骑马乘车的巡视军警，许多房顶上还站立着便衣侦探。

曹锟显得疲惫不堪。六十二岁的人了，折腾几天几夜，再加上礼服的限制，不仅脖子酸了，头也有些眩晕。高凌霨、王怀庆等保驾人员架着他，在国会礼堂的典礼台上站了好一阵，才想到自己是来就职宣誓的，急急拿出一张纸片，清清嗓门，念道：

> 余誓以至诚遵守宪法，执行大总统之职务。谨誓。

议员们一起鼓掌，大礼完成。

仪式一毕，依照安排，曹锟住进中南海的延庆楼，开始执行他总统的职务。他的官邸，便是延庆楼相邻的居仁堂。

——延庆楼、居仁堂，可是一片名声不美的地方。那里原本是清王朝仪鸾殿的旧址，1900年八国联军进北京时，联军统帅、德国陆军元帅瓦德西就住在这里。次年，仪鸾殿起火，瓦德西的参谋长少将许华兹就被烧死在这里，整个仪鸾殿也被烧成一片瓦砾。后来，慈禧太后从西安回到北京，在这片废墟上建起了一座俄式楼房，专为接见外国使者用的，定名为"海宴堂"，后来改为居仁堂。袁世凯当上大总统住进中南海之后，便在居仁堂会客、住宿，并且又建了一座西式楼房，命名延庆楼，作为办公用。可是，自从袁世凯进住这里之后，就没有一天好日子，直到他死在这里。现在，这里又成了曹锟的总统府，人们自然议论纷纷。

议就议吧，曹锟当上大总统、延庆楼成为总统府，这是千真万确的事了。住进延庆楼，曹锟又拿出十五颗大总统金印，两眼放光，摇头晃脑，他在思索着怎么利用它们了！

居仁堂、延庆楼，几易其主了，袁世凯、黎元洪、冯国璋、徐世昌，又来一次黎元洪。易来换去，给人留下的，依旧是一片乱哄哄。而今，曹锟做主人了，他不想还是乱乱哄哄，他想有治，想有一片升平气氛，他想成为一个和平统一的文治总统，以洗刷他穷兵黩武的恶名。住进延庆楼之后，他就和他的文臣们凑在一起磋商，很快便发出了新总统的第一道命令：

　　国于天地，所贵能群，惟宏就一之规，斯有和平之治。历稽往牒，异代同符。共和建国，十有二年，而南北睽张，纠纷屡启。始因政见之抵迕，终至兵祸之缠连。哀我国民，无辜受累，甚非所以强国保民之道也。本大总统束发从戎，即以保护国家为志。兹者谬膺大任，自愧德薄，深炬弗胜。甚欲开诚布公，与海内贤豪更始，共谋和平之盛业，渐入统一之宏图，巩固邦基，期成民治。着由国务院迅与各省切实筹商，务期各抒伟筹，永祛误惑，庶统一早日实现，即国宪子以奠定。兼使邦人君子，共念本大总统爱护国家，蕲望郅治之意。

　　命令发出之后，曹锟心里平静了许多。大位到手了，仪式行过了，总统府也住定了，第一道"安民告示"也发出了，特殊时期总算过完了，下一步，该是按部就班处理日常事务了。"唉，总算可以松一口气，过几日和平日子了吧！"

　　曹锟感到累了，疲惫了。可是，当他坐在延庆楼的总统宝座之后，他又觉得此刻不是他休息的时候，新政到手，百废待兴，军军政政、财财文文，外邦交、内黎民，还有南方的孙中山，落魄的段祺瑞和山海关外的张作霖，哪一件事不迫在眉睫，不得抓紧去办？怎么能高枕无忧呀！此刻，曹锟似乎隐隐感到大总统也不是好当的！他猛然间想起了吴佩孚。"子玉呀子玉，千不该万不该，你不该在我就大位时不到场！你咋就忘了，直系大家族中，还有谁能比得了你我的关系？我当大总统了，许多大事就得你来做呀！无论军还是政，你不出来，谁能挑得动那些担子？"曹锟望着远在西南天边的洛阳，深深地叹息着。

　　思索许久，曹锟决定把军人的职务首先调整一下，稳固自己的阵脚。

　　曹锟已是一国之主了，直鲁豫巡阅使和兼任的直隶总督都不能再挂在身上了——这些职本来都被黎元洪免裁了，可是，曹锟却始终不承认。就为这，他才下决心不让黎元洪当大总统的。王承斌是夺印有首功的，得先酬他。于是，在直隶省长的头衔上又让他兼着督理直隶军务，不久，又特派他为直鲁豫巡阅副使。王承斌连升三级，感恩戴德，万分欣喜，决心为曹氏天下鞠躬尽瘁！

　　吴佩孚是曹锟的贴心，无论他对买总统有多大意见，他毕竟是直氏家庭的顶梁柱，曹锟有十分权得分他六分。于是，不经商量，便免去了吴佩孚两湖巡阅使职务，升任他为直鲁豫巡阅使，令"即到任"。把吴佩孚拉到自己眼皮底下，心里就踏实了。

接下来，又把齐燮元任命为苏皖赣巡阅使，萧耀南为两湖巡阅使，杜锡珪为海军司令，其他各省、各军，暂且不动。如此，军事上的事总算办得妥妥帖帖了。接下来，便是政。尤其是京中这一摊子，京中这摊子的核心是国务总理这一职。

曹锟犯了愁！

只说国务总理，曹锟就无法安排。高凌霨是摄政内阁总理，正儿八经的总理是张绍曾。当初为了赶黎元洪下台，曹锟跟张有默契，待黎下台后，张还是回内阁执政的。现在，黎早下台了，曹又当了总统，自然得实现诺言。然而，高凌霨在驱黎夺印中确实立了大功，曹锟也是亲口许他执掌国务院的。另外，国会议长吴景濂也是想当国务总理的，开国会前，吴景濂对王坦、曹锟都流露过这个想法。曹锟对他说："只要国会把大事（即选曹当上了总统）办成了，国务总理自然归你。"这又是一位。还有一个人便是执掌着当今财政和外交的颜惠庆。贿选大事，曹氏家族是倾尽家产了，可是，在官场上，在大庭广众的场合，还是颜惠庆开了国库给解决的。没有国库的支持，连国会也无法召开。所以，当颜惠庆决定开国库，支持贿选的时候，也同曹锟有过密约，那就是事成之后，颜想主持国务。曹锟虽然觉得是一件十分棘手的事，可是，为了能够当上大总统，他还是对颜表示过，"国务的事情，非你莫属！"

一女许给了四个男人，而且"嫁期"已到，曹锟能不犯愁？

曹锟虽然在入主中南海之前早是一方霸主，可是，此人从不守信用。当初他竟然能够把总理一职许张、许高、许吴又许颜，他只是儿戏地想："到时候，你们谁的能力大，谁就争了去吧！"现在，一旦大总统的宝座坐上了，他最怕的就是乱，"这四个人都有能量，乱起来不得了！无论如何，得稳住他们。"

再说这四个"圈定"总理的人此刻的情况：张绍曾在曹锟入主中南海次日，即从天津来到北京。到京后即"公告"了两个意见：一、复活自己的内阁，重握国政；二、不达目的，绝不署名摄政内阁辞职。张绍曾的第一条意见并无威力，张内阁能否复活不是他说了算，而是由总统说了算；但是，

第二条意见却是十分厉害，旧有内阁辞职，必全体阁员署名，方才有效。张为国务总理，他不署名，旧内阁则不能辞职；旧内阁在，新内阁便无法产生。

曹锟得知这一情况后，心里一惊："这个张……"

——原来，在曹锟战败皖奉之后急于夺大位时，张绍曾和其他有权人一样，主张先立宪后选总统。为此事，他还乘着去保定参加军官学校第九期毕业生典礼之机以国务总理之位、以曾经任过训练总监并主持本期学生开班之名规劝过曹锟，他对曹锟说："仲珊，你们这回迎请宋卿（黎元洪字宋卿）复任，只是他的任期未满，他绝无恋栈的意思，只想在短期内把宪法制定公布，按照合法手续办理选举，正式把总统选出，他便下台。他早已声明，不当总统候选人。他既不竞选，现在要论声威资望，够总统资格的除了仲珊还找不出第二人来。政府和议院中人差不多全是拥护仲珊的，将来总统一席是非公莫属了。不知仲珊意思怎样？"

曹锟登大位心急，哪里能够等到制定宪法，虽然明白张绍曾说活的分量，但还是装作冷静地说："我倒没有想到这些，有些人很愿意我出来，也许他们是为自己打算，这样做有好处。我也懒于过问，唉，随他们胡闹去吧。"软丁丁地把张的意见抵了回去。

张绍曾离开保定之后，曹锟还愤愤地说："这个张，想阻拦我就大位。"

现在，张绍曾又来了，曹锟怎么能答应他，何况自己已不是昔日的直鲁豫巡阅使，而是堂堂正正的大总统了。于是，曹锟便以大总统名义，发表了高凌霨代行内阁总理的命令。曹锟满以为以威可以平天下呢，谁知这么一来，天下更乱了……

第十章
孙段张三角联合

想过几天和平日子的新总统曹锟，偏偏乱事层出。就在他任命高凌霨代理内阁的时候，沉默许久的洛阳吴佩孚、南京齐燮元和住在团河的冯玉祥一道，积极主张曹大总统的第一任国务总理应该是颜惠庆。

曹锟锁眉了。这可怎么办呢？

在风云激荡的时候，曹锟总是束手无策。他愁呀！

就在这个时候，老四曹锐匆匆从天津到了北京。

曹锟心里一惊："他来干啥？"

曹锟以为老四是来收银子的，心里很不高兴："我这大位尚未坐定，你就来收银子，哪有那么快的事？我就是去国库拿，也得反过手来呀！这么着急，咋能办到？"于是，他颇有点怨气地说："健亭呀，你也是在官场上混了些时日的人，你得体量一下官场上的难处呀！我是坐上大位了，坐大位也有坐大位的难处，亲兄弟，你得体量一二！"

"三哥，我体量了。"曹锐说，"是他们几个人总在找我。"

"他们几个？"曹锟以为是老大、老五、老七他们几个，又说，"一个一个都糊涂！"他转过身对老四说："他们都糊涂，你得明白呀！"

"三哥，"曹锐到北京来了，他不想白白地跑一趟，哪怕事不成，他也得把话说到，"你的难处我知道。不过，我也想，他毕竟为你的登大位出了力，还亲自跑到保定为你授大总统证书。他可是待你没有三心二意呀！国务总理这一位置……我看，人家希望的不过分呀！"

"你说什么？"曹大总统丈二金刚摸不着头脑了，"你到底是来北京干什么来了？"

曹锐笑了。"三哥，我到北京来没有二事，只是想把吴大头的事说说。人家么……"

"吴大头何事？"

"三哥，吴景濂到天津去了，跟我谈了许久……"曹锐把国会议长去天津找他，告诉他要争国务总理，希望曹锐能在他三哥面前帮他一把的事叙说了一遍。然后说，"我觉得吴大头要求不高，何况他手下还有那么多议员。拉住他，就是拉住了国会。国务总理还不是一块虚牌子，啥事还得三哥你说了算。就是还他吴大头一份情，免得以后无事生非。你说呢？"

曹锟一听老四来不是收银子，心里一松："我觉得亲兄弟不至于糊涂到这地步！"他知道是吴大头去天津活动了，心里又有老大的不高兴："咋能把国事和我的家事搅和在一起呢？"曹锟觉得老四也多管闲事，"选一个国务总理也能是说人情的事吗？他吴大头乐意为我鞍前马后地跑，我没有白着他，40万大洋他到手了，他该为我跑。我出大钱他跑腿，谁也不欠谁的。他还会生什么是非？"于是，他对老四说："吴景濂这事，就到这里吧。他若问你，你就说你到京来了，该说的话说了。"

曹锐知道此事难了，也不便多说，便回了天津。

吴景濂想当国务总理的梦破灭了，心里大愤，便扬言："无论要谁做国务总理，国会均不予通过！"

吴景濂的这个态度，第一个惹恼的人就是高凌霨——他是代理总理，国会不通过，岂不拆他的台？于是，他从国务院放出言语："国会任期已满，应该取消，重选议员和议长。"高吴矛盾由于双方都有撒手锏，互怕闹僵，两败俱伤，所以，只拉弓，并未放箭，小闹了一阵，也算平安下来了。这样，高凌霨也便暂时坐稳了摄政交椅。各方无大争，北京到各省也算平和。仿佛曹锟这个大总统还当得。曹锟悬在心口的石头也就落了地。

其实，形势远非中南海里那样的升平，反对贿选的浪潮，不仅波及全中国，而且还是一浪高一浪：早在北京紧锣密鼓、慌慌张张举行选举的前五天，即9月30日，中国共产党人蔡和森便在《向导》周刊上发表文章做了揭露和痛斥。他说："今年的双十节第一桩注意的事，毋庸说是曹锟的登台。

其在中国政治上的影响不仅是加强反动而黑暗的军阀政治，而且一定要加强英美帝国主义在中国的政治权力。所以双十节这一日不仅应有反对曹锟的登台表示，更应有激烈的革命性的大示威。"

孙中山在南方发表宣言指出："中国人民全体，视曹锟之选举为潜窃叛逆之行为，必予以抗拒惩戒之。"

上海、广州、杭州、太原等城市，各界人民纷纷举行集会，游行示威，大规模反对贿选，不承认曹锟为大总统，高高扬起大幅标语，"国贼曹锟潜窃大位，国人绝不饶恕"！青年学生在全国范围内发起铸像除奸运动，要将受贿议员铸成铁像，像杭州西湖岳飞墓前秦桧等四奸铁跪像那样，让世代唾骂。广东杨希闵、廖仲恺，云南唐继尧，四川熊克武，淞沪何丰林，奉天张作霖，浙江卢永祥，先后发出通电，反对贿选，宣布与曹锟断绝一切关系……

风起云涌的反贿选高潮，由神州大地的四面八方刮向京城，刮进中南海，最终刮进了曹锟的耳朵中。

曹锟气昏了——他躺倒床，生起闷气；

曹锟发怒了——他躺不实，坐起来骂街；大怒了，他起来摔壶砸杯……

跟他从保定到北京来的、他原来的参谋长熊炳琦走到他身旁，轻轻地叫了声"大总统"，便闷闷地坐在一旁。

熊炳琦来了，曹锟心里一轻。在曹锟眼里，熊炳琦是个有智谋、有胆识、有心胸的人，在任何情况下，他都会做到忙而不乱，胸有成竹。当初，国会议员邵瑞彭把贿票登在小报上，曹锟气得要死的时候，就是他向曹锟讲了一件"贺冠雄骂袁世凯"的故事，宽了曹锟的心。现在，他又到曹锟身边来了，曹锟自然想着他还会有好主意来解他心头之怒。

"润承，外边的事情你全知道了？"

熊炳琦点点头。

"唉——"曹锟叹声气，停了片刻，才说："为什么有些人总是心怀叵测，唯恐天下不乱，咋就不想过几天安生日子呢？"

熊炳琦心里一惊："都到何时了，你还异想天开有'安生日子'？你还不知道，事态远比你想的严重得多！"他望望曹锟，吞吐着说："大总统……"

"润承，看你眼神，有要紧事是不是？"曹锟心神不安。

"大总统，"熊炳琦终于说了，"事情远不是几个什么人物的宣言、通电，还有一件重大的事情很令人不安。"

"什么事？"

"上海传来的事。"

"上海？"曹锟一时说不清楚上海发生了什么事。

"孙中山、段祺瑞、张作霖和各省代表在上海联合召开了一个会议……"

"什么会议？"

"当然是反对咱们……"

"怎么反对？"

熊炳琦从衣袋中拿出一张纸，"这里有一份他们的联合宣言，请大总统过目。"

曹锟摇摇手。"你念念，我听着。"

熊炳琦将纸片展开，但却没有念，只忐忑不安地待在那里。

"念！"

"这文字……"

"念！"

熊炳琦这才吞吞吐吐地念下去：

曹锟怀篡窃之志久矣，数月以来，阴谋日亟，逆迹日彰。最近发觉其唆使部曲，串通议员，毁法行贿，渎乱选举，种种事实，海内闻之，莫不愤疾。东北西南各省军民长官暨本联席会议，相继通电，声明此等毁法之贿选，无论选出何人，概予否认。全国各法定机关暨各公团，亦相继奋起，为一致之主张，义正词严，昭如天日。曹若稍知众怒之难犯，典刑之尚存，犹当有所顾忌，戢其凶谋。不意彼辈形同昏聩，怙恶不悛。吴景濂等竟悍然于十月五日举曹锟为大总统，曹锟亦悍然于十月十日就职。蔑视中华之礼仪，丧民国之道德，侵犯法律尊严，污辱国民之人格，一并于此，可胜发指。谨按此次毁法行贿之选举，于法律上则绝对无效，于政治上则徒生乱阶……

"什么，什么？"曹锟睁大了眼睛，大声吼道，"他们，他们是一群什么东西？他们代表谁？他们竟敢如此放肆！"

"大帅，不不……大总统，"熊炳琦说，"此刻不是动怒的时候。我们还是把事情全面了解一下，看看关键在哪里，然后再磋商一个有效的对策。怒只可发之于谋成之后，要发一个有名之火。无名之火，万不可发。"

曹锟想了想，觉得也对，但还是余怒不熄地说："我是饶不了他们的！往下念吧，我听听他们最终还说了些什么？"

熊炳琦为曹锟倒了一杯茶，送到他面前。回头重新拿起文稿，又轻声地念下去：

> ……本联席会议特代表东北、东南、西南各省之公共意思，郑重声明：凡举曹锟盗窃之元首名义，及其部曲所盗窃之政府名义，附逆议员所盗窃之国会名义，一切否认。除彼凶残，唯力是视。呜呼！国本飘摇，乱人鸱张，存亡之机，间不容发。凡我国民，共奋起毋馁，最后之胜利，终归正义。

熊炳琦读完了文稿，默默地放下，窥视一眼曹锟，然后拿出香烟，不声不响地自燃自吸起来。曹锟铁青着脸膛，一声不响地思考着刚刚灌进耳中的言词。他一时呆若木鸡，死死闭目；一时怒气冲冲，两眼圆瞪，他猛然间站起身，又软瘫瘫坐下。

时处晚秋，绿野渐凋，黄叶纷飞，天高云淡，一排排北雁正在哀凄地鸣叫着向着遥远遥远的南方飞去！

北京城，一片萧疏。

曹锟在总统府的小书房里混混浊浊，迷迷糊糊，好久好久，却又自言自语起来："我曹仲珊为何运气如此不佳？别人用枪杆子强夺大位，可以天下太平，万民欢腾；而我豁上身家性命，毕生积蓄，却遭到国人唾骂！这……这……这公平么？"他挺胸站起，再不坐下，拍拍胸，仰面朝天，大发誓言："我就不相信，我会倒在如此一群鼠辈之手！"他转过身来，冲着默默吸烟的熊炳琦说，"既然他们高叫什么'唯力是视'了，我也不当孬种！我要同他们战场上见见高低。"

曹锟是行伍出身，十分迷信枪杆子。贿选总统，实在是不得已而为之。现在，既然孙中山、段祺瑞、张作霖都要与他动武，且摆出了对峙局面，那就只好战场上见分晓了。

想到打仗，曹锟最先想到的，便是吴佩孚。"他，远在中州，取大位之事，他的态度就不明不白。如今要他出兵，他干吗？"

曹锟心里最明白，直系实力的"拳头"，一大半是握在吴佩孚手里，他进退不明，曹锟心中便不实在。选大总统，吴佩孚是冷淡的；大总统就职典礼，曹锟是亲自给他发了电报的，他还是不到场；曹锟大位刚坐定，就给了他个"直鲁豫巡阅使"的头衔——那可是他曹锟享誉多年，赫赫显要的位置——吴佩孚仍是无动于衷，连一声感激的话也不说，到不到任更是不声不响。"现在找他来谈军事，谈出兵伐乱，他干吗？"

曹锟一时拿不定主意，却也一时不想急找吴佩孚。思索半天，他只让熊炳琦把秘书长王毓芝和代总理高凌霨找来，"咱们共同商量一个办法，看看如何应酬局面？"

——曹锟很自信，他觉得当今中国的实力在他手里，没有人能够与他抗衡：段祺瑞徒有虚名了，连官场上的身份也没有了，北方，没有其立足之地。远在浙江、上海还有皖系两支军队，但他们无力北上，也不敢北上。张作霖新败退出山海关，目前自顾不暇，无力反回关内。南方革命军，无北上意图，且迢迢万里，既力不从心又鞭长莫及。云南、四川有几支小小的队伍，但是，中州有吴佩孚坚守，谁也别想越雷池一步！他曹大总统在北京，完全可以高枕无忧。

这是曹锟心里的"数"。他的文武大员都来了，他对他们首先分析了上述情况，然后，信誓旦旦地说："你们明白了吧，军事上的主动权依然在我手里！几个电报，几声宣言，又奈何了谁呢？"

人们听了曹锟的分析，都点头称是。

王毓芝点头之后，却慢条斯理地说了这样几句话："总统对形势的分析，当然是完全正确的，我们能够战胜各方也是事实；皖奉再来大举侵犯，我们还会取得全胜，这都是铁的事实。我只是担心祸起萧墙！"

曹锟平静的思绪一下子慌张起来，他瞪起眼睛问："你说咱们内部有变？"

"变，还不至于。"秘书长说，"仗一旦打起来，只怕作战不力。到那时候，恐怕就骑虎难下了。"

王毓芝，素来是以智谋著称，在曹锟面前以虑事周全有名。此人多有奇计，唯因性格内向不善言表，但是，每每所议，所说意见均是分量极重的。曹锟不能不认真思考。曹锟锁起眉，边思索、边自语："难道王孝伯会有异心？不会吧？"

曹锟想到的，是直隶省长、新任直鲁预巡阅副使、直隶督军王承斌。

王承斌跟曹锟有点矛盾，这也是所有派系家庭中共同的"家务事"了。第一次直奉大战前夕，吴佩孚从洛阳给曹锟送来保定一封密信，说："王承斌跟奉张有秘密往来，曾派参谋长去奉天见张作霖。"曹锟记在心上了，想找个机会处置他。不久，曹锟在保定开军事会议，王承斌是二十三师师长，自然要到会。可是，曹锟却没有让他参加会议。一怒之下，王承斌离开了保定。事又凑巧，不久，王承斌的一个营因为领不到军饷发起兵变，虽兵变未成，却暴露王部与统帅曹锟的矛盾。事后，曹锟还是大度地处理了，而且连连升王的职级。想到这些，曹锟摇着头说："王孝伯的事都善为处理了，隔阂早已消除，关系业经和好。"

王毓芝也微笑摇着。"是的，孝伯不至于如此。如今，直隶重任在肩，总统新近又恩宠有嘉，他怎么能自毁长城呢？"

"那还会有谁呢？"曹锟迷惑着。

"想想，还有没有对不起的人？"

"兰亭，你总是这样，越是关键时候，你越是阴阳不明。军人么，要有个爽快的样子。咱们相处也不是一朝一夕了，还怕我信不过你吗？我还会打击、压抑你吗？"

"大总统，"王毓芝终于说出了担心，"冯焕章这个人，你觉得如何？"

"冯玉祥？"

"对，是他。"

"冯玉祥跟吴子玉不合，这一点我知道。可是，我待他却不薄呀！"

"我只是这么怀疑。"王毓芝说，"总统对我有知遇之恩，我不能不对总统忠心耿耿，也许我想多了。我只是想：如今你是大总统了，树大招风。要大树稳住不倒，必须首先根深蒂固！身边大大小小，可都是根呀！"

曹锟这才轻松地舒了一口气，说："兰亭，你的美意我领了。这事就说到这里吧。对付当前局势的事，大家都想想，改日咱们再好好商量。"

吴佩孚终于在曹锟面前又出现了，但却不是他的人而只是声——他从洛阳挂了一个紧急电话，要总统府的人"务请总统讲话"。

曹锟紧锁了几天的眉，忽然间便展开了。"吴子玉总算还惦记着我，没有忘了我！"

当了总统的曹锟，不是日理万机，而是万机压头，愁苦得不知该先干什么、怎么干呢。他想要吴佩孚帮他，吴佩孚却默不作声。他埋怨吴佩孚，认为吴佩孚在看他的笑话。现在，吴佩孚把电话找到总统府来了，曹锟想："必是吴子玉回心转意了，愿意助我一臂之力了。"他匆匆忙忙去接电话，匆匆忙忙中还想，"吴子玉伸头了，事情就好办了！"

"子玉，子玉！我是仲珊！"

"大帅近日可好？"吴佩孚一开口喊了声"大帅"，弄得曹锟猛可间凉了心肠，"怎么'大帅'？天下人都知道我是大总统，难道他吴子玉不知道？天下人都承认我是大总统，他吴子玉不承认？"心凉归心凉，吴子玉能"露面"，总还是一种安慰。曹锟压下心头的不愉快，还是语气亲热地说："我还好，还好。子玉，北京的事情太多、太乱了，真盼着你能到北京来。你得帮我理理这局面呀！"

吴佩孚没有搭曹锟的话茬，竟单刀直入地提出另外一个问题。"大帅，听说国务总理人选尚未定，这可是一件大事呀！国务无人操理怎么行呢？总不能处处、事事都由总统去料理吧。子玉为这件事寝食不安……"

"我也正为此事发愁呢！"曹锟说，"要平衡各方意见，一时竟是定夺不下。"

"我想了又想，掂量又掂量，出于对您，对国家负责，我想了一位最合适的人，他可以担此重任。"

"哪一位？"

"就是当年开平武备学堂的校长，孙宝琦先生。"吴佩孚用毫不商量的口气说，"此人有才有智，德高望重，是各方势力都能通融的人。在此时刻，国务只有他来主持，才会风平浪静，政通人和。"

——又是一个国务总理！？已经排到五号了。

虽然明令确定高凌霨代理国务，但总是名不正。争这个席位之战，仍在明明暗暗。高凌霨摄政了，第一个不满的是议长吴景濂，于是，在10月26日召开的临时国会上，高、吴各鼓动支持自己的议员竟大闹起来，先文后武，闹到痰盂墨盒齐飞，造成头破又血流，双双向检察厅提起控诉。天津的老四曹锐推荐吴景濂不成，又回头来推荐天津籍曾任过段祺瑞政府内务总理的孙洪伊来任总理。并说："此人有胆有识，南方北方关系四通八达，是个善运筹帷幄的人物，三哥若付他大任，必能万事周全。"

现在，漫天云里又出来个孙宝琦，曹锟更糊涂了。刚刚展开的眉又锁起来，左思右想，只答了句含含糊糊的话："我知道了，我知道了。"

对于这样的回答，吴佩孚显然是不满意的。

——吴佩孚在洛阳，并不是只把心思放在给自己做寿上。

那一天，冯玉祥的一坛清水着实把他气得头晕眼花，他发誓想借故惩处他一番。可是，却一时想不出惩处的"理由"。他想写一首诗也抒发心头的不快。不知怎么的，思路又那么不畅。他在自己的书房里苦思许久，只把去岁为自己卧室写的两句联补成一首七绝，也算完了一件心思。他拿出纸笔，录在纸上：

> 龙泉剑斩血汪洋，
> 千里直趋黄河黄。
> 大禹神功何其伟，
> 洛阳一气贯扶桑！

写毕，他看了阵子，又觉得无味，索性丢到一旁去了。

一件事过去了，他又忙着去办另一件事，洛阳做寿，收的礼太多了，他愁着无处存放。原先，他想送到北京去，他在北京的什锦胡同有私宅。可是，他不放心，他觉得从洛阳到北京，山水相隔，道路迢迢，"路上果然冒出了一批'吴用'之徒，像《水浒》中蔡京的'生辰纲'一般被劫走了，我不是白费心机么？"放洛阳，更不放心，那是一片兵争之地，万一打起仗来，岂不也无险可保。有人为他算过一笔账，一场贺寿，收礼在四百万银元之多。果然这四百万银元丢了，吴佩孚可是心疼的。于是，他想到了湖北督军萧耀南，想到了汉口。结果，由萧耀南经手，在汉口英租界租了七间大仓库，藏下了吴佩孚收下的寿礼——是以"送给萧督军的军械"为名，派兵护送去的。

一切都办妥当了，吴佩孚才想到北京，想到国务总理。"曹仲珊的理政本领有多大？别人不清楚我可是清楚的。莫说一个国家，一个省也够他难为的，何况目下形势又那么乱，对峙又那么严重，四分五裂，战火一触即发。弄不好，座位坐不好事小，说不定身家性命都会一旦完了！"吴佩孚觉得曹锟十分需要一个好总理，要一个能够料理得周全的总理为他支撑政局，而曹锟只虚以挂名，当几天无所事事的大总统，也算过过瘾。

要谁当总理呢？北京的情况吴佩孚是了如指掌的，他有耳报神，什么消息都会及时传到洛阳。他对于北京因为总理问题的争争夺夺，只付之一笑："无论吴景濂，无论高凌霨，无论张绍曾还是颜惠庆，都不是做国务总理的料，给他们一个国家只能难为他们，他们治理不了。"吴佩孚觉得自己当总理最合适，论威——他能压住阵脚，谁也不敢同他争；论德——他有足够的能力和心胸把一个国家治理好；论人缘——他可以周旋四方，平息各种矛盾。可是，吴佩孚不干！他更清楚，此刻谁坐到国务总理位置上，谁都是众矢之的，即使你有三头六臂，也免不了被众矢所杀。就这样，他想起了孙宝琦。

曹锟对于孙宝琦只说了声"知道了"，吴佩孚觉得很刺耳："'知道了'，什么意思？我无意争总理，推荐一个总理给你，是为了大局。你争总统我都不问，谁当总理，更与我何干？"吴佩孚真想撞他几句。可是，他收敛住了。他体贴和理解了曹锟。相处日久，吴佩孚对曹锟还是怀着感激之情的。"直系能有今日，曹仲珊有不可磨灭的功绩。只有他，才能统得住直系天下。"想到这里，吴佩孚还是心平气和地说："孙宝琦还是十分稳重的，人品也好，心胸也宽，军政界他的学生可谓'桃李满天下'！要稳定局势，非此人莫属。请大帅善待其人。"曹锟听着，想着，心里嘀咕："吴子玉，我的顶梁柱！他手下有十万人马，无论北方还是南方，还都全赖着他。他的意见不能不听呀！"他又想想孙中山、段祺瑞、张作霖的三家联合声明，"他们'唯力是视'了，看来一场大战已不可避免。战争一起，更得靠着吴子玉。设若没有了他，无论吴景濂、高凌霨，还是谁，都没有决胜千里之兵！"曹锟虽然觉得吴佩孚推荐的方式太有点强加，口气也有点咄咄逼人，但他还是说："子玉，你的好意我会理解的，我感谢你的用心。孙宝琦其人，我能不了解吗？我了解他，也相信他，此人是个总理料。国家有此人出来主政，国家之幸、黎民之幸，也是你我之幸！你放心好了。我会安排好的。方便的话，你告诉孙一声，请他到北京来一趟，我想同他好好谈谈。你看如何？"

曹锟虽然不得已出此言，却也对吴佩孚是个很大的信任。

吴佩孚见曹锟默许了，心里很高兴，又说了一串串关心"国家大事"的话，这才放下电话。

第十一章
该挑选一位好总理

做了大总统的曹锟，猛然间就觉得摆脱不了烦恼，总有办不完的急事。"这不要把人累死了！"累死也得撑着。在其位不谋其政怎么行呢？

政务，太庞杂零乱了，千头万绪，从何做起呢？曹锟想到的第一件事，仍然是内阁总理的人选。他把高凌霨找到面前，要跟他仔细商量一下。怀着满腹忧虑的高凌霨，皱着眉、蓬乱着一把大胡子来到总统面前。他原以为是商谈工作的事呢，所以，一坐下他便说："总算把一些急务安排妥当了。下一步……"

曹锟摇摇头，扭了话题，说："不。我想同你商量一下，还是组阁问题。"

"组阁？"高凌霨心里一颤，"阁不是已经定了吗，只待国会通过就万事大吉了。"可是，高凌霨立即又想到吴景濂。"他会同意这个案吗？"——为争阁，高、吴已大打出手了，吴景濂一日在议长位上，高内阁的"案"就极难通过。现在，曹锟又提出组阁，他明白，当然不会是他的高家内阁。因此，他犹豫着问："总统想必是心中有谱子了？若已定了，我只把交代工作做做就成了，还有什么商量的呢？"

"没有定。"曹锟说，"总理人选问题，现在还是各方推荐阶段。谁推荐了，咱们都要商量。"

"大总统心中有底了？"

"不算什么底，昨儿吴子玉推荐一位。"

一听说吴佩孚推荐总理了，高凌霨由心颤到了心跳了——他知道吴佩孚说话的分量，知道曹锟跟吴佩孚的关系。"他吴子玉自己要干总理，曹锟也不敢拒绝；他推荐人了，曹锟能不接受？"他深深地呼吸一声，问："是哪位？"

曹锟说："孙宝琦——就是当初在开平武备学堂当过校长的那人。"

"嗯，我知道了。"高凌霨说，"曾经做过吴子玉的校长的。"

"正是他。"曹锟说，"也算老军界的人了。"

高凌霨本来对任何人出来组阁都是抱着抵触情绪的，并且下定决心跟任何一个出来组阁的人相争到底。对于孙宝琦，他却在心中"缓冲"了一下——一是觉得，孙乃吴佩孚所荐，吴乃直系中流砥柱，和他抗衡，没有好结果；二是觉得孙宝琦其人自身争阁的能力并不强，且久日以来远离中枢，不至于有更多人给他抬轿子。和一个实力弱的人相争，不出大力气即可获胜，是一件合算的事情。于是，转忧为喜。忙说："既然是玉帅所荐，当然是最合适不过的了。我看可以。"又说，"大总统，如此看来，玉帅对大总统还是心无二意的，虽远居中州，还是时刻不忘大政，费心推荐贤能。您的总统宝座是会坐稳的了。"

曹锟知道高凌霨这话是有意奉承，却又奉承得并不得体，令人听起来皱眉。但他接受了吴佩孚所荐的孙宝琦，这对曹当该是吃了一颗定心丸，使得他在吴佩孚面前可以挺起腰来说句话。曹锟微笑着说："泽畲，组阁的事，那就这样吧。下一步，自然还得由国会通过这个议案。"

高凌霨轻轻地点点头，但心里还是想："有吴大头当议长，国会未必能够通过孙宝琦组阁案！"

形势发展出乎高凌霨的想象，国会竟顺利地通过了孙宝琦组阁案。高凌霨惊讶之后，只得来一个总辞职，无可奈何地走下台去。

曹锟是碍着吴佩孚的脸面，才把孙宝琦组阁案推到国会去的。此刻，吴景濂已是在争阁无望不得不退出战场的情况下，但却怀着对曹锟四十万大洋的情感接到孙宝琦组阁议案的，索性送给大总统一份顺水人情，便串通了许多亲自己的议员。孙宝琦组阁案既经通过，曹锟一方面把"好消息"传给吴佩孚，一面却又犯了思索——

直系军阀，并非铁板一块。冯国璋死后，直系大旗由曹锟扛起，但军政决策大权，大部分落在山东蓬莱人吴佩孚之手。秀才出身的吴佩孚，常常以儒将自足，虽然也是个以武力定天下的角色，但总想着不失伦理，讲点礼仪；而卖布出身的曹锟，却是笃信武力，不讲究什么儒雅、礼教，在"黩武"过程中，二人却有分别。又因为曹锟常住保定，吴佩孚常住洛阳，故而，直系军阀便渐渐形成了以曹锟为首的保定派和以吴佩孚为首的洛阳派。但是，在对敌斗争中（比如对奉、对皖、对革命党），无论保定派还是洛阳派，意见完全一致；在对权力和自己内部利害上，却又得斤斤计较。曹锟不得不接受吴佩孚推荐孙宝琦为总理人选，也是出于这种心情。而今，孙宝琦果然经过国会通过出来组阁了，曹锟猛醒，觉得吴佩孚来与他分权了。于是，在国会通过孙宝琦组阁案的当日夜晚，曹锟便在总统府的密室里召见了直系家族中保定派的骨干分子王毓芝、王承斌、王怀庆、熊炳琦、高凌霨和王坦等人，连夜确定了内阁组成人员，以免实权"旁落"。结果，曹总统的第一任正式内阁的组成便是这样一个阵容：

程克，内务总长；

王克敏，财政总长；

吴毓麟，交通总长；

顾维钧，外交总长；

颜惠庆，农商总长；

陆锦，陆军总长；

李鼎新，海军总长；

范源廉，教育总长；

王宠惠，司法总长。

老气横秋的孙宝琦，思绪和眼力都是极聪敏的。在沧海横流的今日，这个饱经风霜的桃李满天下的人，是不想去挑这付"治国安邦"的重担的。不是他无能，而是他觉得他没有那种良机。吴佩孚对他提出这件事时，他便冷笑着说："子玉，而今你让老师荣其大任，是老师的光荣，也是你做学生对老师的一片诚心，我得感激你。如以目前大局而论，老师对此重任，恐是力不从心，最终有负所托，怕是还要做出终生遗憾之事。""老师过虑了。"吴佩孚说，"珊帅北京的事情，当初我并不赞成。现在，既然生米成了熟饭，我还是要尽力把这个大局维持下来。请老师出山组阁，就是为了维持这个大局。我想珊帅和保定、北京方面的诸位都会深润此举，都会支持阁下的。"

孙宝琦听了吴佩孚的话，虽觉总理难当，却也并不坚辞。同时，也想过几天总理瘾，因而也就答应了。内阁组成之后，第一张阁员名单就使他大吃一惊：各部总长除司法王宠惠、教育范源廉之外，其余均为坚定的保定派人物，就连那位各方呼声较强，又在运筹帷幄中的拟定农商总长张志潭竟被排除阁外。孙宝琦不得不认真掂量了："吴子玉一心为了维持直系这个大局，可是，北京却千方百计扩大保定派的实力和大权。看来，我这个内阁总理是不好当的了。"

——张志潭被排除出内阁，本来也是一件寻常事。但是，由于这件事在后来的故事中发生着很大影响，所以，不得不作为一个小曲插在这里。

张志潭也是北洋老人，曾在袁世凯、段祺瑞、黎元洪等几度政权中入过阁，并且态度极近直系，尤其是对农商颇有独到见地。曹锟对他也是十分欣赏的。为什么他不能入阁呢？这得从曹锟身边的一个小人物说起：

曹锟好色，这已是人所共知之事，妻妾之外，梨园班子中，也常常是见一个有姿色的便强拉在身边。拉女孩子还不算，有时还拉男孩子。有一次，在吉林城大街上他就拉过来一个叫李彦青的澡堂打杂青年。这就是后来一度风雨满城的"曹锟收了男妾"的故事。

这李彦青并非出身名门，而是出生在一个曾经做过大官宦人家的厨师的下等人家。曹锟宠爱了李彦青之后，竟然给了他一个平市官钱局的督办职务。小人乍得富，常常忘了天高地厚。李彦青也就宠着老爹摆起架子来了。

有一天，李彦青的老爹竟坐着儿子的汽车去他当年为厨的那个官宦家中说是探视，但又飞扬跋扈，气得这家官宦老爷大骂："我家一个厨子竟敢这样，还得我去客厅接见他，将来我还不得到他的府上去拜见他！什么东西，给我赶出去！"

结果，李彦青的老爹硬是被原主人骂了出来。李彦青知道这件事后，大骂道："什么鸟官宦，对我老爹这么无理。不报此恨，今后我如何做人？"于是，此恨便记在心上。

这位官宦不是别人，正是拟入孙宝琦内阁作农商总长的张志潭。

张志潭被列入内阁农商阁员人选时，李彦青已经升任曹锟总统府收支处处长兼着军需厅厅长了，是曹锟身边说话极有分量的一个人物。曹锟把组阁名单交给李彦青，说："李子，你看看这个名单，行不行拿个意见，给他们退回去。"

"是！"李彦青答应着，接过内阁的人选名单，一个一个审视起来——这李彦青别看只是一个下人，而且出身卑微，得了宠之后，心肠可厉害着呢，除了曹锟之外，连直系家族中的显赫人物他也不放在眼里，终日在曹锟面前说三道四，弄得许多人惶恐不安。曹锟宠他，有什么办法？现在，连组阁大事曹锟也交给他定夺了，你说李彦青是何等的身份！

在新阁员的名单中李彦青发现有张志潭，马上又怒又喜起来："张志潭，他也要入阁？我叫他入地狱！"想着，提笔就将他勾了去。

张志潭从新阁的名单中消失了，但一场不大不小的隐患也在内阁中埋下了。这是后话，暂放下。

孙宝琦还算聪明，事态让他看准了，这个总理不好当。于是，从他走进国务院的第一天，他就像童养媳走进男人的家门一样，小心翼翼，不敢迈大步。

主阁不久，孙宝琦便发现他的国务院是一个病态十分严重的机构，不仅车马活动经费奇缺，连他这个总理待客的茶水也供不上，他想待个客、留顿饭，也无处开支。原先，他还以为是贿选用多了钱，把内阁活动费挪用了呢，后来听说，高凌霨代理内阁时，用钱如流水，他才恍然大悟："是不是在钱上压我一把？"

孙宝琦虽是直系大家族的一员，但他明白，他是属于吴子玉的洛阳一帮。"现在是保定一帮握权，是不是有意给洛阳一帮为难？"孙宝琦虽然主政时日不多，但在官场，却可称是久经风霜的人，一枝一叶，一热一寒，他尚有敏感性。于是，他就亲自提笔，写了一份安排正常办公费用的文件，要财政部办理。

财政总长王克敏接到这个文件之后，没有照办，却把它送到曹锟面前。曹锟正想作口谕时，又是那个李彦青对王克敏说了话："总长，大总统说了，新政刚刚就绪，多少大事当办，银钱都不足。常规用项得大大压缩，要先从中枢开始。告诉孙总理，让他省着点用，凑合点吧！"

曹锟马上也说："是的，是的。得先从国务院做起，勤俭节省，紧缩开支！"

王克敏也是个偷偷地做着总理梦的人，尚未涉足，便被孙宝琦先占了去，心里正不是滋味，想着找机会排挤他呢。现在，大总统发话了，王克敏当然是有了趁火打劫的机会。他一边收回孙宝琦的文件，一边说："我一定按大总统的意思办！"

王克敏退出来，李彦青也随了出来。

"总长，我有句话想单独对你说说，你不厌烦吧？"

王克敏忙说："李厅长有话只管说，克敏愿听。"

"你是内阁的成员，要想把这届内阁保下去，你就尽心尽力。"李彦青说，"不过，照我看，这届内阁是办不了大事的，大总统的意见是……"

"怎么样？"王克敏问。

"过渡过渡再说。"李彦青又说，"大总统一直对阁下寄予厚望的呀！"

"我明白，我明白！"

王克敏去见孙宝琦。

孙宝琦还以为财政总长是给他送钱来的呢，忙泡香茶款待。

王克敏笑了。"总理阁下亲自批交的经费文件，克敏看到了。"

"困难之极，方有此举。"孙宝琦说，"还望王总长能关照。"

"总理之难处，克敏自然明白。克敏也是内阁成员，岂能不知。"话说到这里，王克敏皱眉、摇头、冷笑了。"只是，财政太困难了。我接这个摊子，就是空空荡荡，库无分文；新政刚定，赋税无望；交涉几家外国银行贷款，又是条件万千，苛刻之极。我这无米之妇难为炊呀！总理也该体谅我之难处，日常用度是不是……"

孙宝琦听明白了，钱不能给，还得让自己体谅他。"这明明是在卡我！"但他还是缓缓口气说："既然财政困难，日常用度难以应付，我也不便勉强。这一项也就暂时放下吧，是不是依照惯例，把我的'特需'那项款子拨下？我移作急用。"

——民初惯例，大总统、总理、各部总长都有一定数额的特殊费用按年拨到个人名下，供个人特殊使用的。用不完也就成为个人所有了。比如，徐世昌做了大总统，财政部便筹拨一百五十万银元作为"零用"。孙宝琦在不得已时提出要自己的这份"例子"钱，算是退到墙根了。

王克敏依然摇头。"那是正常情况下。现在是非正常情况下，连大总统的这份钱都免了，总理阁下也得体谅呀！"

孙宝琦一听恼怒了。"王总长，你的意思是不是要我关起门来，不办公？要么，就是要我从家中拿钱来办公？"

"我可不敢这么说。"王克敏忙摇手，"我只是表明国库困难。"

"国库困难连总理也难住了？是不是大总统也要自己出钱办公？"

"这个……"王克敏还是平平静静，"这就不是我的职责了。总理可以去问问总统。"

孙宝琦一怒之下，真的去找曹锟。

曹锟还没等孙宝琦把话说完，就摇着头说："这事，这事我知道。财政确实困难，怪不得克敏。钱么，就只好大家都担待着了。困难是暂时的，以后会慢慢好的。"说话时，曹锟还颇流露出对孙宝琦有点儿不满情绪——什么钱？连我这大总统也是自己出钱买的，自己拿钱办公有什么不可！

孙宝琦一看，连曹锟也如此这般了，他心里很寒。"什么是困难？是有人觉得我碍手碍脚了。咳，这个总理不好当了！"无可奈何，孙宝琦一纸辞呈，离开了国务院。

孙宝琦走了。挤走孙宝琦的王克敏有功，王克敏坐上了总理宝座。

国务院总理的位子定了，曹锟久悬着的一颗心总算平静了。王克敏是他的心腹，他觉得他会替他把这副重担子挑好，他对他放心。"我要静心休息一阵了！"

曹锟是累了，在他人生的征途上，他可从来未曾劳神这么大，家倾了，心力交瘁，大位到手之后又为国务总理人选费尽心思，"掌大权也不是一件容易事呀！"曹锟对着镜子瞧瞧脸膛，明显地瘦了，鬓角的皱纹也增了许多，眼睛好像也瘦小了。"我要好好休息几日了，不能大位到手人病倒，那是不合算的。"

正是曹锟要闭起门来修身养性、养精蓄锐的时候，熊炳琦从保定匆匆来到北京。

熊炳琦坐在曹锟面前，沉默着，眉锁着，一副忧心忡忡的样子——他是被留在保定善后的。直鲁豫巡阅使署交给吴佩孚了，可是，吴佩孚恋栈洛阳，不肯到保定来；保定又是曹锟经营二三十年的大本营，华北重镇，他一时还舍不得丢掉它。所以，便派一个参谋长留守。留守也只是留守，曹锟交代他，"一旦吴玉帅到任了，就回北京。"曹锟虽对保定情感极深，但保定毕竟只是中华的一镇，不是京城。"普天之下，皆为王土了，何况一镇！"然而，曹锟了解保定，了解熊炳琦。熊炳琦锁着眉头来到北京，曹锟知道"保定情况不妙！"但他也心中有数，熊炳琦是个惯于小题大做、心中存不住事的人，又往往以自己的小聪明情绪偏激。所以，待侍人给熊炳琦奉上香茶之后，曹锟若无其事地说："润承，这些日子以来，保定的事情把你累坏了，我也正想把你接到北京来，到北京来好好休息几日。你来了，那很好，什么事情都放下，以休息为主，陪着我清闲几天吧。"

熊炳琦不是来北京清闲的，他确实有心事——自从曹锟离开保定到北京就任大总统之后，保定的巡阅使署和曹锟的私宅、光园、戏院都猛然间冷落了，似乎也都更幽静、更轻松了，连那些守卫的兵丁，也丢去了昔日的虎威而变得有说有笑，优哉游哉多了。保定城真的成了一片"留守地"。空气融和了，人们的情绪轻松了，言谈语论也就显得宽松了。就在这时，保定城传出一股不大不小的妖风："保定派内部分裂了，有人不跟大总统一条心了，要反对大总统！"这事被熊炳琦听到了，他再派人四处打探，果然事出有因。

直系大家族分为保、洛两派，已是人所共知的事实了。由于没有发生巨大的变故，有两派也就有两派吧，"曹仲珊、吴子玉是拴在一条绳上的两只蚂蚱，谁也飞不了，谁也跳不了，有点言差语错那也是舌头跟牙的事，翻不了天。"

可是，保定派内部又分派了，虽说往天也有人传其议论，说说而已。现在，保定派派中有派的议论在保定轩然大波了，这怎么不引起"留守"熊炳琦的重视，何况，这场分裂大波的挑起者据说是曹锟极其信任的大将冯玉祥。熊炳琦的脑门一下炸了——他自然而然地想到了冯玉祥的进进退退，想到了冯玉祥跟吴子玉的恩恩怨怨……"冯玉祥可是个举足轻重的人物，万一他有变，大总统可就没有好日子过了！"熊炳琦这么想着，焦焦急急地来到北京。

可是，保定派分裂，也只是议论而已，熊炳琦手中并没有真凭实据。原本只是想着在曹锟面前说说而已。现在，曹锟不想让他说，他也知道这些日子曹锟为国务总理事已经够烦恼的了，所以，便把话往肚里吞去，只是谈些别的事情。

"大总统，京城里没什么事了，我想回保定去了。"熊炳琦平平静静地说。

"既然来了，就多住几天吧。"曹锟说，"难得这几天还轻松，咱们也好好聊聊。"

"大总统……"熊炳琦还是想推辞。因为他知道，曹锟并不平静。

　　曹锟却诚意留他——这一段时间，曹锟也太烦恼了，当总统比在保定烦恼多，难得有人同他谈谈心。"润承，我有事，你别走。"

　　熊炳琦不能走了，索性坐下来。

　　熊炳琦坐下来了，曹锟却又什么话也没有了。

　　说什么呢？曹锟心里这个乱呀！北京的事，暂时还无需参谋长插手，他也插不上手，何必说给他听呢？保定的事，熊炳琦比他还清楚，曹锟又不想听。所以，他们都显得沉默，沉默了许久，曹锟竟想起了一件实在太渺小的往事。

　　"润承，见了你，觉得有许多大事。可一时又记不起来了。不知为什么，竟想起了一件小事，你说可笑不可笑！"

　　"什么小事？"熊炳琦问。

　　"当年在保定，我曾拿一张画给你看，咱们两人都说不清作画的是何许人。还记得么？我让你查查，以后竟忘了。"曹锟轻松地笑了。

　　"不是忘了，是没有那个闲情，也没有那个时间了。"

　　熊炳琦一时有点糊涂，在他的印象中，曹锟不是此圈中人，近年虽也每每谈及，也有时挥毫展纸，那只是附庸风雅而已。他们之间更少在一起谈论此事。今日一提，熊炳琦自然想不起所指了。何况，他本人也并非丹青中人。

　　"大总统所提……"

　　曹锟一见参谋长真的没有记忆了，便说："你不记得啦？是一帧《上林图》，明代人仇英画的。当时我问你'仇英是何许人？'你说查查再说。以后也就放下了。还记得吗？"

　　熊炳琦眯起眼睛思索阵子，想起来了。"大总统，是不是那一次咱们谈论邵瑞彭的那个议员的事之后看的那张画？"

　　"是的。"

　　"好画！"熊炳琦说，"记忆极深，那山、那溪、那树，连那装裱都显得那么苍老遒劲！"

　　曹锟笑眯眯地点点头。"一点不错！仇英其人，你查到了？"

　　熊炳琦，称得上是一位很善解上司意思，又会办事的人。当初，他们在共赏这幅画时，其实是一件极平常的事，完全可以一笑了之。可是，由于是曹锟交代的，曹锟想知道画作者的身世，熊炳琦便不能不当成大事来办了。

实在话，熊炳琦在翰墨丹青上，也是一知半解、知识平平的人；有时卷入文人之中，也只装装样子，哪里就知道古人佳作了。但是，巡阅使有意了，参谋长得满足他。于是，他着实费了一番工夫，访名人，查书库，把《历代书画记》《图画见闻志》《画史会要》以及《容台集》等论画典籍都找到家，并且还专门找来了《明史》，认乎其真地阅读起其中的《文苑传》篇来。因为他听说仇英是明代人，"若果然是大家，《明史》上不会少了他！"工夫不负有心人，熊炳琦总算对仇英这个人有所了解。只是这段时间没有那个闲情，他还不曾对曹锟说明。今天，曹锟问起了，他想到了，便说："大总统不提这事，我倒忘了。这个仇英么……"

"查到啦？什么人？"曹锟忙问。

"是明代的太仓人，字实父，号十洲。"

"又是一个江南人？"曹锟想起了当年他拒收的两帧江南人王鏊和唐寅的名画。"江南出了那么多才子？！"

"仇英长期居住苏州，跟名画家周臣学画。"

"他的出身一定是个书香门第！"

"不，不是书香门第。他出身工匠。"

"啊？！出身工匠？后生好学，也是常事。"

"他深得明四大家之一的文徵明称誉，从而知名于时。"熊炳琦说，"出名之后，也还是以卖画为生。"

"以画山水为主？"曹锟手中是他的《山林图》，故而这么说。

"不。"熊炳琦在典籍上查了，"他擅画人物，尤长仕女，既工设色，又善水墨、白描，笔法流转劲利，有'周昉复起，亦未能过'之评。"

"那张《山林图》……"

"他的山水画多学赵伯驹、刘松年，属青绿之作，细润而风骨劲峭。也画花鸟。"

"倒是一位奇人！"

"晚年客于收藏家项元汴处，临摹历代名迹，落笔乱真。"

"又是一奇！"

"与沈周、文徵明和唐寅并称'明四家'的。地位很高。"

"奇，奇人！"

"还有一奇。"

"什么奇？"

"他有个女儿，号称杜陵内史的，也是一代名画家！"

曹锟眯眼思索，暗自称赞："历代名人，并非个个皆出名门。只要有志上进，谁都可以有成就。唯我辈碌碌无为，一旦从官场下来，不只两手空空，身后功过，也还难以论定呀！"想到这里，曹锟竟是叹息起来。

熊炳琦也感叹起来……

第十二章

冯玉祥发怒了

北京的永定门外，有一个小镇子叫南苑，又称南海子，是元、明、清历代帝王狩猎、讲武的地方。这片地方最兴盛的时候（大约是明永乐年间），周围凡一百六十余里，建有行宫、寺庙，苑垣设九门，地方大得几乎有三个旧北京城面积。到了清末，这里便逐渐萧条，庙寺宫阙渐成农田，连一片可观的遗迹也不见了。辛亥革命之后，已经成为一片军营。1922 年 10 月，冯玉祥由河南督军调任北京陆军检阅使，他的部队便驻在这里。刚刚过了"不惑"之年的冯玉祥，进驻南苑之后，便没有一日心情舒畅，终天愁容满面，默不作声——

许多年了，冯玉祥的日子一直不好过。有什么办法呢？他倒是想做一番救国救民的事业，可是，握权人物一批一批都那么腐败，争权争势的斗争又那么激烈，何况他自己也不时地做着领袖梦，这样，握权的北洋人物怎么能不歧视和猜忌他？皖系当权时，徐树铮等人排挤他；直系当权了，吴佩孚又压制他。现在，他是直系中的主力军之一了。可是，不仅队伍不得扩编，连饷项也常常不给。第一次直奉大战时，京汉路军事吃紧，冯玉祥派他的李鸣钟旅北上援助。结果，仗打胜之后，吴佩孚拟将李旅扩编为师，留在保定，企图让李部脱离冯玉祥。冯玉祥当然不会答应李部任吴摆布，不仅不会答应李部驻保定，督豫后，还杀了吴佩孚派去做军务帮办的宝德全，又拒绝吴提出的更换省长，并且将自己的第十一师大加扩充，积极训练……这一切，都极大地惹恼了吴佩孚。结果，冯玉祥督豫不到半年，北京政府即在吴佩孚的威逼下，将冯调任只有虚名的陆军检阅使，移军北京南苑。

冯玉祥并不恋栈河南。吴佩孚在洛阳，冯玉祥在他的眼皮底下，有好日子过吗？不如远远地离开，倒也清净。平心而论，无论冯玉祥跟吴佩孚的关系怎么僵，他对曹锟还是怀有好感的。他觉得曹锟待他还是真诚的，厚道的。只是曹锟太缺乏主张，常常被吴佩孚左右着，跟着吴佩孚做错事。

可是，离开河南冯玉祥离得也不利索。移军的前夕，吴佩孚硬是要将他十一师的五个补充团留在河南。一师兵力去掉五个团，岂不只有一个空番号了么，冯玉祥当然不乐意。他急急忙忙跑到陆军部，找到当总长的老上级张绍曾苦苦诉求，才算全师兵力北上。可是，吴佩孚答应每月由河南给冯玉祥拨去军饷二十万大洋却只是一张空头支票，而北京政府却又以为"既然河南有饷给冯部了"，也就不再拨饷，以致冯部驻南苑之后，竟然十一个月分文军饷未曾收到。面对着这一切，冯玉祥的心情怎么能舒畅？他站在营房之外，仰面望天，深深地叹道："吴佩孚此次将我调职，其用意即要置我于绝境，使我们即不饿死，亦必瓦解！"

冯玉祥二十岁进入袁世凯编练的新军，迄今军涯生活已经二十多年了。二十多年来，他由一名士兵升任到一省督军，不容易呀！他追随袁世凯，但当袁世凯不顾国人反对悍然恢复帝制时，冯玉祥却断然拒绝在"劝进"电报上签字。不仅如此，护国之役打响之后，冯玉祥在四川还与护国军遥相呼应，以致使北洋头目曹锟、段祺瑞对他十分恼火。不久，他回师北京时，便被免去了职务。只是因为为时不久出现了张勋复辟事件，为讨伐张勋，他才又获重新统率混成十六旅的机会。就在这些波波折折中，冯玉祥与孙中山先生有了接触，了解了孙中山领导的护法军政府和军队，并且有意靠近孙中山。孙中山也比较欣赏冯玉祥，并且把自己写的《建国大纲》送给冯玉祥，冯玉祥拜读得十分认真。不久前，孙中山先生还把他与张作霖、段祺瑞的代表卢永祥的三角同盟形成情况派专人告诉了冯玉祥，希望冯能脱离曹、吴。冯玉祥委托他的教友，即将南去广州的马伯援，请他代为向孙中山致意，请他告诉孙先生："目前直系军兵数倍于我，如冒险盲动，必遭失败，待时机到来，我一定有所举动。"

冯玉祥南苑住定之后，思前想后，忧心伤神，人也就明显地瘦了许多。此刻，他想得最多的，是这二十多年来跟着他东征西战的将士，尤其是那些已长眠地下的战士和将领！"他们一个个身先死了，我们这些活着的人，又有什么建树呢？他们的死又有多少意义呢？"想到这些人，冯玉祥觉得很对不起他们。"他们值得吗？日久天长，会有人还想着他们吗？不行，我不能忘了他们，我要为他们树碑，为他们立传，让他们千古永垂！"

冯玉祥亲自主持在南苑建造一处官兵义地——昭忠祠。昭忠祠落成的那一天，冯玉祥广邀军政及社会各界人士，举行隆重的致祭大会，以表彰牺牲将士的丰功伟绩！

这是1924年9月初的一天，新秋骄阳，天高气爽。冯玉祥南苑的昭忠致祭大会开得十分隆重，不仅对自己的将士鼓舞莫大，对于前来致祭的各界人士也是极大的激励和安慰，大家都说"冯将军不忘故旧，建祠永志，对生者死者都仁至义尽了"！致祭大会完了，冯玉祥单独把老朋友、第十五混成旅旅长兼大名镇守使的孙岳留下，作了长谈。

孙岳，同盟会老人，滦州起以前与冯玉祥结交，长期往来无间，私交甚厚，政见相一。辛亥革命时，孙任第三镇中校参谋，可是他已经与南方革命军暗通消息，同时与滦州驻军军官王金铭、施从云、冯玉祥等密谋起义。事不密，被当时的三镇少校副官吴佩孚知道了，吴告密于三镇统制曹锟，曹撤了孙的职务。后来，孙岳南下，黄兴讨伐袁世凯时，孙被任命为北伐第一路军总司令。其后曾一度去陕西，与陕西国民党人胡景翼深相结纳。曹锟当了直隶督军时，以旧日关系委孙为军官教育团团长；直皖战争时，兼任直隶省义勇军总司令。战争结束后，因被吴佩孚压抑，只任了现职——第十五混成旅旅长兼大名镇守使。孙对吴佩孚极为不满，这一点，与冯玉祥更是相投。二人在密室坐定之后，孙岳便深有感慨地说："民国虽成立不过十多年，这里已经躺下了许多战士，令人痛心呀！"

冯玉祥说："他们为国捐躯，落得一个忠字，也算不朽了。"

"都是忠义好汉，都是精魂忠骨啊！"

冯玉祥摇摇头，淡淡地笑了。"他们死了，能得忠骨之称，孙二哥，将来你百年之后，人们应该怎样称道于你呢？"

孙岳也淡淡地笑着说："那还用问，像我目前这样做法，在真正的革命党看来，还不是一个不折不扣的走狗！"

冯玉祥不笑了，他严肃起来。"你统兵数千，坐镇一方，为什么甘心做人家的走狗呢？"

孙岳没有被激怒，反而哈哈地大笑起来。笑一阵之后，也严肃起来。"我算什么，还有那带着三四万人的人，不是也做着人家的走狗而无可奈何吗？"

冯玉祥却被激怒了。他长长地叹息一声，说："目前，闹到这种局面，我想稍有热血良心的人，没有不切齿痛恨的。我所统辖的队伍，虽然名为一个师三个混成旅，但实际不到三万支枪。在这样的情况下，自然不能鲁莽从事。但我们必须努力，把这一批祸国殃民的混账王八蛋一股脑儿推翻。不然的话，如何对得起自己，如何对得起这些牺牲了的官兵，更如何对得起创造民国的先烈！"

听了冯玉祥这番话，孙岳也激动起来。他以坚决的态度对冯说："你若是决定这样干，我一定竭尽全力相助。此外，胡笠僧（即胡景翼）也定然愿和我们合作，我可以负责去接洽他。他也是个郁郁不得志的人，对曹、吴的做法早已深恶痛绝，何况他也是老革命党，更何况他和你我又有深厚友谊。合作是绝对不成问题的。据形势判断，直奉必有一场大战，我们有的是机会。现在咱们不妨先布置一个头绪，待机行事。"

冯玉祥十分赞同，说："胡笠僧那里的事就请孙二哥去一趟，一定争取办妥帖。"

——这件事因为冯孙二人是在一处草亭子里秘密磋商的，所以被后来的史学家称之为"草亭密议"。

胡景翼，青年时期参加同盟会，与孙中山早有接触，辛亥革命时起义于陕西耀州；护法之役在三原宣布独立。冯玉祥任陕西督军时与胡结识。胡曾写信对冯说："只要你能领着我们救国卫民，任何办法都乐意接受。"冯玉祥感其诚意，将其所带的靖国军改编为陕军第一师。

在第一次直奉战争中，胡景翼随冯玉祥出潼关援直。冯调北京任陆军巡阅使，胡部即驻防彰德、顺德一带。吴佩孚调胡部南下攻广州，胡不去，吴便在军饷上多方为难他。正是此时，孙岳从北京来见他。

孙岳把他和冯玉祥的密议对胡叙说一遍，胡闻之大喜。说："盼望许久了，冯将军能够这样做，对国对民，都是莫大的好事，我绝对服从冯将军命令。"

"这就好了。"孙岳说，"曹吴太不顾民心，不顾天意了，这是他们自取灭亡，罪有应得！"

"事不宜迟，"胡景翼说，"曹吴耳目众多，一旦事漏，困难就大了。"

"既然笠僧已经决定，我看咱们可以立即商定一切。"

"好好，我立即派人到北京去见冯将军。"胡景翼略加思索，又说，"这样吧，就让岳维峻先生随你一起去京见冯将军。他可以完全代表我，你们商量办法好了。"

岳维峻到了北京南苑，立即拜见了冯玉祥，表明："胡将军一切听从冯将军命，请将军做出决定吧。"

冯玉祥十分高兴，脸上丢失许久的笑容也回来了。他说："这事我思索许久了，行动必须慎之又慎！我看，咱们是不是这样办……"

"请将军直说。"

"第一，"冯玉祥显然是胸有成竹了，"吴佩孚要打倒异己，对奉战事，已到了一触即发的地步。这种战事，我们誓死反对。第二，我们必须利用形势，相机行事，将来如果成功，必须迎请孙中山先生来主持大计。他是中国唯一的革命领袖，应当竭诚拥护，否则，我们就是争权夺利，不是真正的革命。孙先生的《建国大纲》真是太好了，如果把这个细细地读一遍，才知道真正的民国是怎么回事，真正的革命是怎么回事。第三，纪律是军队的命脉，有之则生，无之则死，我们既抱定了革命的决心，此后当严整军纪，真正做到不扰民，不害民和帮助民众，否则，我们绝不能成功。就这三条意见，你们看如何？"

岳维峻立即点头，说："冯将军想得很周全，我们完全接受。"又说："我可以把三条意见带回去，立即就转告胡将军。"

岳维峻回到彰德，把同冯玉祥谈的情况叙说一遍，胡景翼十分赞成，说："冯将军想得极是，我看应该这样办。"

不久，胡景翼借口到北京就医，又亲到南苑同冯玉祥进行了密谈，表达了与冯合作的决心——至此，冯、胡、孙的三角同盟便告成功。

吴佩孚从洛阳匆匆来到北京。

曹锟在密室里接待他时，发现他愁绪满怀，眉头紧锁，便惊问："子玉，你怎么了？身体不舒服？"

吴佩孚摇摇头。

曹锟又问："此次来京，为什么这样匆匆忙忙，马上还要回洛阳去？"曹锟想到了不久前被排挤的国务总理孙宝琦的事，孙是吴佩孚推荐的，他在总理位置上没坐多久便下来了。"吴子玉是不是来追究这件事的？"曹锟心跳了。"是不应该这么匆匆让孙下去。这样做，太伤害吴子玉的面子了。"曹锟想主动解释一下，向吴佩孚说几句歉意的话。"子玉，"他态度谦虚地说，"孙宝琦那件事情，我思考得不仔细，不该让他来去匆匆。只是，那个人，也是个性情极强的人，留下一纸辞呈，就拔腿走了。这事……"

"走就走了吧。"吴佩孚摇着头，"我不是为这事来的。"

曹锟听说吴佩孚不为孙宝琦的事，心里轻松了，又说："国务总理的事，也着实让人头疼呀！孙宝琦走了不是，国务总理位子不能空，由王克敏顶上去了。这不，还不到半年，王克敏也不干了，只好让外交总长顾维钧来担当了……"

曹锟的话没有说完，吴佩孚便摇手阻止他。"现在的事情不在谁来当总理。"吴佩孚声音沉沉地说，"国政这件事好办，总理谁都可以当。大不了不办事，或办不了大事。另外一件事，却大大地不然了……"

"什么事？"曹锟焦急着问。

"珊帅，"吴佩孚没有称曹锟总统，还是叫他"珊帅"，他觉得这样称呼他更亲近、更实在。大总统，吴佩孚总觉得太空、太玄，又不太稳定。"张作霖败出山海关之后，天下似乎太平了，可我总觉得心里不踏实。这个红胡子不会老老实实认输。早已败退的段歪鼻子也不会认输，加上广州的孙中山不消停。这样，离天下太平还有一段距离，而那些人又绝不会老老实实，何况他们手下又都有些实力。一旦他们兴风作浪了，不用说三方联合，就是各干各的，南北齐动，也就危险之极。这一点，无论如何，松懈麻痹不得！"吴佩孚说得认真，仿佛他有确切的消息，上述三方势力果然正在酝酿行动。

曹锟十分惊讶，吴佩孚所言太怕人了。真的南北起兵来反，他没有把握去得胜。直奉之战结束之后，曹锟便昏然了，除了梦寐着争总统大位，军事上的事他是放松了。他觉得皖奉都是他手下的败军，一时半时还不至于东山再起，而孙中山又在遥远的岭南，自身力量就不强，他何敢冒险远征！于是，曹锟便把枕头垫得高高地，优哉游哉睡自己的大觉。现在，吴佩孚风风火火地来了，又焦焦急急地说了那么多军情，曹锟没了主张。"至于出现那个局面吗？"

"怎么不至于？"吴佩孚心里想，"'居安思危'，我们居的尚不安，怎么能不思危呢？你曹锟领了半生兵，打了无数仗，怎么竟对形势也分不清了？"于是，心事重重地说："乐观不得呀！据我所知，南北方均在蠢蠢欲动……"于是，他把他掌握的各地情况对曹锟仔细说了一遍——

孙中山、张作霖、段祺瑞的"三角同盟"结成之后，共同的目标自然是直系军阀曹锟、吴佩孚。曹锟贿选总统，南北通电反对，孙、段、张连连发表宣言斥责。但是，曹锟的大总统却是依旧当上了，并且对任何一方的声明、宣言都无动于衷——这也是常情了，夺得大权的人，有几个是被声明"声"下台的？又有几个是被宣言"宣"下台的？轻来拂去，他可以不理不睬；严重了，他可以派武力镇压。谁又会凭着"良心发现"，自动下野呢？这是所有握权者的昏厥，也是所有权者的手段！

曹锟不下台，孙、段、张又不答应。这样，就在全国范围，一场大战在紧张地酝酿之中：山海关外的张作霖在秣马厉兵，准备重新打入关内；段祺瑞在沪浙的势力——以浙江军阀卢永祥为首，也蠢蠢欲动；云贵湘赣都在窥视北京……由贿选激怒的举国上下，简直就像烈火靠近了干柴，曹锟尚昏在深宅大院。就在这千钧一发之际，江苏督军兼着苏皖赣巡阅使的直系军阀齐燮元派他的十九师旅长马葆琛到了洛阳。

吴佩孚对齐燮元原来就不欣赏，接待他的代表也属应酬。客室对坐之后，吴佩孚不冷不热地问："马旅长匆匆来到洛阳，有什么大事呀？"

马葆琛也开门见山地说："抚万（齐燮元字抚万）将军有一重大设想，想请玉帅能够支持。""什么重大设想？说说我听听。"

"抚万将军想请玉帅跟江西蔡成勋、福建孙传芳打个招呼，三家联名给浙江卢子嘉（卢永祥字子嘉）一个通电，请他撤出上海，还上海给江苏。"

吴佩孚心中一跳："向皖系要回上海？段祺瑞正想挑起一场战争没有借口，要上海岂不是等于宣战了么？"吴佩孚摇着头说："齐抚万又要胡闹了。此刻北京要平静还怕平静不得，怎么能再惹是生非呢？你回去告诉他，上海一时间万万要不得！我不会向江西、福建做工作的。"

马葆琛不欢而去。

马葆琛走了，吴佩孚不安起来——他知道齐燮元是个过于刚愎的人，不会听从他的劝阻，即使不支持他，他认准了的事，是非干不可的。吴佩孚觉得一场大战即将从长江三角洲挑起，所以，他匆匆来到北京。

吴佩孚介绍并分析了形势，曹锟吃惊之后却又摇摇头，说："不至于吧？齐抚万应该知道他的对手并不弱。一旦战起，他取胜的把握不大。"

"何止是取胜取败，"吴佩孚说，"那样做了，将有一场举国大战不可避免！"

曹锟不再说话，但心里却想："不至于吧？"他又迷信自己的实力了，同时也轻视别人的实力。

吴佩孚心里想："曹仲珊总是对自己、对形势都估计不足。当了大总统就认为万事大吉了。无居安思危之心，必因危而失安呀！"他还是忧心忡忡地说："任何时候，万万不可轻敌！"吴佩孚走了。吴佩孚给北京的总统府并没有留下多大的阴影，曹锟的脑门只热了一下，形势紧张不紧张的事便同吴佩孚的身影一起消失了，他依旧过着平静的生活。

曹锐从天津来到北京。老四这次到京，颇有点特殊，他没有去先找三哥曹锟，而是寻着小道先到他的三嫂郑氏房中，以尊敬的神态和这位老嫂子谈起心来。

"三嫂，你这一向身子骨还好吗？"

郑氏心神不安地让侍人为老四端上茶，说："好，好。我身子骨好。健亭你也好吗？我有些年不见他婶淑君了，很想念她……"

郑氏是个温纯善良的典型闺阁女性，从不与外界接触；像曹锐这样的自家兄弟接触也少；如今也是花甲老人了，又是曹锐特地来找她，所以，她也平平静静而愉愉快快地接待了他，并且还特地问候了曹锐的夫人严淑君。曹锐也平平静静地说："淑君很好，常常念着三嫂。我来时她还特地说，'务必看看三嫂，问问她的关节还痛不痛，还要不要什么药物治疗？'她还说，'妯娌们也渐渐老了，很想见见你，盼你能回大沽去'。晚时三嫂畅快了，就回家看看。"郑氏叹着气说："健亭你该知道，我何尝是个想出头露面的人？凭我自己的心意，这辈子也不出大沽镇，守着船厂，守着孩子，妯娌们亲亲热热，那日子该多好呀！你三哥非把我拖出来不可。这好，我出来了，就把我牢狱似的关起来了。关在保定还不行，又弄到北京。现在可好，这片怀仁堂怀义堂的，活活像一座大牢，除了一片天空，啥也看不到。给你三哥说说吧，我想回大沽。"说着，还拿出手绢揉眼睛。

曹锐心里一惊："三嫂这是为什么？我没有说什么，怎么竟惹她伤心落泪呢？"于是说："三嫂，如今三哥是一国之主了，不说诰封你什么品位吧，你得算国中的头等夫人了，不用说举国上下，就是这中南海里，哪一位夫人、太太敢不听你的？有什么伤心事……"

郑氏摇着头，揉着眼，说："四叔千万别这样说，当年我到你们曹家来的时候，是冲你那个卖布的三哥，一个普通的男人，我只想过一生平平安安，有情有义，知热知冷的生活，梦都不敢出大沽镇。早年把我带出来了，我还是想着过几年还回老家去。"郑氏是个老实巴结的妇道人，没有非分的想法，只图安逸；家中有了钱，好善乐施，常为社会办好事。离开大沽老家，住进深宅大院，她渐渐觉得与世隔绝了，与普通百姓接触得少了，听到厮厮杀杀、争争斗斗的事情多了，她心里很害怕。后来，知道曹锟花大钱买了个总统，心里就更不平静，一来觉得花钱买总统不值得，"盖庙造神、修桥铺路也比买总统好，总统能个个都是好东西？"二来更觉得总统不易当，"这十来年，多少总统了，哪一个当好了？死的死，跑的跑，不死不跑的也被人赶下台了，老婆孩子都不能团圆。"这女人别看涉世不多，从评书、唱本上可知道不少宫廷轶事，她觉得，世上最残酷的事情都出在帝王家，"兄弟杀哥，儿子杀爹，越亲越仇，哪一个平民百姓家出过这样的事？"自从跟着曹锟住进中南海，她就没有一天平静过，老是做噩梦，不是曹锟偷偷地把别人杀死在自己家中了，便是有人闯进家来，把曹锟和她一起杀死了。她想离开中南海，可是，曹锟又不许她离开。因而，她总过着提心吊胆的日子。

曹锐来看她了，老嫂老弟，相处四十多年了，小叔子也成了亲弟弟，索性把心里的苦都吐了出来。

曹锐很惊讶，他想："好好的日月，人王地主的生活，怎么就悲观到这地步了？三哥是纳了不少小妾，可这夫人的名分还在她身上，有什么不称心的事情呢？"曹锐进中南海没有先去见曹锟而是先到内宅，其实并不是无意所为，他是想着来问问这位老实的夫人，买总统究竟花了多少钱？花的钱究竟何日可以捞回来？他想争取这位老嫂子能够站在他一边，迅速把花出去的钱弄回来。不想，自己的事尚未开口，就被这个嫂子占了先，一股脑儿说了那么多败兴的话。可是，曹锐对这位老嫂子并不反感——说心里话，当初曹锐也是不主张花大钱买总统的。别看他不曾做过京官，可是，他对国家的财钱情况却是了知得不少。当年，他也曾当过直隶省的省长，一省的财钱他还是了解的，银库空呀！你争我夺，战争频繁，民不聊生，哪里有钱交纳国税皇粮？何况，在黎民中榨出了点银钱，够贪官吞的吗？一省如此，省省如此；省省如此，国家又怎么能例外？曹锐想："大钱花到众多议员手中了，他们至多给一张选票，给不了银钱。大总统当上了，国库是空的，想贪也无处贪。这不是拿着大钱打水漂漂的事么？"所以，他想探探虚实，寻寻收回的办法。郑氏一番话后，曹锐银钱的心事未了，又添了官场上的心痛。"是的，嫂子的话也有道理，最险恶的世事，莫过于权力之争；权力之争的最险处，又莫过于最高峰！当初不该出钱为三哥买总统。有那些银钱，还不够儿孙们享受的吗，何况，总统这官又不许世袭，三哥已是六十过了的人，自己享受又能享受几天呢？"想到这里，曹锐诚心地佩服了郑氏这个普普通通的妇道人家。他说："三嫂的意思健亭完全明白。只是，明白得太晚了，白花花的银钱都花出去了，谁家也不会退还咱。现在，没有一点退路了，只得硬着头皮往前走，想着法子弄回来。现在若是退，岂不名利全丢了？"

郑氏叹息着，说："我也只是说说罢了，没有想着有什么作用。我的话从来也不起作用。你来了，先到我这里来了，我只当是舒舒心，把话对你说说。哪里想什么用处？外边的事该咋办，你们还照原来的样子去办，只当我什么话都没有说。你三哥若问你呢，你就说我想回大沽去，想在大沽过日子，图个清静。别的没啥意思。"郑氏原本还想说，"免得以后出了事，想回大沽也不能了。"想了想，觉得不吉利，也就把话咽到肚里去了。

曹锐又跟他这位老嫂子聊了一阵，才告辞去见他三哥曹锟。可是，走出郑氏房门时，曹锐又有点茫然了："跟三哥说什么呢？总不能见面就提钱，何况三哥对钱的事已经够头疼的了，不能再惹他不愉快。"曹锐虽在天津，北京的事他是心中有数的，国务总理走马灯似的轮换，已经够当总统的为难的了；南北方又都纷纷反对贿选，有兵的想动兵，无兵的发宣言，举国上下吵吵闹闹，也够当总统的烦心了……曹锐虽是个全心恋财的人，他也知曹氏的财是与官紧紧相连的，他不能不想到官。要不，他怎么会从自己经管的银库大筐大箩地拿出银钱去分送给议员？

曹锐不知该怎么做好，边走边皱眉，直到走进总统办公室门外了，才决心干什么："好吧，一切都丢下，只说来看看三哥和夫人、太太们，问候健康不健康。"

第十三章
第二次直奉大战打起了

曹锐走进总统办公室，曹锟正仰在太师椅子上闭目养神——曹锟的精神实在太差了，当总统还不到一年，竟像是过完了后半生。尤其是送走了吴佩孚之后，他猛然间觉得当总统这步棋走错了，错到底了，何况又花了那么多袁大头——唉！其实是自己冤大头了，花钱没落好。若是时光可以倒流，他真想退回去两年，还稳坐保定，当他的直鲁豫巡阅使。遗憾的是时光不能倒流，他又实实在在地当上了大总统。当上了大总统就得理国事。可是，国事怎么理？曹锟犯了愁——他闭目养神，就是在想，在想一种走出困境的办法。办法没想出，也觉得头更大了。

"三哥，"曹锐不必人传报，便来到总统面前，轻轻地叫了一声。

曹锟坐起来，揉揉眼，见是四弟，便说："你啥时来的？"

"来一阵子了，"曹锐说，"刚才听说你忙，我到居仁堂三嫂那里去了。"

"去居仁堂了？"曹锟眉一锁，他猜不透老四有什么话要先跟郑氏说。便问："找她有事吗？"

"家里人都念着她，让我问候问候。"曹锐说，"别的也没有什么事。"

"她说什么了？"

"没有。"曹锐把郑氏想回大沽的事瞒下，只说，"三嫂也怪想家里的人。说起话来，想瞅个时间回去看看。"

曹锟一听是家常事，也就不想多问。但心里明白，老四不会是传几句话从天津跑来，必有要事。便说："你有事？"话出了口，心里却一下子又明白了。他知道，老四除了银钱之外，是不会再有什么事了。于是，不等他开口，又说，"要是只为钱的事，你就先回去吧。这事我比你更急，我会有办法的。"

曹锐想说的话尚未开口，曹锟都说了，他只好转了话题，又谈了些别的事情，便要告辞了。"我回去啦，天津还有些事，离不开人。改天我再来。"

曹锟站起来，说："你回去吧，有事我会让人去找你。"他送他出了门，又说："健亭，有件事我想起来了，还得你办办。"

"什么事？三哥。"

"近期形势很不稳定，"曹锟显然是想到了吴佩孚的告诫，"北方南方都有些势力在蠢蠢欲动。据说，张作霖和段合肥、孙中山都有勾搭，不得不防啊！天津是要冲，张作霖与南方的勾搭，总是要借助天津的。你安排些人，经常注意着，有异动，就先传个信来，免得到时候被动。"

"我知道了。"曹锐说，"段祺瑞的公馆仍在天津，他还有许多部将亦在天津。听说他公馆里还架设着电台，经常与外界联系。我会注意他的。"

"张作霖退出关了，天津也有他的办事处。将来不出事便罢，出事就出在这两人身上，务必不可轻视他们。不要说他们是死老虎，他们没有死，是两只凶老虎！"

曹锐点头应着，从总统府退出来。

曹锐走了，曹锟反而觉得他走得太匆忙了，还有许多话没说完。他又想派人把他叫回来。可是，曹锟又摇摇头，依然独自空空落落地站下来，慢闪着双眼，望着中南海里绿树丛中渐渐增多的黄叶。

江苏督军兼苏皖赣巡阅使齐燮元，吞上海的美梦被吴佩孚给破灭之后，心里便窝着怒火。上海在江苏地盘上，他这个江苏督军不能据有上海，眼睁睁地看着大块肥肉被他人吃了，何况这个吃肉的人又是新败的皖系军阀的骨干卢永祥，无论凭哪一条，上海都得归他齐燮元属下。他恨吴佩孚太不为他撑腰，恨吴佩孚太不跟他一条心。"吴子玉不支持我，难道我就办不了大事？难道我就收不了上海？"齐燮元不甘心，他要独自争这一口气！

上海，中国最大的商埠。上海的税收之大，全国无与伦比。尤令齐燮元眼红的，是外国大批鸦片经常运到上海销售，或者是由上海再运往内地各省销售，税大利更大。有人给卢永祥算了一笔账，光是由印度运来上海的鸦片税收就足够养活三个师。除税之外，还可以自己派员到印度去贩运鸦片，贩运鸦片的利要远远超出税利的几倍、几十倍。当时上海的宪兵司令马鸿烈、护军使何丰林，都直接参与贩运鸦片活动，他们把赚来的钱一部分拿来购买军械，一部分瓜分，每年每人都有几十万大洋收益。这些情况，齐燮元都是了如指掌的，所以，他也是极其眼红的。

齐燮元，直隶献县人，保定陆军速成武备学堂步兵科毕业，最先在吴禄贞统率的第六镇当见习军官，不久当了步兵排长。一年后，又考入北京陆军预备大学，三年后毕业仍回六镇当了三等参谋官。辛亥革命时吴禄贞被刺身亡，李纯为六镇统制，齐一直随李。1913年李纯当了江西督军，齐升任六师师长；不久随李到江苏。李纯在江苏督军任内自杀，齐遂继任江苏督军。齐燮元是个熟知军事理论又善于治军的人，他的军队除原六师之外，还有朱熙的十九师，宫邦铎的独立旅，王桂林的武装警察约一个半师，还有白宝山的一个师，马玉仁的一个师，可谓实力极强。这些部队兵员充足，装备精良。齐善于笼络部下，爱护士兵，全军精诚团结，战斗力很强。吴佩孚不同意逼走卢永祥，他也要自己用武力赶走卢永祥！"

齐燮元决心用武力收回上海的时候，浙江督军卢永祥也没有睡大觉。不过，他不想战，而想通过周旋，跟齐燮元和平共处。

卢永祥，皖系的主要人物之一，行伍出身，是从伙夫渐升到护军使、督军的。直皖之战之后，皖系虽败，他的浙军却完好无缺，除卢自领的十师之外，还有陈乐山的四师，陈仪的一师，周凤岐的三师，夏超的武装警察，另外还有新近接收的从福建退出的皖军臧致平、杨化昭两部。论实力，不差于齐燮元部。卢永祥是个比较谨慎和善的人，他一直觉得自己从士兵混到将军不容易，不想冒什么风险。战争的气氛渐浓之后，卢永祥在杭州开了一个军事会议。卢永祥首先表明："我绝不想打仗，为了避免战争，我宁愿下野让贤！"

臧致平却不同意，他站起来说："齐燮元欺人太甚了，凭什么想要回上海？"他还说："卢帅，您放心，我臧致平和我的官兵在患难之中，是您挽救了我们，我和杨化昭两部包打南京，一定把齐瞎子活捉过来。"

卢永祥的杭州会议决定了一个准备应战但力争和解的方针，即：

一、即时颁布戒严令；

二、分任臧致平、杨化昭为沪宁线前敌副总司令；

三、任命郑俊彦为吴淞防守司令；

四、派员到南京去，力争与齐军讲和。

卢永祥不想再拼了，直皖战后，皖系已经元气大伤，难得保留一隅，一息尚存，还可东山再起。万一老本分文无存了，段祺瑞的皖系便彻底一败涂地了。

卢永祥派往南京的和谈代表是马葆珩。因为马葆珩的大哥马葆琛是齐燮元属下的一个旅长，实际上是代行参谋长的职务，能够左右着齐。马葆珩临走时，又由上海宪兵司令、齐燮元的密友马鸿烈写了一封"劝和"的信带给齐，盼望双方能够息争和平共处。

马葆珩，是个能言善辩之士，满怀信心，不辱使命。他从上海动身的时候，已惊讶地看到了战争的预兆：由南京开来的火车，逃难百姓挤得满满的；一批一批富绅大贾，也从乡下来到城市；沿途火车站上，聚集着军队和军用物资；沪宁线上的黄渡、安亭、浏河车站分别聚集着齐、卢各军，相互都在挖战壕、构筑掩蔽部署。齐燮元的苏军东开的兵车已有十余列，战争的气氛已经十分浓烈。马葆珩到了南京，先见了哥哥马葆琛，说明来意。马葆琛一边热情款待弟弟，一边说："双方都已箭在弦上，就差看谁先打第一枪了。哪里还有和谈的希望呢？"不过，马葆琛还是说："你既然来了，又有马鸿烈的信，还是要见见齐抚万的。"

次日，马葆珩跟着哥哥马葆琛到江苏督军署去见齐燮元。

齐燮元事先已经得到信，一见马葆珩到，十分热情。说："欢迎阁下，我已备好盛宴，愿与阁下共欢！"

马葆珩也热情答谢，但见在场的还有齐的部将何恩溥、宫邦铎等，心里便一惊："这两个人都是不安分分子，看来和谈渺茫了。"他一边交上马鸿烈的信，一边说："卢将军向齐将军致意！卢将军让在下向齐将军表明，浙江绝无侵犯江苏的企图，也没有歧视齐将军的意思；至于上海，虽是江苏的一部分，但它过去很久时期曾归浙江管辖。要想改变这种局面，应该由中央政府会同有关双方商洽解决。此外，卢将军还想，双方在地方均已多年，百姓关系也很好，应顾及百姓疾苦，还是息战为好。"

齐燮元一边默默地听马葆珩叙说，一边看马鸿烈的书信。信上的意思同马说的话也相差不多。心里暗想："利益都叫你们占去了，你们当然不愿打仗。什么上海归浙江管辖，还不是当初段合肥掌权时偏向你们。识时务的，上海早该还我了！"齐燮元看完了信，听完了马葆珩的絮叨，笑着对马葆珩说："老弟尽上人家的当，兵荒马乱之际，何必受此劳累。"

马葆珩忙说："为了双方和好，为了百姓安乐，何谈劳累。"

齐燮元摇摇头，又说："你们家臧大牙（臧致平的外号大牙）已在吹大牛腿，要包打南京，活捉咱哩。还谈什么讲和呢？欺人太甚了！"

马葆珩又说："卢将军绝无此意。卢将军为避免打仗，宁愿下野让贤呢。"

齐燮元哈哈大笑起来。笑一阵，又说："咱们几个老兄弟欢迎我们自己的老弟，对你这个和平使者，我们应当谢谢你。"他朝马葆珩身边靠了靠，又说："老弟，请你回到上海告诉老懋（马鸿烈的号），让他好好地抽大烟吧，我感谢他的好意了！"

和谈没有余地了，马葆珩胡乱吃了饭，便和哥哥一起走出来。走在路上，马葆琛才对弟弟说出秘密："齐帅决定进攻上海，也有他的苦衷，内部情况很复杂：既是为了控制上海这个在军事、经济上都有价值的地方，又是为宫邦铎安插一个适当的位置。瞎子也有他的难处。"

"那样，我们只好应战了！"

马葆珩经上海回到杭州，把同齐燮元接触情况汇报了一遍，然后说："看起来，这一仗是非打不可了。齐瞎子利欲熏心，宫邦铎又急于要一个名正的地盘，更加曹氏新得了大位。我看，咱们也别抱幻想了，破釜沉舟，战它一场！"

卢永祥虽然不想战，但是，他却也并不怕战，何况他手里现握着六个师和四个混成旅的兵力，果真打起来，并不一定会败在齐燮元手下。想着，他便下了决心，说："好吧，既然躲不开这一战了，那就迎上去吧！"

长时期来，皖系军阀一直是控制着军权，主宰着战场的。现在，虽然失势了，心态却不失，哪里经得起别人挑战？不过，卢永祥也算是个有头脑的军人了，每次战争，他总是要先向天下告示一下打仗的意义，在舆论上先占一个优势。这一次，他不光不想被动挨打，还想在舆论上占个先。怎么占这个先？找个什么借口？他动了脑筋。

此时，段祺瑞正在天津"清闲"，他和孙中山、张作霖的"三角同盟"结成之后，声明宣言都发了，竟是不见曹锟有反应。多日来，他就想找个借口，南北联合起来，来一场大战，把曹三傻子推下台去。卢永祥把淞沪的形势秘密而及时地对他作了汇报，段祺瑞立即兴奋起来，拍案而起，大声吼道："好，就这么干！"

于是，在齐燮元尚未进攻时，卢永祥便急急忙忙向全国发出通电，指责曹锟"大选贿成，立身不正，武力统一，阻碍和平"，遂兴师讨伐。他的军事部署是：上海仍由护军使何丰林负责，并增派第十师一个郑俊彦旅，协助维持上海至吴淞一带；由臧致平率臧部和杨化昭部两个混成旅，布防于沪宁线黄渡至浏河一带；陈乐山率四师一部及陈仪一师一部进驻宜兴；臧、杨另一部置留衢州、江山一带，以防江西蔡成勋行动；陈仪仍驻杭州，陈凤歧驻金华、桐庐；卢永祥统率陈仪一个旅、张国威炮兵团、马葆珩警卫团及夏超武装警察部队共两万多人坐镇杭州。

南京的齐燮元亦命朱熙率十九师全部为沪宁前线总司令，宫邦铎率一个混成旅进驻镇江、丹阳；齐亲率六师及来援的张允明混成旅和王桂林武装警察坐镇南京至溧阳——不想，张允明从湖北来江苏打援，意在占有上海，因此，在后来的行动中与宫邦铎矛盾激化，使战斗出点异变。此是后话，暂不提。

9月3日，大战开始，一时炮声隆隆……

江浙之战的信息传到奉天，使许久闷闷不乐的张作霖一下子兴奋起来，他用力拍着桌子大喊叫："好啊！他妈拉个巴子，我的出头之日到了！我要再一次入关了！"他站起身来，两手卡腰，把嗓门又提高些，对正在另一个房间里看文件的儿子张学良喊道："六子，通知各部，把所有的旅长以上军官都找来，我要开一个紧急的军事会议！"

——第一次直奉之战张作霖败出山海关回到他的老巢奉天之后，他几乎一直没有展开过眉头，他做梦都不曾梦着自己会败，而且败得那么惨！失败之后，他长久地闭门自问，究竟为什么会败？他自己的答案是，不在于自己的实力不足，而在于自己的实力素质不高，再加上指挥能力低劣！他决心整顿自己的军队，提高部队的素质。他在东三省宣布独立之后，第一件事就是将原有的东三省巡阅使署和督军署合并，改组为东三省保安司令部，同时设立了东三省陆军整理处，以吉林督军孙烈臣为统监，姜登选、韩麟春、李景林为副监，张学良为参谋长，负责整编和训练军队。1923年夏季，又在绥中县设立兴绥驻军统监部，由姜登选负责统辖兴城、绥中一带军队，一旦战争爆发，即改为军司令部。

张作霖下决心整顿军纪。为了表明纪律不可稍有马虎，他亲自下令将第一次直奉战中对失败负有责任的旅长鲍德山、团长许昌有枪毙。奉军的素质迅速提高的同时，张作霖又把自己的奉天兵工厂扩大了数倍，由参谋长杨宇霆做兵工厂督办，每年可生产包括山炮、野炮、重炮在内的大炮一百五十门，炮弹二十余万发，步枪六万余支，机枪千挺，枪弹六十余万发；另外，以张学良为总办成立了航空处，向德国、意大利购买飞机二百五十多架；又由沈鸿烈为首在保安司令部内部设立了航警处，负责江防舰队的整顿，在哈尔滨设立了海军司令部和海军学校。东北三省，白山黑水，大豆高粱，森林煤矿，物产极其丰富，张作霖这样励精图治，还有不强大的？不到一年，军队大为改观，尤其是张学良、郭松龄所领导的第三、第六两旅，素质最优，为各师旅之冠。势力壮大了，再加上已经与孙中山、段祺瑞结成了三角同盟，腰杆更粗更硬了。别看张作霖出身红胡子，冲冲闯闯、胜胜负负，早把他磨炼得有谋有勇，知道策略战术了。壮大队伍、严肃军纪、认真培训的同时，又大抓通讯交通和后勤，在绥中、兴城、锦县、大窑沟等战略要地的铁路线上增修了待备线和给水、给煤设备，还在铁路线上的各军集中地之间都修筑了公路，电信设备除各军都设有与总部联络的直接线之外，沈阳、哈尔滨、锦州等地还建设了无线电台，军与军之间也有无线电联络。1923年春天起，张作霖便先后派遣傅兴沛、郭瀛洲和马炳南等人到北京南苑与冯玉祥接触，以分裂直系内部。在冯玉祥经济拮据、米断粮绝之际，张作霖通过皖系要人贾德耀以二百万日元相赠，感动得冯玉祥直望着东北喊"张大帅，张大帅！"

这就是今天的奉军，这就是今天的张作霖！

军师旅长按照命令及时来到奉天，张作霖亲自主持召开了紧急会议。

九月的东北，气候已明显地露出了凉意，黄叶开始在角角落落飘落，野草渐渐萎枯。然而，汇集在奉天的军师旅长们，却一个个精神抖擞，满面春风。紧急会议是在保安司令部以外的张作霖大帅府的内宅召开的，颇有些儿家庭气氛。可是，军师旅长们都到齐了，老帅却迟迟没有露面，苦得张学良到各房中去找。结果，发现他正在小客厅的椅子上发出惊天动地的鼻鼾！

"爸，爸，"张学良把他喊醒，"军师旅长们都到齐了，请你去……"

张作霖揉揉眼，说："你们等我开会是不是？怎不早来喊我？"说着，便匆匆朝会场走去。

大约是为增加家庭氛围，张作霖竟是一身便装，连帽子也没戴。一入会扬，他就乐哈哈地说："这两天把我折腾苦了，昨夜跟几个人商量半夜打仗的事，他们走了，我就合不上眼了，后来眯眯眼。谁知一眯，太阳出来了！"说着，竟自哈哈大笑起来。

张作霖来了，大家一起站起，以示尊敬。他扬起双手，让大家坐下。

张作霖走到他的位置上，还是大大咧咧地说："我来晚了，大家急了吧？别急，我心里有数。上次咱们败了，是计划不周到。这次咱把计划做周到了，就叫他吴佩孚小子大败！"

大家欢笑、鼓掌。

张作霖笑着，又摇摇手。"打败吴佩孚那小子，不是瞎吹的。我这一年多的卧薪尝胆，我壮实了：我的步兵已有二十七个旅，骑兵有四个旅，炮兵有十个团，还有一个重炮团。知道我们有多少可以参战的军队吗？"不等大家回答，他又说："我们有二十五万人马可以参加。二十五万人马！从来没有这么大的军队……"张作霖还想说说这一年多来各方面的准备情况，但是，他又觉得大家都是亲自参加者，不必说了，与段祺瑞和冯玉祥的联络，又不便对大家说。所以，他挺了半天肚皮，还是说，"总之，我们打败吴佩孚这小子是有把握了。"

说完，他坐下来。

可是，刚坐下，他又站起来。"别忙，我忘了一件事。打吴佩孚这小子咱得有个名目，我告诉大家：早一时期，咱们跟广东孙中山先生、江浙卢永祥结成同盟军了，同甘共苦，生死与共！现在，曹锟、吴佩孚的江苏督军齐燮元齐瞎子向卢永祥进攻了，要收回卢永祥的上海，卢永祥发通电，反对曹锟贿买总统，要起兵谏。我们出师，一是援助朋友，二是讨伐曹逆，名正言顺！这一仗怎么打？回头让麟阁（杨宇霆字麟阁）参谋长宣布命令，我只说一个要求，你们必须达到第一期战役，坚决歼灭敌之主力。打胜了头一仗，第二仗怎么打，我到时候会有新命令。"说罢，转脸对参谋长说："老杨，你宣布命令。"

杨宇霆站起身来……

——奉系对直系的报复作战计划，是从 1923 年春天便积极进行筹谋的，大体上已经完备，共包括四个方面：

一、总方针是奠定京津新格局，以主力用于山海关，先行夺取此关，然后在其迤西地区占领掩护阵地，以便主力在此集结。

二、以有力之军用于热河，分别集中于义县及大窑沟，主要任务是攻略朝阳、建平、承德，到达于凌源迤西地区。

三、骑兵集团在彰武附近集中后，向热河挺进，以占据赤峰为第一期作战目标。

四、总预备队以其主力控置于兴城、绥中之间，并以一部置于锦州，以待后令。

在军力的安排上，以一、三两个军合组一个联合军，姜登选、韩麟春为第一军正副军长，张学良、郭松龄为第三军正副军长。联合军任务攻略山海关，然后向京津进发。李景林、张宗昌为第二军正副军长，任务是以大部在义县集中后向朝阳进攻，以另一部在大窑沟集中向热河进攻，先行遮断凌源、朝阳通道，攻下朝阳，会师西进，占领建平、承德，协同一三联军主攻山海关，有利时进入冷口关，经迁安县向滦州挺进。骑兵集团在彰武集中后经阜新、建平向赤峰进攻，占领赤峰后由喜峰口或古北口进入长城以内。预备总队由四军担任，吉林督军张作相任指挥，集结于兴城、绥中二地，待命使用。第五军由黑龙江之第二十九师及两个混成旅组成，以该省督军吴俊升任军长，选择一个向前方运输方便之地集结。空军基地在沈阳，编制三个大队，两个大队归一三联军指挥，一个大队由二军指挥。

这是一个已经十分完备，并且各指挥官皆知的安排。大家对这个通盘计划还是比较满意的。现在，杨宇霆宣布的命令基本上就是上述内容。所以，大家并不感到紧张。

果然，杨宇霆宣布的命令只是原已拟定的四项作战的缩影，仍为四条。

作战命令宣布完了，张作霖又说了话："听明白了吗？这一仗就这样打。哪里打输了，哪里的指挥官自己处分。怎么样？"

"坚决执行命令，保证完成任务！"大家一起高喊。

张作霖笑了。"好，好！仗打完了，我亲自为各位嘉奖！"

说完，他挥挥手。"散会。各人回去准备，行动听我的命令！"

军师旅长们站起身来，纷纷退出去。

张作霖走到张宗昌身边，拍了他一下肩，说："效坤，你留下，我有事跟你谈。"

张宗昌点点头，停下脚步。

张作霖粗中有细了，开会的时候，他便对到会人一个一个打量。军长、副军长，除了张宗昌之外，都是他的心腹，都是跟着他一起摔打出来的。他和张宗昌虽然也算知遇了，但毕竟是相处不深。张宗昌江西一败，投曹锟不成来到东北，到今天，刚刚六年。六年就升他到副军长，张宗昌也够了，张作霖也够厚爱他了。现在，要破釜沉舟、背水一战了，张作霖心里忽然有点玄，他决定跟张宗昌好好地交一次心。张作霖备了一桌盛宴，和张宗昌面对面坐下，说："效坤，这两年我就想瞅个机会，跟你敞开怀喝一场，总是找不到机会。今天，终于找到了，咱们大喝，喝醉！"

"大帅……"张宗昌有些儿拘谨。

"别叫大帅、大帅的，"张作霖说，"今天是家宴。家宴！谁让咱们姓着共同一个'张'呢！谁能一笔写出两个张字？"

"是家宴，是家宴！"张宗昌说，"俺张效坤进帅府就是进了家！看到那客厅里边大灯笼上的'张'字，肚子里就挺高兴，脸上也冒火哩！"

"这就对了。"张作霖说，"只要我张作霖不下台，帅府永远是张效坤的家！"

"大帅为嘛说这话？"张宗昌贴近乎了，"东北这片天地，永远都姓张！我看他谁敢给它换换姓？"

张作霖端起酒，只笑笑，又点头跟张宗昌碰了杯。

喝完一杯酒，张宗昌猛然不安起来——山东掖县出生的张宗昌，和张作霖一样土匪起家，流氓军阀、狗肉将军，一牛粗鲁无比。今天，竟也粗中有细了。张作霖只留他一人吃饭，又是在大战即将爆发的前夕，这使他犯了嘀咕："嘛意思？刚让我当了二军副军长，是不是不放心，想训训？不放心就别让我当副军长。"他又想想，觉得不对。"我投到奉天之后，是节节上升的，人家张雨亭看得起我，不是曹锟、吴佩孚那号狗眼看人低的人……"一想到曹锟、吴佩孚，张宗昌就大怒："龟孙羔子，白白地收我八只金仙寿星。有一天，我非本利都讨回来不可！"他想起了江西一败，回北京拿一师官兵的薪饷做了八只金仙寿星去给曹锟上寿，想走走门子，结果，曹锟只给他一个冷板凳坐。一怒之下，才离开保定投了奉天。今天，他是副军长了，比六年前在江西当师长还大，自然是张作霖待他不薄。这么一想，忽然明白了："要打大仗了，那些军师旅长都是张大帅的老兄弟，我算啥？我得对他有个态度！"这么一想，忙说："大帅……"

"怎么又'大帅'了？"张作霖故意生气。

"这一次得称'大帅'。"张宗昌说，"家事归家事，咱军令归军令，说嘛也得分明！不是要打大仗了吗？俺得对大帅表表心……"

张作霖把酒杯一放，脸也放下来了："效坤，家宴就是家宴。需要你表示决心，刚才我就在宣布命令时拉出你来了。我不喜欢那一套。老天把你我拴到一起了，就得信任，表决心不表决心都一样。客厅里你说把头给我，到战场上一枪不放你溜走了，有什么用？我不是要你表决心。喝酒，叙叙家常，说说心里话。"

张宗昌笑了。"好，咱只谈家常。"他端起杯，举到张作霖面前，说："说实话，俺只盼着大帅长寿、没灾，过几年安生日子。"

"我死不了！"张作霖说，"我硬梆着呢！我也说实话，吴佩孚那小子不死，我死也不瞑目。"

"那小子不值一提。"张宗昌说，"有一天，俺会让他吃饭找不着嘴巴子。"

张作霖似乎醒悟了，忙说："不谈这个，不谈这个。"

"不谈这就瞎口了。"张宗昌说，"大帅放心，俺张效坤死心了，来开会前俺对兄弟们说了，'这一回，咱们把仗打胜了，什么话都没有；若战败了回来，奉天不会养活闲人，那就只有找山沟，大伙给我起个年号，咱们就落草去吧！'您说大伙怎么说？他们说，'落草？咱得帮咱大帅到北京去落草！看哪一家敢挡着咱？！'这时我才说：'你们有种！你们的种比我大！'"说罢，仰脸大笑起来。

"效坤，我明白你的心。"张作霖说，"到明儿你回队时，把要的东西留个单子，我让人给你送去。"

"不要，什么都不要。"张宗昌说，"吴佩孚那里啥都有，晚天全是咱的了。"

不久，张作霖向全国宣布命令"举兵讨伐曹吴！"并立即将东三省保安军改为镇威军，自任总司令，统辖六个军，三十万人马。1924年9月15日，奉军分两路向山海关和热河方面进发；18日，奉军向直军阵地发起总攻击——第二次奉直大战从此拉开了序幕……

第十四章
吴佩孚当了讨逆军总司令

曹锟在北京只盼着摸清奉皖在天津有什么密谋，以便采取相应措施。殊不知他的消息太迟钝了，直到张作霖兵临城下，他才着了急。

曹锟虽然也是行伍出身，却缺乏运筹和指挥的能力。听到山海关的消息，立即失去了大总统的威严，他手里捧着的御膳堂厨师为他做的认白果、核桃、瓜子、莲子、糯米等为原料的八宝羹，便从手心溢流出来，洒了一地，最后，连那只盛羹的据说是大内拿来的白玉碗也从手上溜下来，落在地上，粉身碎骨。

曹锟锁眉了——

早些天，他知道中国又要打仗了。那是从南京传来的消息，是他的江苏督军为了"领土完整"要出兵收回上海。曹锟欣喜地点着头，暗想："该收回。卢永祥太不识时务了，总统府、国务院都不姓段了，保留你浙江一片地盘算我们厚爱你，上海怎么还会给你呢？"当时，曹锟是给吴佩孚发出了一通带有命令性质的电报，让他在两湖地区调些军队去支援齐燮元。电报发出了，他又十分轻松地想："'合肥'没有多少兵力支持卢永祥，卢永祥在上海坚持不了几日。"他躺在总统"龙座"上，等候着江南传来好消息——他想：果然上海归齐了，曹锟还想从那里索回一笔他买总统花去的投资呢。那阵子，曹锟脸上满洒着欢笑。

山海关一紧，像秋风扫落叶一般，曹锟满面都蒙上了严霜。他垂着头，踱着步，把洒在地面上的八宝羹踩得遍地狼藉！

他想找国务总理顾维钧，但他狠狠地摇摇头；

他想找陆军总长陆锦，但他又是狠狠地摇摇头；

他想把前几天才回保定的参谋长熊炳琦找来，可是，他还是摇摇头。

"他们呀，谁也不是力挽狂澜的能手！"

思来想去，他觉得"如此大事，非吴子玉莫属"！于是，他用最敏捷的办法，把电话挂到了洛阳，挂到了吴佩孚的办公室。

"子玉，子玉！不得了啦，不得了啦！"曹锟语无伦次地大喊，"你赶快到北京来吧，越快越好！赶快来！"

"什么事呀？"吴佩孚不着急。

"到北京你就知道了。"

"你先告诉我一声，是什么事？"

"山海关吃紧了……"曹锟把奉军打上门的消息简单说一遍，又说，"你赶快到北京来，商定对策。"

吴佩孚心中大惊，他担心的事情终于到来了。可是，他仍然冷静地说："我知道了，知道了。"

"你要赶快来北京，"曹锟没有主张了，"我们要组织讨逆军，讨逆军总司令就是你。你得拿主意！"

一个电话，曹锟如搬动了百万兵，肩上的担子落下了大半，面上的愁苦也消失了许多，仿佛山海关方面已罢兵息战，风平浪静了。他坐在椅子上，轻舒了两口气，才喊人来清扫地面上泼洒的八宝羹。

吴佩孚毕竟远在中州洛阳，曹锟不得不翘首西南，望眼欲穿……

踌躇满志的吴佩孚，原本只把精力放在钱塘江边的卢永祥那里，他一直想着"卢部不灭，即等于段祺瑞棋盘的东南部还保留着一个大'车'。"然而，吴佩孚并不想马上出兵吞了他。异想天开地做梦，"牢笼浙卢，令其归直，以免大动干戈！"凭着直系的势力，他觉得卢永祥会来归顺。现在，情况变了，卢永祥在东南发兵了，张作霖在东北发兵了，曹锟在北京焦急了，吴佩孚的美梦也破灭了。早几天，他调出一些兵力去援江苏的齐燮元，今天，他必须亲率大军去战张作霖。

吴佩孚是个笃信阴阳五行易理之术的人，行兵打仗，总要用用奇门遁甲择个吉凶；而他的密室里，总要置一大磬，每逢决策大计，便在磬前，一边手击，一边思索，计出而磬止！还谓之"祷告苍天，以救天助。"放下曹锟的电话，吴佩孚走进密室，又在击磬思索，以求天助了……

吴佩孚终于率领巡阅使署各处要员，开出列车三十余辆从洛阳北上了。吴佩孚信心十足，他认为他会马到成功，因而他的精神十分轻松。列车开动之后，他便命人研墨展纸——他要旅途作画。为了展示自己的儒将风度，吴佩孚总把诗书画当作自己生活中的主要内容，无论是在接待下级，聚会朋友，还是行军打仗，他总要作诗，要画画，要和人们谈古论今。这次，不知为什么，洛阳开车之后，他画兴又起，挥毫画竹。然而，却画一张败一张，画一笔败一笔，废纸丢遍了车厢，还是一帧理想的也没有。他很扫兴。车到郑州时，他干脆下令："列车暂停前进，何时画竹如意再走。"不想，吴佩孚率领的这支"勤王"之师因为主帅画画，足足在途中的郑州站停靠了四个小时！

吴佩孚终于在奉军向山海关、热河进发的第三天拂晓到达了北京。当他轻轻松松地走到曹锟面前时，曹锟却焦焦急急地拉着他的手，又焦焦急急地说："子玉、子玉，你可来了！我急呀！"他把吴佩孚推到一个椅子上，又说："张作霖是被政府免了职的，此次他以东三省保安司令作乱，当然应以明令讨伐。讨伐令已经拟出，你是讨伐军总司令，司令部就设在中南海四照堂，该怎么部署，你下令好了。"

吴佩孚说："洛阳动身之前，我也有个不完备的打算，想同老帅一起商定。"吴佩孚升任直鲁豫巡阅使之后也列入"帅"字行了，人称他大帅。吴佩孚称大帅了，曹锟便也升了一层，人称他为老帅。所以，吴佩孚这样称他。

对于"帅"字，曹锟已经厌了，当了大总统之后他就怕人再叫他"帅"。唯有吴佩孚不改口，曹锟总觉是块心病。今天，吴佩孚能在"帅"前添一个"老"字，无疑，等于吴佩孚承认曹锟升格了，曹锟的心病一下子便轻了许多。他笑着说："好好，我知道你会有个很好的打算带到北京来的。所以，所以……"曹锟想说，"所以我也就没做详细打算"。可是，他又怕吴佩孚会嘲笑他，只好把话吞了下去。

吴佩孚没有计较这些，只把自己的设想说了一遍，无非是想某某做讨伐副总司令，分设几个军，某某、某某做正副军长，军事行动如何部署，等等。曹锟听着，不住地点着头。但是，他还是想："吴子玉这个计划似乎太单薄了点，能不能战胜张作霖还不敢说。"于是，他颇有点忧虑地说："子玉，你的打算，当然是好的。不过，我想是不是再充实一点？"

"充实？"吴佩孚犹豫一下，问，"怎么充实？"

"我想这样，"曹锟说，"是不是设置一些诸如海疆防御总司令部，航空总司令部，骑兵总司令部，还有后方筹备总司令部等机构。另外，我想最好把北洋退职老将也请出来，给予军职……"

吴佩孚暗自笑了，"老帅打了半生仗了，到今天，碰到打仗的事，怎么反而糊涂起来了？作战就是作战，战场上对面的就是敌人。所有力量都拿到这方面去战胜敌人，才是唯一的目的，靠什么人的助威、影响都不行。把退下来的老家伙请出来干什么？给他们军职干什么？你明明让我当讨伐军总司令了，你就放手让我去干好了，设置这么多障碍干什么？"吴佩孚真想顶撞曹锟几句。但是，他却没有顶撞，沉默一阵才说："老帅想的这些事，您就安排吧。我是军人，尽我军职，前线的事由我来安排。"

曹锟虽然听出了吴佩孚话中有抵触，他还是不去理他，自己说的事，自己安排人去办了。不仅如此，他还匆匆忙忙改组了内阁，由颜惠庆出任内阁总理，阁员大多由外交系、直系和冯玉祥、段祺瑞接近的人物。吴佩孚不想多问，他只想，"等到这场战争打完了，我再来正正经经地组织一个内阁。"

张作霖向关内开火的那天晚上，吴佩孚在中南海四照堂亲自主持召开了"讨逆总司令部军事会议"，部署对奉作战计划。吴佩孚军容齐楚、脸蒙严霜，连军帽也不脱，那两只几乎凝固的目光扫视着与会的六十多位师旅长，许久才以沉沉的语气说："保疆守土，是军人天职！张作霖作乱叛国，自应讨伐。今日，大总统已发布讨伐令，并委子玉为讨逆军总司令。战火已起，刻不容滞，现在，我发布讨逆令：

任命彭寿莘为第一路军总司令，该路军之任务是沿京奉路之线出战；

任命王怀庆为第二路军总司令，该路军之任务是出喜峰口，直趋平泉、朝阳；

任命冯玉祥为第三路军总司令，该路军之任务是出古北口、趋赤峰……

吴佩孚刚把命令宣布到这里，大厅里的电灯突然全部熄灭了。天地一片漆黑，会场上顿时惊慌起来，并且开始了低声细语。刚被任命为第一路军总司令的彭寿莘把嘴巴贴到刚被任命为第二路军总司令的王怀庆耳边说："此兆不祥！"

王怀庆转过脸，把嘴巴贴在彭寿莘耳边说："灭者灭也！不知这'灭'字是主我还是主敌？"

袁寿莘是个有神论者，跟吴佩孚差不多，一举一动，总想打卦问卜。他对王怀庆说"此兆不祥"时，心里已经猛跳，认定吉少凶多。王怀庆反问他时，他却不想直言，只低声回了一句："天机不可泄！"

王怀庆也说了句"听天由命吧！"

几分钟后，灯光复明。

吴佩孚是极信"天象"的，灯光熄灭，是在他宣布冯玉祥任职和任务的时候，他心咕："难道这个冯玉祥要闹事？"灯光复明后，吴佩孚即把带有几分愤怒的目光投向冯玉祥，他想审视一下这个同他总是同床异梦的人面相有无异样？

此刻的冯玉祥心里也在嘀咕："吴佩孚捣什么鬼？难道他想糊弄我，怎么在宣布我任务时灯灭了？我得防备他。"冯玉祥知道吴佩孚会装神弄鬼糊弄人。那一年，冯玉祥督河南时，豫西大旱，冯玉祥号召军民齐心抗旱保苗，吴佩孚却摇着手说："可以卜卦求天，盼一场雨。"可是，他连连卜了六七卦，最后说"明天必有喜雨！"可是，三天后天上还是不见片云。冯玉祥去问吴佩孚："大帅的卦原来不灵。这可就苦了河南人民了！"吴佩孚十分尴尬，但他对冯有意见，认为他激进、赤化，是个不可靠分子，于是，便嘲弄他说："雨已经下了，还正在下——莫斯科正在下雨，只不过远水不解近渴罢了！"冯玉祥十分恼怒，愤愤走开。此番大厅灯灭，冯玉祥又认为吴是在弄鬼嘲弄他。所以，复明之后，冯玉祥也怒目对吴。四目相撞，一派杀机！不过，这种敌意极浓的对峙只一瞬间便消失了，并没有引起其他人注意。然而，会场却冷了下来。

片刻之后，有人问："海军是否参战？"

吴佩孚大声说："怎么不参战？大战在即，谁都不许袖手旁观！"接着，吴佩孚总算把冯玉祥的任务交代完整了，并且宣布了王承斌为讨逆军副总司令兼直隶后方筹备总司令。

调兵遣将命令宣布之后，吴佩孚便率先离开了会场，只让大家去安排各自的具体行动计划。冯玉祥一直沉默着，但他脑际却紧紧萦绕着一个问题："为什么要我走古北口呢？"古北口，山峦重叠，道路险崎，交通极为不便，且地区十分贫困。"从这一条道到赤峰，要走多少天才能到呢？大战已开，兵贵神速！这个讨逆总司令不是在布奇阵、制全胜而是在儿戏吧！可是，我将要承担贻误军机大罪！"冯玉祥侧转身来，问他身边的管后勤的筹备总司令王承斌："阁下是筹备草粮的总司令，我要开拔了，此去赤峰，山高路远，不知能为我设几个兵站？"

"冯将军，"王承斌笑着，率直地说，"总统和总司令都有令，此次出关作战，不设兵站，各军给养完全就地筹措。因而，只好请将军自便了。"

"怎么说，不设兵站了？"冯玉祥十分惊讶，便脱口而出，"我部经过地区，人烟稀少，地僻天荒，千军万马何以自筹？！这岂不是……"他原本想说"这岂不是有意将我部力量消耗在荒寒瘠苦的长城以外么！"但他却收住了。他觉得王承斌已表明了，这不是他的意见，是总统和总司令的意见。"说给他听没有用，不如去找总统。"

冯玉祥自觉曹锟待他还不错，他先去找曹锟。

曹锟，猛然间竟苍老了，满面土色，双眼无神，头垂着，连行动也迟迟缓缓，比起一年前他从保定到北京就职大总统时，大大地变了模样！冯玉祥竟是动了怜悯之心："大总统不容易当呀！"然而，当务之急不是怜悯，而是需要实实在在的兵站——粮秣！冯玉祥还是把自己的来意作了缓和的说明，而后说："我部情况大总统是知道的，日子已十分艰难，更无分文积蓄，长途出征，千军万马，而又是道险地穷，我难哪！要不，也不会专来找总统。"

曹锟还是那不急不躁、懒洋洋的样子。他用力睁眼睛，但很快又微闭起来。他张了张嘴，想对冯玉祥说几句话——曹锟心里有话，他同情冯玉祥，他知道吴佩孚这样安排冯部是有意难为他的；他更知冯部的困境，甚至都不知道他们是怎么生活下来的？兵马不动，粮草先行，曹锟能不懂吗？懂！但是，曹锟又闭上了嘴巴，不说话了。说什么呢？同情的言语无用，有用的言语又无权说。所以，眼睛微闭半天，只叹着气说："焕章呀，我老了，什么事都不行了，我什么也不想问了，难得能过去这一阵，我就回家养老去了。这次出征的事，一切都是子玉部署的，你去找他。我想他会顾全大局的。"说罢，便仰在太师椅上。

曹锟瘫了，冯玉祥心里冷飕飕。他预感到形势的险峻："珊帅呀！你要毁在这个蓬莱人手中了！"

冯玉祥去找吴佩孚——他可真不想见他。刚刚在军事会议上，他就没有同他说一句话，却投给他一串串敌意的目光。现在，是生死存亡的关头了，冯玉祥还抱有幻想，想平平稳稳地求一片生地。所以，他还是去找吴佩孚。

冯玉祥在四照堂吴佩孚的新卧室里见到他，开门见山地说："大帅，出古北口去赤峰，不仅全是险道，而且人烟稀少，荒寒瘠贫，不设兵站，没有粮秣，这怎么行呢？是不是……"

吴佩孚暄胖的脸膛，现出冷冰冰的奸笑。他本来想严肃地批评他几句，把他赶出门。但是，他却没有那样做，而且换了笑脸，还给冯玉祥安排了一个颇有优待的座位。"冯将军，"那口气，也亲昵，有情，"你是直系老人了，你该明白，老帅有困难呀！执政日短，国库空虚；各方筹措，也多难能如愿。他的日子难哪！我们做将者，应尽力为总统排忧。至于说古北口这一线，冯将军更不必多疑，此道是奉张主要选择之道。正因为地势险要，攻守不易，才作为此战的关键之所。如此重任，非劲旅不堪承担。总统和我再三磋商，只有依重将军了……"

冯玉祥明白了，吴根本无意接纳自己的要求，为自己设兵站、供粮秣。既然这样，又何必苦苦求他呢？因而，吴佩孚的话尚未说完，冯玉祥便起身告辞。

仗打起来了，曹锟把指挥权交给了吴佩孚，但却没有交出自己思想上的负担。打仗要兴师动众，兴师动众了要吃要住、要走路、要枪炮、要弹药，这一切都要钱。吴佩孚可以不为冯玉祥设兵站，不为冯玉祥准备粮秣，但是，他不能不为其他各军准备粮秣。军事部署之后，吴佩孚没有立即离京到前线去指挥作战，而是闷坐在四照堂等候曹锟开国库，为他支付军费！

曹锟对于这一点，和吴佩孚一样明白而一样焦急。仗——就是打银钱，就是打的兵马！没有充足的军备，除了疯子，谁也不会发动战争或应对战争。吴佩孚召开军事会议的时候，曹锟没有露面。不是他不想露面，而是他不敢露面。直皖、直奉两战之后，曹锟虽然都是胜家，但军队装备的损耗，已是非常之大了。吴佩孚到北京之后，当夜就和曹锟密谈，曹锟听说许多部队只有枪却没有弹了，便大吃一惊。

"子玉，子玉，这可怎么办呀？"曹锟历来都会这一手，困难来了先问别人怎么办。

吴佩孚说："北上之前，我做了一点准备，把汉阳、巩县两个兵工厂的厂长全找到了……""好好，好好！"曹锟急插话，"还是你想得周到。你想得周到。"

"只是，"吴佩孚摇着头说，"他们也是所积空空，只有少许弹药，难以应付。"

"数量很少？"曹锟又急了。

"数量很少。"吴佩孚点点头。

"这怎么办呢？"曹锟愁了。

吴佩孚沉默了片刻，才说："现在只有一个办法了，但必须得老帅出面。"

"什么办法？"曹锟问，"只要我出面可以办成，我一定出面。"

"我知道山西阎老西（即阎锡山）手里有大批军火，老帅找找他，就说咱们买他的，一定可以成功。"

"买？！"曹锟又惊讶了——他知道国库空。

"先走一步再说。"吴佩孚也知道国库是空的，"钱的事再想办法。"

走投无路了，曹锟也只得如此。于是，他连夜和山西阎锡山取得了联系……

雄踞山西的阎锡山，这些年采取了坐山观虎斗的态度，直战皖也好，直战奉也好，他把山西的大门关起来，既不向直也不向皖又不向奉，安安生生过了几年自己的日子。因而，他倒是颇为富庶了。曹锟的电话一到，阎锡山笑了，"珊帅——噢噢，大总统，你这是仓库里的耗子向上天飞的雀儿借粮食——你守着的没有我飞着的有了？山西一省只是巴掌大一片地方，比起你手中的一国，我算啥呀！"

曹锟急了，他觉得阎锡山不想帮忙，便乞求似的说："百川（阎锡山字百川），我困难了，求你帮帮忙。但不是要你的，而是等价交换。我可以从国库调款子给你。但请你务必帮这个忙呀！"

阎锡山听说曹锟不是调他的弹药，而是给钱，心里动了——山西有阎锡山的秘密兵工厂，就像山西的铁路是小轨道一样，那只是供阎锡山自己用的。现在，曹锟要买他的弹药，阎锡山当然乐意成交这笔生意。但是，他又怕曹锟是骗他的，所以，他还是说："珊帅，实话说，我手下没有弹药，外地几家兵厂有点弹药是暂存我处。我倒是可以同他们磋商，把这批东西转给珊帅。怎么样？"

"也好，也好！"曹锟饥不择食，只要有弹药，先拿来再说，"那就请百川现在就办办吧，我急用呢。"他又问，"能有多少？"

阎锡山说："珊帅打算要多少？"

"先给我弄六十万发如何？"

"六十万……"

"你不用担心，所需钱款，我一定会按时拨给你。"

"那就请珊帅派人来办好了。"

曹锟告知吴佩孚，又出了公文，连夜派人派车去了山西。

阎锡山可是个翻脸不认人的人，卖弹药就是卖弹药。大总统买他的弹药也得给钱！曹锟不敢骗他，但国库又空，大总统着急了。

曹锟把财政总长连夜找来，商量筹款的问题。

财政总长，仍然由王克敏担任着。不过，自从他当了国务总理，又从总理位置上下来，他便变得冷于政事了，何况国库又是那么空虚，他总不愿只守几间空空的库房！所以，这位总长虽在其位却并不谋其政。总统找他了，他按时去见他。只是，提到钱的事，这个财长却皱起眉来，深深地叹了声气。

曹锟明白这声叹气的分量，便说："国库空虚，我何尝不知。但事情太急，也是时刻缓不得的。总是要想想别的办法，以解燃眉之急呀！"

王克敏沉默片刻，说："现在能有的办法，大约只有一个了。"

"什么办法？"曹锟急着问。

"发行国库券。"

"发行国库券？"

"是的。"

"能发行多少？"

"至多四百万元。"

曹锟依然皱着眉。

"如果四百万不够，"王克敏说，"那就需要以崇文门的税收做抵押，再发行四百万元的公债。"

"还是不够。"

"这就没有办法了。"财政总长终于垂下了头。

曹锟就地转了个圈儿，又说："可否再发行辅助币二百万元。这样，也才能勉为应付。"王克敏无可奈何，只得点头。

"那好，"曹锟说，"你就按这个计划去办吧。现在是战争年代，一切都得抓紧，我急着用呢！"

送走了王克敏，又迎来了吴佩孚。

吴佩孚很主动，他恨不得弹药和钱立即都到手。这样，他才有战胜张作霖的本钱。可是现在这两项东西都没有，连希望也渺渺茫茫。坐在曹锟面前，吴佩孚只管喝水，一声不响。

曹锟把同财政总长商量筹钱的事对吴佩孚说了一遍，没有引起吴佩孚的兴趣，他的眉头依然皱着。曹锟急了，他说："子玉，我还有个秘密的打算，现在已是山穷水尽了，只得如此做了。"

吴佩孚不相信曹锟还有秘密打算，他只把脸仰仰，望望曹锟。似乎在说："你有什么秘密打算，拿出来吧。"

曹锟说："外交部还有点存款，中日实业公司还有点存余官款，山东盐商还有点海防经费，另外，早几天还有在烟台没收卢永祥的济通银号的现金。这些钱凑到一起，可以应酬一下当务之急。"

吴佩孚倒是有点儿兴奋了——别问数目大小，这几项钱总还实在一点。所以，他点着头说："可以马上派人把这些钱汇拢来，暂渡急荒。"停了停，他又说，"珊帅，我看现在顾不了这么多了，能采取的办法都采取吧，一切为了战胜张作霖。战胜张作霖了，这盘棋就活了；一旦战不胜张作霖，全局都输了。"

"你还有什么办法？"曹锟知道吴佩孚是个有办法的人，常常在特别困难时，别人都说"无有办法"的事，可是，吴佩孚却信心十足地说："什么无有办法？我看吴就是有办法！"他有时真会拿出办法。曹锟多么希望这一次"吴有办法"呀！

吴佩孚说："这又得由老帅出面了。"

"这没问题。"曹锟说，"为了战胜张作霖，我什么都可以做。"

"老帅来一次请财神怎么样？"

"怎么请？"

"你以大总统名义出面，约请北洋宿将张敬尧、陈光远、萧耀南、王占元等人来赴宴，即席向他们借助军饷若干，事后由财政部筹款偿补。他们一定不会拒绝。这不是可以筹到一批款子么？"

吴佩孚说得轻轻松松，曹锟听得迷迷糊糊。向北洋宿将借款，曹锟不想出面，他心中没数，怕借不来。所以，他对吴佩孚这个建议沉默不语。

吴佩孚也是不得已才如此说。其实，向北洋宿将借款并非他自己想出来的办法，而是他的一个叫谢宗陶的谋士想出的办法。这位谋士向吴佩孚献这条计时，吴佩孚是摇头拒绝的，他认为尚不到此地步。现在，再也无路了，他才向曹锟提出。但从内心想，吴佩孚也认为这是一个下策。当他看见曹锟默不作声时，他又说："既然这个做法珊帅认为不妥，那就另想办法吧。"

曹锟却又忙说："不是不妥，是让我再想想，看看如何做才好。"想了一阵，曹锟又说，"据我所知，中交两行尚有二百币钞未曾发出，如果能借出来，加印'军'字，作为军用券行使，似乎名正言顺些。"

吴佩孚马上连忙点头。"可行，可行。马上召中交两行总监来，让他们快快办理。"

正是曹锟、吴佩孚为筹集弹药、款项焦头烂额之际，前方传来急电："赤峰吃紧，九门口堪堪失守……"

吴佩孚不能再在中南海的四照堂坐阵了，他不得不离开北京，前往前线——吴佩孚离开北京的时候，曹锟费了九牛二虎之力，只为他筹措到现金四十万元。登上专车时，吴佩孚通身都有些儿发抖。

第十五章
冯玉祥出兵古北口

由山海关和热河两线向关内进攻的奉军，其势十分凶猛：热河一线，李景林、张宗昌的第二军在骑兵集团的配合下，七天时间即占领了开鲁、朝阳，继续向凌源进发；骑兵由彰武出发占领阜新、建平后即趋赤峰，10月7日占领赤峰。山海关一线，一、三联军攻九门口，逼直军第十三混成旅长冯玉荣自杀，即于石门寨附近高地占领阵地，给直军以侧背巨大威胁。这场大战一开始，双方即进入胶着状态……

北京，天高云淡，轻风把旱枯的树叶吹离了枝头，在坎坷的山坡、崎岖的山道上旋转、蠕动；枯草丛，荡起层层波纹；随着西风从塞外飞来的尘沙，越过逶迤的雄伟长城，翻过绵迤起伏的山岭，给古老的北京城披上一层黄澄澄的纱幔。秋天的燕赵，总是那么令人烦恼，以致没有多重要事情的人，连屋门也懒得出。

此刻，从北京城朝北伸展的公路上，却是车水马龙，一支颇具规模的队伍，正排成四路纵队前进。但是，却行进得并不匆忙，仿佛刚刚经历了一场艰苦的跋涉，从险道雄关渡过来，正在漫步当休的消闲。在队伍的行列中部，有几匹高头大马，他们也在悠闲地踏着八字步。骑在一匹枣红大马背上的，是新任大总统曹锟的"讨逆军"总司令吴佩孚麾下的第三路军总司令冯玉祥。他军容整齐，但眉头微皱，不时地微微仰面，朝着依然郁葱的山峦眺望；有时停下马来，勒转马头，打量着望不尽尾的后部队伍，像是在等待他的助手；走在他身旁的大军，一双双迟疑、迷惑的目光向他投来，似乎要等待他一番什么命令。将军只缓缓地闪闪目，并不看他的队伍。

队伍走到昌平县南边时，一位放羊的老汉突然出现在冯玉祥面前。他惊讶地望了将军一眼，便匆匆跑过去，大声呼喊："将军，将军！冯将军呀！"

冯玉祥定睛对老汉望了望，虽觉面熟但记不清楚了。他翻身下马，走到老羊倌身边，亲切地问道："老人家，是不是我的军队欺侮你了？"

老人摇摇头，说："冯将军，您不认识我了？"

冯玉祥打量着老人，抱歉地说："老人家勿怪我眼拙，一时真的记不起来了。敢问……"说着，他又朝老人走近一步，立在他面前。

"冯将军，我是张奉山呀！"老人脱去毡帽，露出斑白蓬乱的头发，用手指指左耳上边护着的白纱布说，"我的伤快好了，我要去感谢您呢！"说着，便"扑通"一声，双膝跪在冯玉祥面前。

冯玉祥这才回想起来——

这个叫张奉山的老汉，是战争摧毁了他幸福的家庭，夺去了他的亲人，他流浪在古老的北京城。一天，他从前门大栅栏回昌平老家，竟糊糊涂涂走到南苑去了。南苑是军营所在，除了冯玉祥的队伍之外，还有京畿卫戍司令王怀庆的队伍。这个王怀庆是吴佩孚的心腹，吴佩孚同冯玉祥不睦，王怀庆便以"密探"的罪名把张奉山抓了起来，严刑拷打。冯玉祥闻讯赶到王怀庆军中，发现张奉山已被打得头破血流。冯玉祥把他救出来，为他包扎伤口，又安排他休息几日，然后把他送回昌平老家。所以，见了老人的伤痕，冯玉祥才完全明白。他急忙走上前去，拉起老人，说："老人家，千万不必这样。论年龄，你应该是我的父辈，怎么能下跪呢？你的伤口好了吗？"

"好了，好了。"张奉山说，"冯将军，看你们队伍这样都出来了，又要去打仗？"

冯玉祥轻轻叹声气，点点头。

"还打仗？"老人也叹气了。

"是的，"冯玉祥说，"军人么，总是要打仗的。"

"您要去打仗？！要打仗您就快走吧。"老人颤抖着说，"多早晚能不打仗呀？冯将军，等有一天不打仗了，您再和俺说话吧。"老人叹息着，转过身去，一边揉眼，一边朝山沟、朝着惊恐不安的羊群走去。

冯玉祥望着蹒跚走去的驼背老人，望着绵延起伏的山峦，他沉默了——

冯玉祥站在旷野，猛然间许多往事涌向心头，想到了许多轰轰烈烈的战争，想到胜利，想到了败北，想到躺在他身边的将领和无数战士……碎破的山河，阴沉的往事，都隐隐现现地展现在面前被大军扬起的沙雾之中。

"立即传令，"冯玉祥把手中的鞭子扬得高高地说，"就地宿营！"

站在他身边的旅长张之江，没有任何表情地说："总司令，大军进行只有二十里，现在才是十点三刻……"

"依令执行！"

冯玉祥把鞭子朝马屁股上用力甩去，那枣红大马疾驰向前。

张之江随冯玉祥已经十多年了，深知冯将军的治军之道。大军行动，不仅从来没有这样松松垮垮，远在战场百里之外，竟然刚走出二十里便安营，这是很意外的。冯玉祥率领的这支队伍任务是：离北京、经怀柔、出古北口长驱赤峰，去迎战张作霖的奉军，冯军起兵时，奉军出兵进攻已六日了，兵贵神速，分秒都是胜败的关键！冯玉祥采取缓进、扎营的决定，连张之江也有点不解。

浩浩荡荡的大军，在昌平地区安定营寨。大道旁，山坡上，帐蓬搭起，炊烟缭绕，人喊马嘶，嚷嚷吵吵。

冯玉祥在昌平县城中一个停办的中学里住下，戎装和马靴连宽松也不宽松一下，便仰面朝天地躺倒床上，四肢伸直，双目紧闭，宽阔的额头也皱成一把核桃皮……

冯玉祥在昌平驻定之后，没有召开任何形式的会议，也没有找任何人谈话，他只躺在床上闭目养神。仿佛大战已经结束，他需要休息了。

"总司令，"卫队队长孙飞走进来，对他说，"午饭准备好了，你在哪里就餐？"

冯玉祥闪闪双眸，望望这个只有二十多岁的白脸蛋，摇摇头。

"不吃了？"孙飞有点惊讶。

"暂时不吃。"冯玉祥说，"等我想吃的时候，再告诉你。"

"是，总司令！"孙飞转身便要出去。

"你等一下。"冯玉祥叫了一声。

孙飞停下来——孙飞这名侍卫，因有点儿文化，人又聪明好学，机灵能干，既是冯玉祥的文化老师，又是他的小小参谋，出点小智谋，排除点小困难，颇为冯玉祥所信任。所以，冯玉祥有事时，便想同他商量，征求他的意见。日久天长，孙飞便被军中称为"第二参谋长"。

孙飞转过身来，规规矩矩地站在冯玉祥面前，等待他交代什么或询问什么。

冯玉祥坐起来，揉揉眼，向小孙点点头，说："自己找个地方坐下，我有事问你。"

"是，总司令！"孙飞在一张课桌边坐下来。

"好吧，咱们就从我这个总司令说起吧。"冯玉祥拉一把破旧的椅子，连上边的灰尘也不去抹便坐下。"你说午饭好了？那就让他们送上来，你也在这里吃，咱们边吃边谈，也免得在这个小屋子里寂寥得难过。"冯玉祥的语气和声调都那么轻松，仿佛他并不是去出征，而是过着清闲的生活，清闲得发闷了。

孙飞出去了。他让人把饭端来，他同冯玉祥对面坐下。

冯玉祥的生活十分简朴，一盘青菜、一盘豆腐、一盘蛋炒青椒，还有一盘辣牛肉，一碗蛋汤他还推给了孙飞，自己只倒了一碗白开水，唯独那片烙饼用油煎了一下，算是行军途中的优惠。冯玉祥大口大口地吃着，一边说："小孙，你说我这个总司令当好当不好？"

"总司令，人家都称您是常胜将军，总司令当然能当好！我看，咱们此次出征一定能够打一个大胜仗！"话是这么说，心里却有点不扎实，小孙觉得这一段时间冯将军有点变了，自从进驻南苑，将军便常常闷坐，还不时地暴跳；此次出征，更是反常，按照将军往日的脾气，今晚即可出长城，越过怀柔，说不定明天一早便可以到古北口呢！谁知队伍一到昌平，便安营扎寨了。总司令有什么打算，他猜不透了。所以，他只说了几句祝福的话。

"年纪不大，竟学会世故起来！"冯玉祥放下筷子，对孙飞说，"奉承话我是爱听的，可是，我却不愿听我的部下的奉承话，别管什么身份的部下。你懂么？"

"将军正在征途，我怎么能不说吉利话？"孙飞笑了。

"好了，"冯玉祥也笑了，"把门关紧，咱们说家里话。常言说得好，当局者迷，你是旁观者，说说一个旁观者对时局的意见怎么样？"

"好，我说。"孙飞喝完了冯玉祥推给他的那碗鸡蛋汤，然后，像打开闸门似的说出来一串串情况……无非是他平时听到、看到的，诸如徐世昌怎么没当好大总统，段祺瑞又如何败在曹锟手下，又说到对曹锟买总统的看法，然后说："将军，我总觉得咱们不应该跟着曹吴他们干。"

"那咱们怎么干？自己干？"冯玉祥问。

"咱可以找人合作干呀。"

"找人？找谁呀？"

"向南边去找孙中山！"孙飞说，"还可以同段祺瑞联系。再不然……"

"怎么样？"

"我说了将军别生气。"

"说吧，我不生气。"

"咱为什么不和张作霖和好呢？我看……"孙飞把话说了一半，又收住了。

冯玉祥并非想让他为之出谋，只想轻松一下。听了他爽直的意见，心里竟然动了一下。他认为这小子的眼光还可以，原想再同他谈下去。可是，又觉得不必了，再谈下去会出现尴尬局面了。便说："你的意思容我想想。想准了，我会接受你的意见的。"他站起身来，伸了个懒腰，说，"我累了，想睡一觉。"

孙飞点头退了出去。

冯玉祥无心入梦，活生生的奇事、怪事他都无法排解开，哪有心情去做梦？

——点将的那一天，筹备总司令王承斌告诉他，"各军皆不设兵站。"可是，彭寿莘的第一路军，是名副其实的"兵马不动，粮草先行"。只是，把已经设的兵站都称作"彭军自己筹措"而已。王怀庆的第二路军是不设兵站，可是，该军的路线从喜峰口到平泉、从平泉到朝阳，不仅地区富庶，而且是直军的根据地，处处是用之不尽的物资。只有冯玉祥的第三路军，沿途一无所有而且贫困之极。同是直系出征之军，冯玉祥不得不全面想想，而又不得不为自己的退路想想。

冯玉祥是个常走曲折路的人，对于自己的退路想得很实。早时，他不仅与孙岳、胡景翼达成了"三角同盟"，并且趁着此番王怀庆开赴前线之机，以"北京空虚"为名，亲去见曹锟，建议将孙岳的十五混成旅调来拱卫首都。曹锟同意了，并委孙岳为北京警备副司令。为这事，孙岳在为他出征送行时还打趣地说："冯将军把我搬进北京来，是不是要我为你开城门？"现在，冯玉祥想到这事，心里倒是猛然间兴奋起来……

冯玉祥走出教室，站在院子里正在出神，一位老农闯进来。他搭眼一看，是张奉山。老汉一进门，便乐哈哈地说："将军，我总算又找到您了。"

"老人家，你有事？"

"有，有！"

"好，请你直说吧。"

老人眨眨眼睛，仰了仰苍老的脸膛，没有说话，只深情地点点头。

冯玉祥急了，他以为一定是部下欺压了百姓。忙说："老人家，你说吧。无论什么人欺了你和众乡亲，我一定为你们出气！"

"将军，不是这个意思。"老汉说，"地方上有几位乡绅，知道我跟将军有过往，他们想见见将军，让我来问问，将军见不见他们？"

冯玉祥脱口答应："见！"

老汉面呈微笑。"那我就让他们来吧。"

"不，"冯玉祥搭手摸起桌上的军帽，"我去接他们！"

离学校不远的一个院落，是一个慈善机构。冯玉祥进来的时候，这里聚集着十多位庄稼人。他们见张奉山领着一个官儿来了，猜想"准是冯玉祥将军"，便一起跪倒，口呼"冯将军安康"！

冯玉祥焦急地去拉乡亲。"父老们请起，快快请起！焕章实在不敢当此大礼。有什么要吩咐的，只管直说，焕章一定办到。"

人群中，一位儒雅老者身穿灰布长衫，头戴八角毡帽，一把苍白胡须，两只闪闪老眼，拱起双手，说："将军，我等公民是来向将军请愿的，但愿将军能够应允！"

"老人家，大家都起来。"冯玉祥走上前去，拉起老者，"老人家只管直说，我一定照办。"

"将军，"老者招呼大家站起来，"您的大军出征，虽然浩浩荡荡，却爱民如子，秋毫无犯！将军，眼下已是仲秋，塞外正是寒气袭人！乡亲们听说队伍已经许多日子没有领薪俸了，此番出征又无粮草，我们心里不安呀！昌平小县，虽然山荒土薄，百姓却有敬将军之心，大家自愿捐献部分粮草，贵军竟是不收。将军，我们特来求求您，您收下吧！东西是不多，可是，这是大家的心意呀！将军若是也不愿收，我便领着大伙仍然跪倒，永不起来。"

说时，一群乡亲又齐身跪下。

冯玉祥激动了，一股热流充满全身，两眼顿时激出泪花。他颤抖着双手，躬下身去，把老人再次扶起，声音嘶哑地说："父老们请起来吧，起来。粮草我——我——全部收下了！"

送走了乡亲，冯玉祥再也无法平静了。他觉得小房子特别闷。他把门窗打开，却又觉得风很凉。他皱着眉，自言自语："昌平，的确山荒土薄，父老生活困苦。然而，他们为什么如此瞧得起我冯焕章？自古'兵匪一家'，难道他们不怕我的兵？"想着，冯玉祥打开自己随身带的小皮箱，想拿出文房四宝，再写一道"缓进"的手令，写一道"爱民"的手令。可是，当他把纸展开，他又锁起了眉："难道只下令缓兵，只不扰民么？"

冯玉祥的眉越锁越紧……

吴佩孚率领大军出征之后，多日紧张得坐卧不安的曹锟，暂时平静下来。他回到书房，想好好地养养神——他有许多日子神情都在慌张之中。六十多岁的人了，经不住折腾了。可是，神该怎么养？他又茫茫然——是舒舒服服地睡一个大觉，还是痛痛快快地饮一场酒，还是悠悠闲闲地展纸泼墨？（这些年，曹锟忽然间对书画发生了兴趣，闲下来，不是临几张碑帖，就是涂几帧丹青；有时，还请几位名手来共欢。甚至还大言"以丹青了此生"！）他都想干，可又都不想干。大战的序幕已经拉开，万马千军，枪林弹雨，生死胜败未卜，怎么会有闲情逸趣去做那些事呢？他在书房中踱着步子，思想又陷入紧张之中。

对于这场战争，曹锟心里是极度忐忑不安的：首先，他缺乏思想准备。他认为不会再有大战发生——皖、奉都是他手下败将，他们不可能在短期内卷土重来，再振军威，挑起新战，因而，有个"太平盛世"之感，大战来了，手忙脚乱。其次，物资匮乏，几场大战，枪弹严重不足，资金大为消耗，匆匆忙忙在山西借了点弹药，在京城筹了点款子，对于这样的大战，连杯水车薪也算不上。吴佩孚离京的那一天，他只拿四十万银元给他，气得吴佩孚几乎想把它撒到紫禁城的护城河里去，想回马洛阳，不问山海关的事。可是，吴佩孚还是把一腔怒气吞了下去，说了一句"尽人事、听天命"的话，离开中南海。吴佩孚出征了，尽管是抱着"听天命"之情出征的，曹锟却立时又盲目乐观起来。他想："吴子玉是个不轻举妄动的人，要做的事必能做成！"曹锟又幻想了："张作霖是大败出关的，要说困难，他肯定比我更甚！他敢攻来，我有何不可打去？"曹锟听说过最近南北传来的消息，消息的集中点是张作霖、段祺瑞、孙中山的"三角联盟"，他也是紧张一阵之后便轻松了："没有什么了不起，两支败军同一个空头革命者结盟，又会结成一个什么样的盟呢？又会有多大实力呢？"曹锟没有把他们放在心上。本次大战，据他掌握，段祺瑞没有力量援奉，而张作霖还是打着援卢永祥出兵的呢，孙中山南方也在四面起火，他不可能有兵北增——这样，曹锟反而觉得胜券在握了。

曹锟兴奋之后，猛然犯了戏瘾，很想听小妾九岁红唱曲。他离开书房，匆匆去找刘凤威。

刘凤威是随着曹锟一道从保定搬来北京，搬进中南海的。可是，自从搬进中南海之后，她便失去了一个年轻女子该有的一切，像一只被困进笼中的鸟儿一样过起了混混沌沌的岁月，自然也不再唱曲了，终日不声不响，早晚还在佛前烧香。曹锟进来的时候，刘凤威正躺在床上闭目养神。听到脚步声，她闪目窥视一下，见是曹锟，索性把眼闭得更紧、睡得更死。保定听曲闹了个不愉快之后，曹锟便再也没有同刘凤威坐在一起畅谈过了，也不曾听她再唱曲。没有时间那样悠闲。尽管刘凤威唱出了"楼塌了""鬼夜哭"，曹锟的大总统总是当上了。当上大总统了，要从保定搬到北京，要料理天下大事，要组织执政人马，又要处理南南北北的战争，一晃，就把漫长的岁月晃过去了——他哪里知道，青春年少的女子是如何守着孤灯渡过一个一个漫漫长夜的！

曹锟走到九岁红床边，见她睡着了，便坐在床沿上，独自待着；好大一阵子，见她还不醒，便轻轻地推她。"凤威，凤威！"

刘凤威把身一摇晃，赌气说："没死，喊什么？"

"还是假睡的！"曹锟说，"知道我进来了，你怎么也不起来呀？"

"怪我不接驾了是不是？"刘凤威说，"你是皇上了，万岁爷！俺一个唱小曲的，怎敢见你？躲还怕躲不及呢，起来干什么？"

"又耍小孩子脾气了。"曹锟把手伸到她脸颊上，一边抚摸，一边说："你该知道，我忙呀！我累呀！"

"忙呀，累呀，又到我这里来干什么？"刘凤威赌气推开他的手，又闭上眼睛。曹锟是来寻求轻松，寻求欢乐的。小妾耍点性子，他不会计较。他又伸手去拉小妾，一边说："别耍性子了，我这不是来了么。你要知道，外边的事多得很，大得很呀！又在打仗了，打大仗。这时我来看看你，是够器重你的了。你问问，我有工夫看谁了？"

"你想看谁看谁，碍我什么事？"

"快起，快起！"曹锟伸出双手，把她抱起，抱在怀里，又是搂又是亲，一瞬间，就哄得小凤威抿着嘴儿笑了。"当了大总统，就把小女子忘到九霄云外去了，害得我夜夜守孤灯，把枕头都泪湿了……"说着，便把头扎进曹锟怀里。揉搓半日，才仰起脸来，问："今儿咋啦？做梦？怎么到这里来了？"

"想你了，真话。"

"别哄我了，我不是三岁的孩子，一粒糖豆就不哭了。"

"我知道，知道。如今你是贵妃了，谁敢小看你。"

"你坏，你坏！"刘凤威扬起拳头，朝曹锟胸脯轻擂。

曹锟用手去阻。"好了，好了。别闹了，别闹了，我有正事呢。"

"什么正事？"

曹锟叹息着，说："不该当总统呀！一步棋走错了，全盘棋都难走。忙呀，乱呀，累呀！好容易才挤一点儿空，这才来看你。再说，许久不听你唱曲，也挺想再听听你唱曲。"

"不是又打仗了吗，怎么还有闲心听曲？我不信。"

曹锟说："前方的事，全由吴子玉去办了，他会办好。我放心。放心了，才有心情听曲。"

"可别再说唱曲的事了，我这一生也不敢再唱曲了。"

"那为什么呀？"

"你问你自己。"

"问我自己？"

"是呀！"

"答不出。"

"你忘啦？"

"不明白。"

"我刚唱了一曲，你就大发雷霆，说我唱你'楼塌了''乌衣巷不姓王'，又质问'难道我真的连累着你们就要'放悲声唱到老了么？'瞧瞧，我还敢？！那是古书上的曲子，是孔尚任《桃花扇》上的，若是我自己编的，你还不得杀了我！"

"别提那事了。当时我心情不好，话说完了，以后还后悔呢。今天来赔礼，就再别记它了，好好过欢乐日子，再唱一曲。"

又劝又哄，又抱又亲，刘凤威毕竟是个弱小、幼稚女子，竟然破涕为笑了。她抖了抖神，闪闪眸，清清嗓儿，竟有韵有情地唱起来：

> 春归恁寒悄，
> 都来几日意懒乔，
> 竟妆成熏香独坐无聊。
> 逍遥，怎刬尽助愁芳草，
> 甚法儿点活心苗！
> 真情强笑为谁娇？
> 泪花儿打逆着梦魂飘。

曹锟皱皱眉，仿佛是没有听懂。可是，那"独坐无聊""真情强笑为谁娇？"他可是听明白了——"这小乖乖感到寂寞了。独坐却是无聊，年轻轻的，也难怪。"这么想着，便说："别难过了，这个大总统咱不当了。改天咱就回家，我也好守着你们几个过几日平静生活。"

"你这是说的什么话？"刘凤威又撒娇了，"大总统才当几天，就不当了，为什么？今天不想当，当初何必花那么多钱？值得吗？"

"别说了，别说了！"曹锟猛觉得两人都把话说丑了，忙拦阻住。"丢下这事，唱一段欢欢乐乐的曲子，提提精神。"

刘凤威也觉得把话说远了，抿着嘴儿一笑，说："好好，好！我来给大总统唱一曲提神的、欢欢乐乐的曲子。"说罢，想了想，又唱：

> 红杏深花。
> 菖蒲浅芽。
> 听儿童笑语喧哗，
> 竹篱茅舍酒旗叉，
> 雨过炊烟一缕斜。
> 提壶叫，布谷喳。

行看几日免排衙。

休头踏，省喧哗，

怕惊林外野人家。

　　不知是曲情动人，还是曹锟果真累了，九岁红一曲终了，却见曹锟已昏昏入梦了。

第十六章
老冯杀了回马枪

从北京去山海关前线的直军统帅吴佩孚，必胜的信心很足。出中南海时，着上将军服，佩指挥刀，司令部各部要员随行，邀请中外记者数十人，并且调配了英、法、日等语的各类翻译人员同赴前线，仿佛是去出席一个盛大的庆功会，兴致勃勃，浩浩荡荡！

吴佩孚没有把张作霖放在心上，他认为张作霖没有恢复元气，底气不足，经不起大战，他是出于报仇心切，才贸然出战。对于直军自己，吴佩孚又十分自信。他不寄托冯玉祥的第三军如何，古北口去赤峰那一线没有战争，张作霖不会把重兵压在那里；派冯玉祥去，只不过考验他一番而已；决胜之师是一路的彭寿莘、二路的王怀庆。所以，吴佩孚领着随员出北京、经天津，去山海关。

出征的前夕，吴佩孚没有像往日那样搬出奇门遁甲，择择吉凶。虽然他心跳得很凶，他对自己的将领有比较实在的看：彭寿莘、王怀庆都不是决胜千里的战将，要对他们具体指挥；冯玉祥骁勇善战，但却不可大用。所以，他必去山海关一线，却又烦躁不安。他把参谋长蒋雁行找来，要同他同度北京的最后一夜。

蒋雁行坐在吴佩孚面前，一搭眼，就有点纳闷。吴佩孚往天的乐观、自信，脸上傲慢而夹带着的冷漠都没有了，只剩下愁绪。"大战伊始，统帅消沉。此状不吉呀！"昔日，吴佩孚在所有事、所有人面前，都惯用一句他自己的口头语："你们都说无有办法了，我看，'吴'是有办法的！"随语而出的，就是仰天长笑，笑得地动山摇！今天，锁眉了，垂首了。参谋长想："难道今天'吴'也无有办法了？"参谋长想了想，知趣了："大帅一定是为山海关犯愁了。"他感到此刻来见他，没有好事。蒋雁行思考片刻，故作轻松地说："大帅，明天要出征了，今晚必有好诗。能够让我先读为快吗？"

"诗？"吴佩孚叹息着，摇着头，心想："前线如此紧张，胜败尚难预卜，军中又那么混乱烦心，哪有心情作诗？简直是在作死呢！"他冷冷地对蒋说："诗——今天没有了。"

"我最喜欢大帅的诗！"蒋雁行说，"您在一首七律中写的'逢人都道民生苦，苦害生灵是尔曹'，实在激昂有情！此次战奉，您是统帅，能没有诗？"

吴佩孚还是摇头。"我想问问你，此次战奉，是胜算大呢还是可能败北？希望依你观察实情而论，不必说奉承话。"

蒋雁行也知"实情"不妙，但还是说："当然胜算在握了。咱们跟张作霖也不是一战了，土匪王的力量和能耐咱们了如指掌。战胜他，还不是笃定。"

"轻敌，轻敌！"吴佩孚说，"这种思想很可怕。"

"大帅，"蒋雁行说实话了，"山海关是此战的关键处，您亲临此处，决策正确，但必须防止古北口异变。那里是另一个关键呀！"

吴佩孚猛狂笑起来。"可谓'英雄所见略同'！算你知敌知我了。余话不谈，今夜一醉方休！"

山海关战事甚紧，九门口被奉军孙旭昌的第十混成旅攻占之后，直军的第十三混成旅旅长冯玉荣自杀了，奉军便乘势推进，强占石门寨附近高地，给直军正面极大威胁。吴佩孚一到前线，即以他的主力——靳云鹗十四师推到前沿，实施反攻；吴佩孚亲临榆关具体指挥。山海关一线布有强大兵力之外，吴到前线即秘密向天津政记轮船公司商谈租用轮船十三艘，想从大沽口附近水运三至四师兵力，海道进营口攻入奉天……

冯玉祥率领他的部队继续朝赤峰方向前进。

冯玉祥依然萎靡不振，他已完全失去了取胜的信心。从受命到出发，已延宕四日，经三天部队才开拔完毕；军到古北口，已是他受命后的第十四天了。可是，他的部队在古北口又徘徊不前了。

古北口，是塞外一个重镇，宁潮河的下游，密云群山的北端，是个比较荒凉的小镇。冯玉祥没有进这个镇子，他只在小镇西一公里处的山坡上支起帐篷，作为司令部住所。住定之后，他便命令部队"作好继续行军的准备"，可他自己，却只带几个随员，调转马头，逆着军行方向朝后走去。

冯玉祥的部队共为五个旅，进军的梯队形式是：先头为张之江旅，接着依次为宋哲元旅、刘郁芬旅、李鸣钟旅，最后为鹿钟麟旅。冯玉祥来到殿后部队鹿旅后，便一头扎进鹿钟麟的帐篷里。"总司令，你来啦。"鹿钟麟恭敬地对冯玉祥行了个军礼。

"来看看你的队伍掉队了没有？"冯玉祥一边还礼，一边说。

"总司令，"鹿钟麟微笑着说，"我竟也糊涂了，咱们究竟是出关作战呢，还是战地演习？张作霖的先头部队已经冲破王怀庆的防线，正长驱直入；山海关方面的战事也日趋紧张，形势这么紧张，可我们……"

"我们不仅进展缓慢，还以每天五十到六十里的速度返回演习。你不理解，是不是？"

鹿钟麟点点头。

冯玉祥笑了。"兵行诡道！只有在战争全部结束时，才会明白战术上的这些具体状况。"

鹿钟麟笑了，笑得迷迷糊糊。"战争怎么打？我在葫芦中呀！"

"很快就会明白。"冯玉祥说，"别的找不到机会了，只有利用行军之机，进行演习。"

"可是，每天几乎是进一步退两步呀！"

"不对吧？"冯玉祥说，"我们不是从南苑来到古北口了么？不仅是进，而且进了百里之遥。我已经通知沿途县、区长了，让他们立即把公路加宽、铺平，整理得像公路的样子。"

"我检查过了。"鹿钟麟说，"他们是按总司令的命令执行的。但是，大家都不明白：大军已经过去了，为什么还要修公路？"

"这就叫'明修栈道，暗度陈仓'！懂了么？"冯玉祥说，"从今天起，你部要以向着北京方向练习行军为主。可以全副武装，也可以徒手；可以支起帐篷，也可以把帐篷留在旷野。""是，总司令。"

冯玉祥回到他的临时指挥部，已是日挂西山。他尚未坐定，便有人报：

"一位陌生人要见将军。"

"什么样人？"他问。

"高身个，白净脸，很像一个商人。"报告人说，"他说有十万火急的事，要见将军。"

"人呢？"

"现住古北口一家客栈。"

"派我的车速速去请。"

车去车来，瞬息之间。被接来的人在帐篷外下了车，一见站在面前迎接的冯玉祥，便伸出双手，大声呼唤："焕章兄，久违了！"

冯玉祥定神一看，来者竟是当初同在七师任旅长的贾德跃。他急忙走上前去，握住他的手，说："哎呀呀，是什么风把你给刮到古北口来了？"

"老兄出长城，小弟能不来为你送行？"

冯玉祥拉着他的手，二人并肩走进帐篷，对面坐下，一边献茶，一边说："不会是单来为我送行吧？阁下在'合肥'身边有要务，怎么有空来古北口了？"

贾德跃笑了，说："'合肥'好久不见老兄，甚为思念，故遣小弟前来问候。"

"我却不信。"冯玉祥摇摇头。

"现有书信在身。"贾德跃从衣袋中拿出段祺瑞的亲笔信，交给冯玉祥。

冯玉祥拆信一看，果然是段祺瑞的亲笔。信的大意说，他不赞成内战，希望冯不要相信贿选政府。"阁下有否他图？若能以实相告，芝泉定可助臂。"

冯玉祥正愁势单力薄，孤掌难鸣，一见段祺瑞的信，十分高兴，随时和贾德跃商谈起来。"德公，焕章的心情，你是了解的，内战，我辈深恶痛绝。然而，令人忧心的是：按下葫芦瓢起来。内战的因素灭也灭不尽呀！"

"此一时，彼一时也！"贾德跃说，"将军能把大梁顶起，'合肥'再以鼎力相助，我想，局面是会稳下来的。"

"请转告'合肥'，倘有一时大局属我，我一定请'合肥'等有众望的人物出来维持大计。"

"焕章兄，此地不是畅谈之处，阁下的果敢见地，我一定如实报告'合肥'。日内定有喜讯传来。你可否……"

冯玉祥思索片刻说："德公，这样吧，行迹匆匆，恕不挽留，我让田雄飞陪你回天津，面见'合肥'共商大计。"

"荣幸之极！"

送走了贾德跃，冯玉祥又把孙飞叫来。

"小孙，我饿啦，赶快弄点吃的来。"

"是。"孙飞转身要走，冯玉祥又叫住他。"等一下。把参谋长和张（之江）、宋（哲元）两位旅长也请来，一起吃饭。"

孙飞匆匆出去，把两件事都办完了，又匆匆回到冯玉祥身边。他焦急地小脸膛，连眉头都皱成一团团，几次想张口问些什么，但又怕影响了将军的情绪，只好焦急不安地立在他身旁，一声不响。

冯玉祥看出了他心思，趁着饭前一点空隙，就问他："小孙，又有什么烦恼了？"

"没有。将军，真的没有！"

"嘴上没有，心里有。"冯玉祥笑了，"有什么话就快说，说慢了，旅长们都来了，可就没有你说话的机会了。懂吗？"

"冯将军，"孙飞终于敞开了思想，"我觉得您有点糊涂了，对不对？"

"不对。"冯玉祥说，"千军万马我都能指挥，咋算糊涂呢？"

"我看您糊涂。"孙飞说，"这几天我天天在想：咱从南苑出发时，您一再说'兵力不足'，咱打不胜这一仗。可是，您又把在河南招募的新兵孙良诚、张维玺和蒋鸿遇三个旅留在了北京；司令部都离开北京了，您又留下一营步兵驻守城内的旃坛寺，还派蒋鸿遇做留守司令，还让他兼兵站总监……这些事都有点儿糊糊涂涂！"

冯玉祥笑了。"这些事，只有总司令才会明白，你小小卫队长只需明白如何把保卫工作做好就行了，不须问那么多事。懂吗？"

孙飞还是疑惑不解地退了出去。

冯玉祥同他的参谋长、旅长只是共同吃饭而已，并没有具体议商任何事情。饭吃完了，冯玉祥便一挥手，让他们各自去了。冯玉祥想瞅个空儿，好好地睡一觉。可是，当他刚刚躺到行军床上，他又急忙坐起来。

"小孙，告诉参谋长用最迅速的办法通知张树声，请他陪同马炳南将军到我这里来一趟。"

孙飞答应着，去找参谋长。

张树声，是冯部的一个营长，大队出征时，由于"身体欠佳"被冯玉祥留在北京了。马炳南，是奉军驻北京办事处的负责人，又是张树声的好友（据说，就因为这样，张才有可能被留京"养病"的）。

太阳刚落山的时候，张树声陪同马炳南便来到了古北口。冯玉祥在帐篷里接见了他，热情而诚实地对马炳南谈了自己目前的态度，而后问："马将军，现在最急迫的，是我想知道贵方意图。你能如实地告知吗？"

四十岁出头，宽脸膛、大眼睛、典型东北汉子的粗犷和纯朴的马炳南，爽直地对冯玉祥说："冯将军，你我都是军人，用不着斯文。我可以向将军坦诚地表明态度：张大帅之所以兴师入关，目的只有一个，推翻曹吴。只要曹吴被推翻，奉方目的已达到，决不再向关内进兵。"

冯玉祥见马如此爽快，也说："我已经和北京方面几位将领接洽过了，只要你们的队伍不进关，我们的计划便会顺利完成，推翻曹吴，没有问题。"

"将军可以将今后大计告知么？"马炳南问。

"大计尚不成熟。"冯玉祥说，"我们想，将来事成之后，拟请孙中山先生来主持大计。不知这一条你们是不是赞成？"

"完全赞成！"马炳南说，"一切由将军做主，我们没有不赞成的。"

"好，好！果能如此，我向张大帅致谢。"冯玉祥略一思索，又说，"一是请孙中山先生主持大计，二是你们队伍不进关。只此两条足矣！请速向张大帅转达此意，切勿食言。我这里已经布置妥当，不久便有主和息争的通电发出。"

"我赞成将军的爽快。"马炳南说，"现在是怎样商定的，将来务必怎样实行。我们希望冯将军在热河方面的军事行动从缓，以便我们抽出兵力加强山海关方面的攻势。"

"可以，完全可以。"冯玉祥点头答应。

夜阑人静，马炳南乘着原车，顺着原路返回北京。

直奉二次大战激烈进行之中，北京城里有两个女人也在进行着频繁而有趣的交往——

一天，一辆装饰豪华的新式骡马轿车从新上任的北京警备副司令孙岳的官邸出来，直奔总统府后门而去。马车里坐着一位中年妇女，穿一身闪光的紫缎子秋装，戴一头并不十分华丽的翡翠，发髻滚圆，脸蛋净白而清瘦，新描的两道眉使那双显然小了点的眼睛竟神秘得出奇。她双手交叉在胸前，墨绿的玉镯随着车行而抖动，中指上的那只闪着金光和碧蓝颜色的玛瑙戒指，不时地在那幅天蓝软缎手帕的叠缝中隐隐现现。这一切都表明这位女人的尊贵。她，便是孙岳的夫人崔雪琴，她要去拜见她的结拜姐妹，曹锟总统代行夫人身份的三姨太陈寒蕊。马车进了总统府后院，在一片幽静的房子前停下。崔雪琴被人扶下车，正要移步，陈寒蕊早快步迎上去，风风火火地说："雪妹子，我念着你几天了，总算把你盼来了。你这一来，说明咱姐妹情分不浅。"

崔雪琴比陈寒蕊实际上是大几岁的，当初结拜时，多少有点高攀曹锟，曹锟又比孙岳大几岁，故而崔以陈为大姐。陈寒蕊倒也想坐个上位，所以以大姐自居。听了她的话，崔雪琴心里嘀咕："我才进京五天，她怎么知道我要来呢？"话未出口，陈寒蕊便笑着又说："你别以为我是瞎胡猜想，我的消息灵着呢，啥事全知道。俺那兄弟（指孙岳）一进京，你能不来？我没猜错吧？"

"没猜错，没猜错！"崔雪琴说，"如今天下都在你手中了，还有啥事能瞒着你呢？这一次，你兄弟一高升，我就知道是大姐你和仲珊大哥的厚爱。我本不想随任来京的，一想到这一层，就跟着来了。谁知一到北京，就适应不了这里的气候……"

不等崔雪琴把话说完，陈寒蕊就插了话。"你咋不来？说真话，调孙岳任北京警备副司令，就是我的主意。我就是想把你搬进京，早早晚晚和我谈天说地，免得我坐在深宫大院里寂寞。要不，吴大帅麾下那么多人，哪一个不能当警备司令，偏偏选上他孙岳，你说是不是呀？"

陈寒蕊的好胜性子，崔雪琴是领教过的，往天，她只淡淡一笑。可今天，她竟抖抖精神，顺着她的竿儿爬起来。"大姐，咱们是谁跟谁的事！俗话说得好，是亲三分相。仲珊大哥当了大总统，大姐姐你还不是名副其实掌印官。往天东奔西跑也就罢了，如今得了天下，若把俺忘了，俺就再不认你这个大姐了。"

陈寒蕊笑了。"瞧你这个嘴！往天人家说你是没嘴的葫芦，如今看来，我也得成了你嘴下的败将。幸亏我想得细，把你们都搬进京来，要不，我不就成了忘恩负义的……"

"别往下说了，俺心里明白了，大姐你不是陈世美，你是好人。"崔雪琴说，"大姐不忘俺，俺也不忘大姐。往后，我一天三次给大姐上香，保你平安。只是，你兄弟今后有什么事了，还得大姐多多承担承担，关照关照。"

"这你就放心吧，"陈寒蕊说，"我虽然不能管国家大事，可是，我的话老头子还不敢驳。话可又得说回来了，就是军机大事，我也能了如指掌。"

崔雪琴说："大姐你可算得女中豪杰，这一生活得值得。你瞧我算啥？俺那口子，莫说军机大事，就是衣食住、交朋友，也不许我问问，我算白活一生了。"

"不知道也好，只管享福。"陈寒蕊说，"我这可好，知道的事多了，心事也多。就说这次打仗的事，我就觉得老头子急。"

"打仗急什么？让他们打去呗！"

"咋能不急？"陈寒蕊说，"你可不知道，让我说说你听听吧。"

"好，我也开开眼界。"

"冯玉祥的队伍出古北口，胜败老头子都不在意。"

"那为啥？"

"那里不重要。"陈寒蕊说，"是吴大帅要考验冯玉祥的，没多少仗打。彭寿莘的队伍，一出征就让张作霖打得落花流水，10月7日就丢了九门口，就怕连山海关也保不住。王怀庆更草包。你大概也听说了，王怀庆的队伍是巡防营的底子，都是些孬种，要不是胡景翼帮他们一把，早把长城治丢了；王怀庆在喜峰口，还没见奉军就吓跑了！我不骗你，吴大帅去了前线。老头子说，总不能让人家打到北京来……"

——崔雪琴素来不问军中事，人所共知。谁知这次竟是意外，冯玉祥离北京时，把蒋鸿遇留在北京作留守司令了，其中留守的任务之一就是"探听曹、吴的情况"。蒋鸿遇苦思许久也找不到入总统府的门路，最后探听出孙岳的夫人同曹锟的爱妾这层关系，故而利用了起来，这崔雪琴因而成了"有心人"。

崔雪琴是个闲散惯了的人，不问事，也不记事。今儿一下子听了那么多前线情况，脑子里早满了，再听下去，就怕连前边听了的也忘了。于是，她急急忙忙告辞。"我来半天了，咱姐妹话是说不完，我改天再来，今儿还有事，先告辞了。"

陈寒蕊先是盛情挽留，看看留不住了，半真半假地说："要走也行，我得说句话，你答应了便走。不答应，我是不会放你的。"

"大姐，你只管说，什么话我会答应。"

"好，那我说。"陈寒蕊说，"我知道，你也是个没事做的人，从明儿起，你就天天到这中南海来，陪我闲聊聊。凭它天下怎么乱，咱乐咱的。怎么样？”

崔雪琴正盼着能天天来才好呢，哪有个不答应的呢。忙说："只要大姐不嫌扰乱了你的正事，我保证，天天来。"

"咱姐妹就一言为定！"

崔雪琴乘着自己的骡马车又出了总统府。

从此，北京城和冯玉祥之间的一条秘密交通线便由陈寒蕊——崔雪琴——孙岳——蒋鸿遇等连锁环节建立起来。

冯玉祥军到热河省滦平，便不再前进了。他不要作什么部署，只需修整一番就行了。他同张作霖已经达成默契，赤峰的奉军大部调往山海关战场去了，要攻要守，均由彭寿莘或王怀庆去安排了。冯玉祥只等待机会，做他自己想做的事。

就在这个时候，讨逆军副总司令、筹备总司令王承斌来到了滦平。冯玉祥眉头皱起来："他到前线来干什么？"

王承斌是负责此次大战筹备粮秣的，冯玉祥这支部队是不设兵站的，他随这支部队到古北口一线干什么？冯玉祥自然认为他是监军或督战来了。"好吧，我跟他谈谈，果然如此，我得赶跑他。"

冯玉祥来到王承斌住处，一照面，便开门见山地说："副总司令随军指挥，来到前线，焕章和全军感到十分荣幸！两军对阵，战争激烈，本当星夜直赴前沿。咳……"冯玉祥叹声气，又说，"我这里的情况特殊呀，道路艰险，供给匮乏，走不动呀！还请副总司令多向吴总司令申明，不是我有意贻误军机，实在是前进困难呀！"

"我知道，我知道。"王承斌说，"小弟徒有副总司令虚名，一切行止，悉听吴总司令安排。至于焕章将军这里的实际情况，我一定如实向总司令那里报告。"

冯玉祥又说："副总司令，我总觉得此番出征，旗开不利呀！长途行军，急于应战，已属兵家大忌；兵行险道，固属妙计，但险道如此漫长，而供给又一无所备，这就是大错而特错的事情了。这个情况十分令人痛心。副总司令，这些天我一直在想，我这种处境，似乎重复着一种历史，和一个人曾经有过的情况那么相似！"

"是么？"王承斌有点惊讶，"说说看，相似谁？"

"我觉得，我眼下的处境就跟阁下当年离开二十三师时相差不多。你说是不是？"

冯玉祥一提到二十三师，王承斌猛然打了一个寒战，脸膛也一下子沉了起来——王承斌是二十三师资深师长，这个师又是陆军中的佼佼者，王承斌是军中公认的腾达在望人物。可是，吴佩孚嫉贤妒能，生怕他高升了自己控制不了他，便匆匆下达一纸命令，把王承斌的师长不升而免了！王承斌从此冷板凳一坐便是六七年，直到第一次直奉大战，吴佩孚才被迫重新起用他。王承斌对这件事一直耿耿于怀。今天，冯玉祥重提二十三师，当然是重重戳了一下王承斌这个伤疤，王承斌立刻心烦意乱起来。王承斌叹息一声，说："不瞒焕章兄说，我早已认定，吴子玉是个不可共事的人，对谁都不是以诚相待。我……我……咳，良禽还择栖呢，何况……"

冯玉祥觉得王承斌还算坦诚，便也以诚相见。呼着他的雅号说："孝伯将军，我很了解将军的内心，焕章我素来以光明磊落对人对事。不瞒将军说，我要对他们采取行动。不知阁下意见如何？"

王承斌既觉惊讶，又十分高兴。忙说："焕章兄，夜长梦多，事不宜迟！"

冯玉祥一听王承斌这么说，十分激动，走上前去，握住他的手，说："多谢老弟盛情，还望大力相助！"

王承斌点点头，又叹声气，说："焕章兄，我之所以寄人篱下，是因为力不从心，无可奈何。我对你的决意十分理解，甚表同情，然而，却又爱莫能助。既然老兄如此相信我，我也以诚相报，此事我绝不漏透分毫。但愿老兄顺利、成功！"

"那你……"

"自有去处。"

——王承斌放弃了监视冯军的特命，匆匆动身去了承德。

王承斌走了，胡景翼的代表张明来到滦平，要求"急见冯将军"。冯玉祥在一个密室里接见了张明。张明一边递交胡景翼的亲笔信，一边说："我家长官问候冯将军好。"冯玉祥一边拆信，一边说："听说你家胡长官身体不舒，现在可好了？"

张明点点头，说："好了，好了。谢谢将军惦记。"

冯玉祥和孙岳、胡景翼三人有过反曹吴的"三角同盟"的，当然会相互关照。原来胡景翼有"紧急情况"要向冯玉祥报告——信上告诉冯玉祥：吴佩孚除派王承斌来前方监视冯以外，还有密令给胡，要他"对冯予以注意，如有异动，可以就地解决"。胡景翼说："请冯总司令务必提高警惕，以防不测！"

冯玉祥看了胡景翼的信后，十分气恼："吴佩孚太狠毒了，置我于死地尚不罢休，再三番两次派人监督我。好，咱们就决一死战吧！"

他匆匆间对张明说："请阁下速回本部告诉胡长官，并请胡长官转告孙岳将军，让他们明天即派代表在通州与我的代表共同策定行动计划，以便协调运行。"然后，冯玉祥又让人把军中参谋长刘翼请来，除了告诉他"事已紧迫，不可再拖，必须马上行动"之外，又对他说："请你速去通州，和胡孙两位将军的代表会商，告诉他们我明天即班师回京，请他们早做准备"。

刘翼走了，冯玉祥沉思了半天，竟给吴佩孚发出一封这样的电报：

> 我先头部队已抵承德，沿途筹措给养十分困难，急盼援助。

吴佩孚正焦头烂额，又是迷惑不解——他不明白"张作霖怎么会有如此多的军队压到山海关来？难道赤峰无战事？"他派王承斌亲赴前沿，又令胡景翼"监视冯部"，都是对冯不放心。现在又接到冯的求助急电，他只看了一眼，便扔到一边去了。"'援助'，'援助'，援什么助？不是早就明令过了？不设兵站就是不设兵站。大战早开，行动迟迟，我不查办你就算厚待了，还求助，没有！"

吴佩孚拿出一张纸头，匆匆写道：

> 此间形势紧急，不有意外胜利，恐难挽回颓势，请即迅速前进。否则，大局将难以设想。

"来人！"吴佩孚把纸头交给侍卫，"急电发三路军冯玉祥！"

冯玉祥翘首以待吴佩孚的"援助"消息，等来的却是"迅速前进"的命令。他淡淡地笑了："吴佩孚呀，吴佩孚！你也是统帅三军多年的将领了，粮草无着，军无补给，怎么前进，还要'迅速'？难道我的部队都是不食人间烟火的天兵天将，可以腾云驾雾？！"他把那个命令式的电报用力扔到桌上，还扬起巴掌狠狠地压了上去——桌上，倾刻传出"啪——！"的一声巨响。

就在此时，北京发来一封加急电报。冯玉祥接过一看，是他的留守司令蒋鸿遇发来的，电文如下：

前方战事紧急，吴已将长辛店、丰台所驻之第二军悉数调往前方增援，北京一片空虚，良机莫失！

"好，好！天助我也！"冯玉祥大声吼叫，"小孙，孙飞！通知各位旅长，立即来总部开紧急会议！"

第十七章
被囚延庆楼

　　这几天，曹锟的心情十分烦躁不安，他总觉得有些事该办，却又说不清该办什么事？觉得有种种灾难要降临，却又预测不着是什么灾难？吴佩孚去山海关的时候，他到四照堂去为他送行，本来他是想好了几句吉利话，要对他作一番祝福的。但是，两人对面站下时，不知为什么，竟猛然产生诀别感。他拉着吴佩孚的手，颤抖半天，只吐出两个字："子玉……"吴佩孚拉着他的手，总在摇晃，并且忧伤地吐出两个字："老帅……"吴佩孚走了，曹锟心里空落落，整个中南海空落落。吴佩孚出京之前曹锟答应"尽快给前方送一笔经费去"。吴佩孚走了，要送往前方的经费却无着落。令人不解的是，对于这样一笔无着落的经费，曹锟竟然也不着急，放到脑后再也不提了，仿佛连议而又决的通过银行发债券的事也梦幻般地消失了。

　　曹锟感到胃口极坏，什么东西都纳不进去，有时连水也不想喝；更反常的是，他不敢进办公室了，每天前方用加急手段送来的战报，他不去看；前方派来的特使他不接见，却天天躲在居仁堂三姨太陈寒蕊的居室里。他想从这个居室里寻觅一点安宁，却发现了意外——他发现一个并不十分熟悉的女人常到这里来，而每次到来，三姨太又对她热情有加，无话不谈。

　　后来他知道了，那是新任北京警备副司令孙岳的夫人——崔雪琴。陈寒蕊告诉他："你忘了？她是我结拜的干妹子，才跟孙岳进京来的，往日天南海北的，难得一见，现在都住京城了，朝朝聚聚，解解闷，谈谈心，多难得的机会呀！"

女人的事，曹锟从不放心上，说明白了，他也就丢下了。"好好，那是你的干妹子，你好好款待她。只是……"

"只是什么？"陈寒蕊疑心了，赌气了。"你别怕，我们除了家长里短没别的事，惹不了你，也不妨碍你！"

"我不是这意思。"

"那你说什么？"

"我只想，从表面上看，人家至少要比你大七八岁，怎么就叫人家妹子来了？"

陈寒蕊"扑哧"一声笑了。"你说这呀，实对你说了吧，这都是心甘情愿的事，没有什么道道。"

曹锟不再问了，但他心里明白："一定是借着我的火光压人家。女人，就这德性！"

陈寒蕊看曹锟有些闷闷不乐，还疑为是她的干姐妹的事。忙又说："大总统，放下你的心吧，你有你的事，我有我的事，我不管你，你也别摆出架子来管我！实话对你说吧，我结拜的姐妹比你结拜的汉子强，俺们都是正正派派的人，跟一娘肚里生的一样。不像你们，狐朋狗党，今日亲得抱起头，明天就相互捅刀子；你今天是他老大，他明天是你老子；为了地盘、为了兵，老子爷亲儿子照杀……男人算啥？算狗屁！今儿你认认真真地盘问起我的姐妹了，告诉你吧，谁敢拦我的姐妹进中南海，我就一把火把你的总统府烧了，烧得片瓦不留渣儿！"

曹锟是来解闷的，不想竟拾了一肚子气，心里很急。急不择言，忙说："你别发狠，也别放火，这中南海咱住不了多久，不几日得让给别人。到那时，还不知是什么样子呢？"说罢，竟赌气走了出去。

——昨天夜晚，曹锟久久难以入睡。下半夜睡着了，一入梦就刀光剑影！他梦见新任北京警备副司令孙岳带一群武夫闯进总统府来了。孙岳一声令下，一个武夫大刀一举，就砍下了他的脑袋。曹锟捧着自己的脑袋，大声呼喊："副司令孙岳呀！我曹某没有亏待你，调你进京，委以重任，你不该对我下此毒手！"

孙岳笑了。"大总统，你不是十分信任我孙某么？我心里明白。知恩不报，算什么正人君子！大总统是想让我好好保护你，别让他人把你杀了。我一定做到。这不，我先杀了你，谁再想杀也找不到你了，多安全呀！"

"啊——！？"曹锟被惊醒了。他一身冷汗坐起来，还以为自己真的成为鬼了呢。他伸出手，摸摸头，又捏了捏腮膀，尚有感觉。他方才明白是一个噩梦。但他还是想："难道孙岳这个东西真的会害我？"

他心神更不定了。

滦平。

仲秋的平原，早已一派萧疏，穿境而过的滦河，成了干河；山脉在这里原本就淡淡的，盆地的面貌更显平淡。唯独冯玉祥的大军给这里带来一派生机！不过，到了滦平的大军却再也不动了，平原依然显得萧疏。

冯玉祥的临时指挥部里，参谋长刘翼、旅长张之江、宋哲元、刘郁芬、李鸣钟、鹿钟麟都到了，大家围坐在一张八仙桌旁，但气氛却显得格外的紧张，会吸烟的人没有吸烟，爱打趣的人绷起了脸膛，连人人面前的茶杯也只淡淡地散发着热气——往天，冯玉祥只在心里思索自己的计划，只在密处同有关人沟通大计，并没有如实地对他的部下说明。一方面他相信自己的部下，觉得大家都是生死与共的兄弟，会走一条道路，无需再沟通；另一方面他不想过早地透出消息，怕节外生枝，发生意外。可是，冯玉祥的所思所想，他的部下又都能够心领神会，灵犀相通，何况此番出征行动得又那么奇奇怪怪，谁心里都明白了个十之八九。所以，人们尽管沉沉默默，冯玉祥还是开门见山地说："大家跟我这么多年，历尽了艰难困苦，国家闹到这个样子，我真不知道会把你们带到什么地方去。"说这番话时，冯玉祥显得十分忧伤。

几句话说完，冯玉祥竟打住了话题，并没有表明自己最新、最坚决的打算。他只把信任的目光，从一个人面上转向另一个人面上。鹿钟麟先开口。他说："大家患难相从，甘苦与共，原不是为了你我个人私利。总司令是为了救国救民，我们一定跟您干，任何危险，在所不辞。"

张之江站起身来，把话说得更直接："总司令把您的打算摊开吧，我们不愿一直过着寄人篱下的生活，受'后娘'的气受够了，咱走自己的路。"

宋哲元没有说多余的话，他挺挺胸脯，说："一定跟着总司令，永不变心！"

冯玉祥点点头，说："我思索许久了，只有一条路：起事！这完全是为国为民，也是为自己。今天跟兄弟们敞开，但是不勉强任何一个兄弟。不愿一同干的,说出来,可以自便。""我们都跟着总司令,坚决实现总司令的计划,绝不变心!"

"好!大家都是我的好兄弟,我谢谢兄弟们对我的信任和支持!"冯玉祥从衣袋里掏出一张纸片,舒展开来,说:"既然大家愿意同甘共苦,携手走一条路,现在我就宣布举事决定!"大家一起起立,庄严听命。

冯玉祥略略提高了嗓门,宣告:

鹿钟麟部兼程返京,会同孙良诚、张维玺两旅进驻北苑,再与蒋鸿遇旅会同入城;

李鸣钟旅趋长辛店,以截断京汉、京奉两条铁路线的联系;

已抵承德之张之江、宋哲元两旅立即出动,迅速返京;

胡景翼率部从喜峰口迅速撤回通州,以防阻吴佩孚回击;

孙岳立即秘密监视曹锟的卫队以及吴佩孚的留守部队,以防发生意外。

明日(10月21日)凌晨各部即行动。

这个行动计划宣布之后,冯玉祥还下了一道严令:封锁京热大道,遇有从热河方面去北京的人一律扣留,以防走漏班师消息。

一切安排就绪,旅长们各回阵地,冯玉祥觉得闷在胸中许久的忧郁总算解开了,他端起茶杯,连连喝了两杯茶,便想去部署"总部撤退"的事宜。可是,当他把茶杯放在桌上时,他猛然想起了驻在承德的车庆云,他心里一动:"车庆云,北京宪兵司令兼前敌执法官,本不是个好东西,此番随军进驻承德,是吴佩孚派来监视我的。危险分子!"想到这里,他立即给张之江补一条手令:"将车庆云就地扣押!"

到前线去的吴佩孚,本来想选择一个适当的地方,把大本营安下来,然后从从容容地发号施令。但是,这种"适当"的地方实在难找,他只得暂时流动着。

一天,他的指挥专车到了秦皇岛,他想暂住一段时间,可是,却突然有人向专车连开三枪。吴佩孚惊慌了,他挥挥手,专车又前进了。

车抵山海关,即闻炮声隆隆,举目所及,亡尸枕藉。吴佩孚下了专车,在彭寿莘陪同下,他去巡视前线。他信心十足地指手画脚,向彭寿莘讲述他的战略战术,似乎这场战争已像直奉一战那样取得了全胜,他在作着战后总结。可是,当他傍晚匆匆转回专车,身子尚未坐定的时候,他的车前车后即落下许多炮弹,狼烟四起,弹片横飞!吴佩孚惊讶地皱起眉头,心里惶惶恐恐："奉军怎么知道我的专车停在这里呢？"无可奈何，只好退回秦皇岛，把大本营也安在了专车上。吴佩孚坐在指挥车里，精神再也振作不起来。

山海关战事十分激烈，石门，奉军节节进逼。直军守石门阵地的是陕西军队，这支军队十分勇猛，但却不讲战略，不知固守阵地。不久，石门即被奉军占领。

石门失守，吴佩孚心更乱了，因为他距敌人只有十里之近了，一个攻击，便可抵达。匆忙之中，吴佩孚想借助海军，留一条能攻能守之路。他和参谋长张方严一起，登上了"海圻"战舰出海。他一到海上，方知奉军对海域的封锁也是十分严紧，海上攻势激烈，借海缓冲也无可能，更无可能调出援兵。吴佩孚叹息着回到他的指挥车。

巡海归来，吴佩孚方获得"最新消息"：原来驻山海关的日军防备军已与张作霖暗通消息，所以，他的行迹张作霖摸得清清楚楚。吴佩孚大骂日本人，但又胆战心惊，他不敢固定大本营了，时而火车，时而战车，时而城，时而乡，指挥显得匆忙无力。

由于赤峰一线冯张达成默契，基本无战事了，奉军兵力渐移山海关，山海关守敌郭松龄部越战越强。奉军占九门口之后，即逼柳江，吴佩孚立足困难了。以倾其全力，集洋二十万，去赏王维成、张治公、靳云鹗三部，令其收回失地。但是，郭松龄的阵地却固若金汤，直军难越雷池半步。

吴佩孚已经确确实实到了没有办法的地步，不得不给冯玉祥发一个口气乞怜的命令，"请火速进军，以资牵制"。他希图冯玉祥会从承德—赤峰绕至张作霖后部，来给山海关形成两面夹击，扭转形势。冯玉祥接到电报，笑了。"东线吃紧了，吴佩孚招架不住了。"这更增强了他反戈的信心！

冯玉祥出古北口之师，10月21日开始回师，各部均以最快速度向北京行军。先头部队的营幕和炊具均留置沿途不动，以供后继部队之用，大军一路行来，势如流水。鹿钟麟部22日即到北苑。

鹿钟麟到达北苑，即去见蒋鸿遇。两人对部队进城作了具体研究，决定先派一团兵力，以接运给养为名，押大车数百辆入城，所有武器掩蔽大车之内。入城后集合于旖坛寺。至夜十二点，分别占领电报局、电话局、车站等交通、通讯机构。

夜深了，北京城和往日一样平平静静，随着人影的稀落，街街巷巷都渐渐入睡了。只有孙岳的警备部队队员，三三两两地在蠕动。十二时整，鹿钟麟率部抵达安定门，孙岳早在门外等他，二人相见仅仅握了一下手，孙即令守门兵士把门打开。鹿对孙点点头，便领着队伍匆匆入城。鹿钟麟走在队伍前头，雄赳赳！每到一固定地点，即留下一支队伍，并告知行动时间和具体任务；队伍一支一支分散，阵地一片一片占下。到达天安门时，鹿即将自己的司令部设于左侧的太庙，等待统一行动时间。

——此刻，北京城重要交通路口均用大车封锁，总统府对外电话已完全割断，总统卫队也全被孙岳的警备部队接管，缴了武器。

冯玉祥是随刘郁芬旅行动的，21日到密云，22日抵高丽营。

黄郛从北京来高丽营见冯玉祥。冯玉祥同这个老同盟会员具体商量了迎请孙中山北上主政问题，商量了政府过渡时期办法。冯说："北京成功是没有问题的，中山先生北上要有一段时间，北京自然要组织一个摄政内阁。主持这个内阁的，当然应属阁下了。还望阁下别推辞。"

黄郛也说："救国大事，黄某当该尽力，岂有推辞之理。"

"那就请阁下速回北京，做好准备。"

鹿钟麟的司令部安定之时，北京全城已完全控制在他手。夜依旧那么静悄悄，街巷恬静，鸡犬不惊，曹锟和他政府的文武官员都在安安静静的睡梦中！

10月23日，当朝霞洒向古城北京的时候，酣睡了一夜的黎民都醒了，总统府里的曹锟也醒了。然而，遍城通衢要道和中南海总统府，到处布满的大兵——可是，那已经不是大总统的御林军了，而是个个披带着"不扰民，真爱民，誓死救国"臂章的冯玉祥的队伍！

大战开展以后，形势紧张，心情慌张，曹锟日日夜夜昏昏沉沉。昨日晚餐，他竟反常地喝多了酒，醉了，醉得几乎不省人事——

昨日午后，他新任命的两湖巡阅使、炳武上将军萧耀南到中南海来了。曹锟一见着他，猛然就产生了意外的亲切感，拉着他的手，呼着他的雅号，说："珩珊，这两天，做梦都梦着你来了，梦却成真了。好，好，我们好好谈谈，这几日，烦心的事太多了……"

"大总统，我也总梦着您召见我呢。"萧耀南也给曹锟来个亲亲热热，"这不，丢下许多急事，我便匆匆来了。"

曹锟把萧耀南拉到一个密室，迫不及待地对他讲起山海关的战事："……子玉去了前线，原来说形势会好转；闹了许多日子，还是那么紧张。

昨晚有报告，说连自己的指挥部也是流荡中，而前沿所有阵地无不紧张。我有点心神不定：是他张作霖真的势力强大了么？不能呀！一战之后，他元气大伤，现在恢复不了呀！难道吴子玉……咳，吴子玉怎么也'无'有办法了？"

比曹锟小十四岁的萧耀南，却与曹锟亲密相处十五年了。1909年曹锟任三镇统制时萧便是他的参谋长；三镇改为三师，他仍是参谋长。后来，虽然袁世凯每每提拔他，由团长到总司令，到统领、督军，但一直是曹锟的肱股之将。直皖战争时，曹锟把他升任新扩编的二十五师师长，晋升为中将。曹锟当了大总统，他升任现职，晋升上将。萧耀南在曹锟身边有两大贡献：一是协调了曹同吴佩孚的关系，使原本对吴佩孚印象不佳的曹锟重用了吴佩孚，而吴确实为曹出了力；二是曹锟贿选总统时，萧不仅为他拉了众多（两湖的）议员，还给了曹六十万大洋的资助。之外，当吴佩孚出师山海关时，萧耀南为曹氏天下支撑了西南半边天。故而，今天曹锟对他特别信赖。见了他，便觉有了膀臂。

萧耀南甚知曹锟，形势紧迫时，他常常是只有急躁和烦恼，拿不出任何办法。所以，他只好鼓励他，对他说："大总统不必对前方忧心，前方有吴玉帅，可以高枕无忧！"其实，萧耀南消息灵通，"山海关吃紧"他知道，曹吴对山海关的兵力投注他也知道，"果然山海关败了，只怕直氏将有倾巢之灾！"他虽然是为此事而来，但是，在曹锟面前他仍然要说些安慰的话。

曹锟但愿"前方无忧"，却不敢高枕。他说："珊珊呀！我总觉得这一仗与往常不同，这是背水一战，胜负都关系今后命运，你得帮子玉出出主意呀！"

大约这两人都是货郎出身（曹锟卖过布，萧耀南的老爹也卖布）的缘故，患难之中语言那么共同！萧耀南听了曹的话，忙说："大总统放心，我想尽快到吴玉帅那里去一趟，他是我多年的长官，我们相处甚密，什么话都可以说的。"

"好，我相信你们。"曹锟心里平静一些，又说："难得此刻有你到京，我今晚可以睡一个安稳觉了，咱们好好喝几杯。"

酒是喝了不少，喝得二人都有点迷迷糊糊。萧耀南深夜告别时，竟对曹锟说了一段这样的话："大总统，您可以放下一百二十个心，即使形势到了十分紧迫的时期，我两湖仍然会固若金汤，仍然会姓'直'，仍然是您的'王土'！"

曹锟仰起脸竟大笑起来。"珩珊，有你的两湖，我就会永远不倒！"仿佛他们是在安排"后事"了。

萧耀南走了，曹锟安安稳稳地睡了。

当曹锟在中南海醒来的时候，他突然发现侍从、卫队，他身边的所有人都变了模样，他们不仅一个个都对他那么冷漠，而且人人都臂系着"不扰民，真爱民，誓死救国"的布章。曹锟惊讶地问："你们，你们是些什么人？"

"我们是来保护大总统的。"

"是谁派你们来的？我的卫队呢？"

"是冯总司令派我们来的。您的卫队都休息去了。"

"为什么？为什么？我要找冯玉祥。"

"电路已全部切断！"

"我要去找吴佩孚。"

"请大总统代安勿躁，您暂时不能离开延庆楼。"

"啊……！？"曹锟明白了，他软瘫瘫地倒在太师椅上。

北京大局已定，冯玉祥政变成功！

到达北苑的冯玉祥立即召开紧急会议，和他的部将一起商量如何向全国人民交代以及如何主持新政。会议决定立即向全国发出通电：

国家建军，原为御侮；自相残杀，中外同羞。不幸吾国自民九以还，无名之师屡起，抗争愈烈，元气愈伤。执政者苟稍有天良，宜如何促进和平，与民休息。乃者东南衅起，延及东北，动全国之兵，枯万民之骨，究之因何而战？为谁而战？主其事者恐亦无从作答。本年水旱各灾，饥荒遍地，正救死之不暇，竟耀武于域中。吾民何辜，罹此荼毒，天灾人祸，并作一时。玉祥等午夜彷徨，欲哭无泪，受良心之驱使，作弭战之主张，爰于十月二十三日决意回兵，并联合所属各军另组中华民军，誓将为国为民效用。如有弄兵好战，殃吾国而祸吾民者，本军为缩短战期起见，亦不恤执戈以相周旋。现在全军已悉数抵京，首都之区，各友邦使节所在，地方秩序最为重要，自当负责维持。至于一切政治善后问题，应请全国贤达急起直追，会商补救之方，共开更新之局，所谓多难兴邦，或即在是。临电翘企，伫候教言。

冯玉祥、胡景翼、孙岳、米振标、岳维峻、李继才、邓宝珊、李虎臣、李鸣钟、张之江、鹿钟麟、刘郁芬、宋哲元、孙连仲、孙良诚、蒋鸿遇叩漾。

中南海延庆楼一瞬间便孤寂起来，孤寂成一座小岛。曹锟明白了一切之后，并没有感到惊讶，他紧紧地锁了一下眉头，为自己倒了一杯清茶，捧起杯子，竟自悠游地品起来，仿佛这个结局早在预料之中，只是今日实现了罢了。一边品茶，一边打起了经济算盘，好像等待他的，是一笔要交代清楚的账目（包括送给国会议员多少钱，他当了多少天总统，平均每天合多少钱，等等）。六十二岁的曹锟，显出了他少有的冷静，表现了在过去的岁月里从来不曾有过的成熟！该吃早饭的时候，佩戴"不扰民，真爱民，誓死救国"布章的士兵给他送来早餐，他吃得像往日一样香甜，食欲反而增加了。饭后，他还在楼上缓缓地散步。

延庆楼是由鹿钟麟的一营士兵守卫着的，当然是一营兵严守，曹锟不能与外间有任何接触。他也不想再同谁接触了，"接触干什么呢？"他觉得没有事要他操心了；再也不必动脑筋去思索国家大事；该想的也无法想准了，听从别人的摆布吧。上午十点左右，有人告诉曹锟："鹿钟麟司令的代表要见大总统。"曹锟只睁着眼睛望望传信人，传信人连他一个什么态度也没见转身便走了，似乎只是传达一道命令。曹锟冷飕飕地想："我要还是大总统，要见我的人也得我同意；要传令，何必要称我大总统？"这么想着，却无法表达，只好等待。

等待的时候，他忽然想起了当初他的部下在天津、在北京德国医院向黎元洪逼索大总统印的事。"哎呀，我也有这一天了！"要见大总统的人是来要印的吧？印——"一度使曹锟十分兴奋的十五颗大总统印，最近早被曹锟冷落了，他不仅不想再拥抱和亲吻它们了，渐渐觉得那十五件东西令他忧伤，他不想看它们了；现在在什么地方存放，他印象中也淡漠了。"果然是来要印的，如何打发他们？"曹锟明白：总统印不交是不行的。

一个不报姓名的中级军官走上延庆楼，他对曹锟点点头，曹锟对他点点头。二人对站片时，来人从一个文件袋里抽出几张纸片交给曹锟。对他说："这是冯玉祥将军的主和通电和冯将军的安民告示，愿意看等以后你自己看。现在要你做两件事，你听着。"

"……"曹锟张了张口，却没有说话，用目光表示了"接受"。

来人宣布："一、立即下令停战；二、免去吴佩孚本兼各职。"把纸片交给曹锟的时候又说："听明白了吗？"

曹锟没有摇头，也没有点头。

"立即执行吧。"

"我与外界断绝了，怎么执行呀？"

"大总统的任务该怎么执行，你自己明白。"说罢，便退了出去。

来人并非为索印，曹锟为印而焦急的心情稍稍轻松了；但是，两件事情又窒息得他透不过气来。经过周折，曹锟终于把这两件事告知了内阁总理颜惠庆，并说："依照内阁的职权去办理吧。"

10月24日，颜内阁通过决议，随即发表了四道命令：

一、全面停战；

二、撤销讨逆军总司令部；

三、解除吴佩孚的直鲁豫巡阅使及第三师师长等职；

四、任命吴佩孚为青海垦务督办。

冯玉祥回师、北京的突变，是京奉铁路局新任局长周梦贤告诉山海关前线吴佩孚的。在这之前，吴佩孚得到过传言，他不相信。他要电务处长"立即电询冯玉祥，是否有人捏造？"当上述消息被证实了之后，他立即拍起桌子："冯玉祥，冯玉祥……"

吴佩孚在他的指挥车上召开了紧急会议，没有同任何人商量，也没有留任何缓冲余地宣布了如下命令：

东线各路皆取守势，所有作战部队一律不许后退，以免牵动全线；

前方交由彭寿莘、张福来、靳云鹗共同负责；

总司令部开驻天津。

吴佩孚的指挥车刚刚调转头来，便接到北京发来的四道命令，他匆匆浏览一遍，铁青着脸膛，连思索也不假思索，便提笔批了两个大字"伪令"。并告诉身边人："立即通电全国辟谣，再以王怀庆名义通电，历数冯玉祥历次反复罪状……"

第十八章
北京落了一场秋雨

回到天津的吴佩孚，并没有感到"大势已去"，他的办公列车刚停下，他就迫不及待地对属员们说："冯玉祥劫持元首，伪造命令，我们以元首被劫持代下命令。彼伪我真，以正视听。你们赶快拟出'大总统命令'来。"

紧张的战地生活，虽然吴佩孚并不是首次经历，但此次却不比昔日，没有昔日的那种有条不紊，进退自如。"大约是天欲灭我了。否则，何至有此大劫！"他摸摸腮，瘦了；摸摸眉，似乎只有一层皮了；再摸摸下巴，也明显得尖了，就连多日不曾下身的上将军服，也狼藉得失去了威严。到战场上只有十五天呀，吴佩孚仿佛经历了一个漫长的年代，这个素以儒将自居的人也觉得"江郎才尽"了。

吴佩孚在天津替总统发布的命令共八条，即：

一、宣布冯玉祥罪状，褫夺其官职勋章；

二、责成吴佩孚率各省军队讨冯；

三、任命李景林为东三省巡阅使；

四、任命胡景翼为察热绥巡阅使；

五、任命刘镇华为陕甘新巡阅使；

六、任命吴新田为陕甘新巡阅副使；

七、命王怀庆星夜率兵入卫；

八、任命王怀庆为陆军检阅使兼西北边防督办。

　　这道命令，他原想着至少会像一根稻草，能够挽救一下生命。但是，这根稻草也朽了——

　　一天以后，吴佩孚又兴奋一阵。那是电务处为他送来的一叠厚厚的各地军阀响应号召，出兵"勤王"的电报：四川刘纯厚要亲率两个师北上增援；湖南赵恒惕要整师出援；甘肃愿派十营兵"听调"；浙江孙传芳愿率两旅兵北上；福建周荫南、安徽马联甲、江苏齐燮元、湖北萧耀南、河北李卓章、陕西刘镇华、察哈尔张锡元……无不慷慨激昂，愿出师相助。吴佩孚望着这些电报，春光满面，笑颜逐开："我吴子玉并不孤立！"

　　不过，吴佩孚未能笑到最后，那一封封"勤王"电报都成了墙上画饼，莫说远在天边的川、甘、闽援军影踪不见，就是近在咫尺的苏、豫之军，也分别被山西阎锡山、山东郑士琦给挡之于石家庄、济南以远，可望而不可即。山海关形势日渐紧张，张宗昌、李景林之奉军，长驱直入，郭松龄部首先占领了秦皇岛；直军张福来、靳云鹗部全军覆没，张、靳皆只身逃回天津。

　　山穷水尽了，退到天津的吴佩孚再无退路，他的参谋长劝他"进入租界，暂避一下"，他摇手拒绝了；他邀请前内阁总理张绍曾去说服冯玉祥，冯玉祥没有接受；而山海关前线，阵地又一片一片失去。最后，吴佩孚决定舍陆浮海南下，另寻生路——至此，吴佩孚历经十余年精心培育的二十万大军几乎全军覆没了，只有身边的侍卫部队了。这支侍卫部队，在他浮海前也给资遣散了。吴佩孚过起了漫长的流浪生活，由长江经两湖、过川甘，最后回到他北京寓所，过起寓公生活，政坛军界，再也见不着他的身影！这是后事，暂丢下不述。

　　大局已定，在北苑的冯玉祥反而觉得肩上的压力更大了，国家大政，内阁组织，各方关系，军队安排，该怎么办？还有曹锟，清王室那一班子。冯玉祥都觉得需要立即安排好，需要有一个妥妥当当地交代。往日，他只是主持一支军队的事情，最多主持一省政务、军务。

　　现在，一个国家，一个庞大的国家机器，都要他去主持，去左右，他猛然有些茫然。他在北苑召开了一个以政治为主要内容的军事会议，除了他的参谋长、旅长之外，还有黄郛、王瑚、贾德耀以及支持他政变的原讨逆军副总司令兼筹备总司令王承斌参加。会议一开始，冯玉祥便坦诚地说："中国的唯一出路，是孙中山先生领导国民党进行的国民革命运动。只有实行孙中山先生的主张，才能彻底消灭中国的大混战，改变中国的面貌。我提议，咱们立即电请孙中山先生北上主政。"

冯玉祥的话刚停顿，胡景翼和孙岳几乎是同时站起来，异口同声地说："对，对！这是一个极好的建议，我们拥护孙先生北上主政。"

也有人说："时间紧迫，形势紧迫，即使孙先生答应北上，几时能到？当务之急是必须有人出来维持大局，稳定形势。"

冯玉祥说："说的是，应该有个极有威望的人出来维持大局。我看有一个人很合适。"

"谁？"有人问。

冯玉祥说："段合肥。"

按照事前的各方协商，段祺瑞本来就在主政的人选之中，此人不仅多年主军，而且先后数次出任国务总理，有主国政的能力。但是，段祺瑞的皖系集团毕竟同直、奉各方都有些隔阂，而且又曾败在曹锟手下，段跟冯玉祥部也是有过鸿沟的。因而，有的人便心生犹豫，默不作声。冯玉祥心里一沉，但他还是说："我们同'合肥'并无太大利害冲突，直皖反目，当初我与小扇子徐树铮的不快，都有特殊背景。现在，不是派系之间好恶，而是国家大政。我们应该首先丢弃前嫌，以国事为大，还是请'合肥'出来主政为好。"

经他这么一说，大家也就接受了。再经研究，决定除了请孙先生北上，请段合肥临时主政之外，又决定先由黄郛组织内阁，处理过渡时期的一切事宜。此时，冯玉祥又说："为了让国人对我们此次起事有个明白的看法，也为了表白我们自己的胸怀，我决定，我部人员均不参加内阁，我们仍然去操理自己的军队。"冯玉祥又说："我们既然衷心拥护孙中山先生，孙先生是国民革命的领袖，应将参加这次政变的各部队改组为国民军。这样，才能表示我们是效力国民的。"

这个意见得到大家同意，当时就将军队进行了改组，成立中华民国革命军，下辖三个军，公推冯玉祥为总司令兼第一军军长，胡景翼为副总司令兼第二军军长，孙岳为副总司令兼第三军军长。

26日，冯玉祥移军城内，将总司令部设于旃坛寺，一方面电邀孙中山北上主政，派人请段祺瑞进京主军，一方面领衔发出召集和平会议通电。通电如文：

民国创造，十有余年，兵戎迭兴，迄无宁日。军阀强藩，棋居鼎峙；分居国疆，自擅威福；意见参差，干戈即起；逞其武力，欺快己私。以多数之国民，殉一人之私欲；美其名曰讨逆，文其过曰义师；实皆睚眦之争，全与国家无涉。旱涝频仍，而恣兵迭起；度支困竭，而黩武不休。以致九有疮痍，四方困竭；哀鸿遍野，群盗满山；工商窒阻，农田荒芜；万众倒悬，群论涂炭。不特共和之真谛未获实现，反致国际之地位日益堕落。玉祥等睹此颠危，忧心如焚。恐稍瞻绚，必致沦胥。内受良心之驱迫，毅然为和平之主张。知武力之不足恃，开彻底改革之新机。其目的纯在救国，其办法纯取公开，为全国统一之先导，定邦国永久之大计。期以此次改革，完成历来改革未竟之事业，解决历年纠纷之根本，永绝将来隐伏之祸胎，确立健全民治之基础。决非局部之争，恩怨之报，更无沽名钓誉之心，尤无联甲倒乙之意。愿国事之安全，不屑个人之利益；知人民之困苦，不敢避一己之艰辛。返京以来，迭次通电，区区微忱，谅荷洞鉴。现在京师安堵，商民乐业，友邦谅解，群情翕辑。如有反抗和平、武力是逞、愿为国民公敌者，则祥等惟力是视，誓与国人共弃之。政治暂维现状，企免国务纠纷。此特为过渡之初步，并非最后之办法。当兹军兴国乱之际，自不免有多少委曲求全之处，此则不能不乞国人谅解者也。祥等以为此后一切善后问题，国家建设计划，非一二人所集中，并非一二党所能把持，必须举国贤豪同集京师，速开和平统一会议，将一切未决定之问题，悉数提出，共同讨论，以多数人之主张为指归，以最公平之办法为究竟，期得最良结果，实力奉行，以息内战，以安邦本。为今之计，莫急于此。惟此和平会议，究应如何组织为妥善，如何产生为适宜，海内贤豪，南北硕彦，匡时共策，宏划应多。务祈不吝谠言，速予指导，发表伟论，见赐嘉猷。祥等虽戎行椎鲁，素知从善，德音早贲，虚己景从。时机迫切，披肝沥胆，引领教言，伏乞鉴察。冯玉祥、胡景翼、孙岳叩勘。

囚在延庆楼的曹锟，平静了没有多久，梦醒似的忽然明白了，知道了大势已去，身不自由了，心情万分忧伤起来。最显见的，是他开始了绝食、绝水，无论送来的是什么东西，他一律拒绝进口；其次是不说话，跟谁都不说话，对什么事情都不说话；除此之外，他开始失眠了，他睡不着觉了。连眼睛也闭不上，一闭眼，尽是恐怖情景。

曹锟知道买来的总统不好当，反对买总统的人不少。但是，他梦也不曾梦到会倒在他的部将冯玉祥手下。他自认他对冯玉祥还是厚爱器重的。"我没有亏待你冯焕章。吴子玉在河南排挤你，你几乎没有立足之地，是我把你调到北京来的，我没有削弱你的兵权，你的队伍没有薪饷，是我想方设法给你解决的。你对吴子玉有意见，我知道，我没有偏袒吴子玉，你怎么能搞我呢？"想想冯玉祥，想想自己的被囚禁，他越恼、越恨。"有一天我还能再起，我非同你冯玉祥算这笔账不可！"

看管曹锟的，是冯玉祥的第十师二十二旅四十四团的一个营，营长叫张俊声，是个头脑十分机灵的人，三十四五岁，一副标准的军人气质，却又不乏文人的谦谨。政变时，他的队伍负责拔除和管制北京电报楼的总机关；政变成功，他即奉命开进总统府。进总统府时，他的上司鹿钟麟对他交代说："要好好看管，别让曹锟跑了。"又对他说，"但要注意，看管是看管，要好好招待，不许有失礼之处。"

看管的任务安排好之后，张俊声便去见曹锟——他有任务，他要把被囚起来的大总统的情况随时向他的上司汇报。曹锟弄明白了来人的身份之后，勃然大怒，积在胸中的无名之火总算有处发泄似的跳起来，冲着张俊声大发雷霆："你告诉冯玉祥，他这样对待我是不讲道德、毫无人情的。他对不起我！他冯玉祥与吴子玉的隔阂天大，他也不该迁怒于我，他为什么要这样做呢？"

张俊声忙赔笑脸，说："总统不要生气，冯将军对总统十分关心，一再交代我们，要照顾好大总统的生活。"

"什么照顾我的生活，他恨不得杀了我！"曹锟还赌气说，"他要照顾我？那好，你告诉他，让他马上来见我。要么，我就到他面前，去拜见他。"

"请大总统暂时委屈一下，"张俊声说，"冯将军的事情太忙，改天他一定会来看望大总统。"

曹锟把身背过去，愤恨地说："他冯玉祥应该明白，弑君的人是要落万古骂名的！他会遗臭千古，遗臭千古！"

　　张俊声暗自笑了："你曹锟算什么君，你是臭钱买的大总统，中国有几个人拥护你？还以君自居！遗臭万年的是你自己！"心里这么想，嘴上还是说："大总统息怒，大总统好好静心休息。"

　　曹锟背过身，不再与他说话。

　　曹锟被困延庆楼之后，因为延庆楼就同居仁堂在一起，冯玉祥对曹锟的家人与曹锟的接触并没有作过严格的限制，他的太太、姨太太可以同他一起吃饭，同他一起谈心，只是不许他们出中南海，不许有汽车进中南海。再后来，连曹锟的四弟曹锐也偷偷地搬了进来，早早晚晚也可以同曹锟谈心。

　　从天津来到中南海的曹锐，心情比曹锟还沉，除了沉睡之外，兄弟俩对面坐下时，也极少语言。曹锐那副毫无福相的身躯，越显得干枯了，干枯得眼也没有神了。曹锐不惋惜他哥哥失去大总统这个官位，当初他愿意出钱帮他收买议员就不是瞅着那个官位干的，他只是成交了一笔高利放债的合同。就像他当初当直隶省长一样，是为了可以卖县长。县长都卖得差不多了，他囊中丰厚了，丢了省长他毫不吝惜。老三当大总统之后，曹锐有几次来到中南海，曾直言不讳地劝老三"下手"，只是机缘并不理想，八方都在制约，下手无由。谁知形势变化如此之快，只一瞬间，便天变地变了。那一天深夜，曹锐坐在曹锟身旁，忧忧伤伤地说："这一场灾难，猛凶得极！不是小伤小害，而是连元气都丧尽了。只怕我们这一代恢复不了了。"

　　曹锟摇着头，叹息着说："何止是伤了元气，只怕五脏六腑都不保了。不曾想到，'绝岭高处不胜寒'呀！"

　　"六十年一个甲子，我们连二十年还不到，就碰上了一个轮回！咳……"曹锐后悔极了，他恨他自己只把到手的财产守成了一场梦，莫说荫及子孙，连自己也不曾享受；他又怨恨他三哥不听劝，"五年前激流勇退，曹家该算直隶首富！现在……"他又想："我也糊涂，不该拿钱给老三去买议员。"后悔药是无用的，曹锐只有叹息。叹息许久，不知是对他的三哥，还是对他自己，还是对他们兄弟俩。他阴沉沉地说："人啊，心再强，强不过命！"

　　曹锟心里酸楚楚的。他失去自由之后，原先想的，只是仕途、官场，是自己再也作不了人王地主。老四在他面前忧忧伤伤，凄凄悲悲，他一下子想起了曹家的钱财——曹家有多少钱财？他说不清楚；曹家为他当总统花了多少钱？他是说得清楚的。现在，这个巨大的付出都成泡影了，再无办法收回了，他感到对不起曹姓的男男女女。他无限悲伤地对他弟弟忏悔说："我对不住列祖列宗，对不住子子孙孙。我是曹家的千古罪人！"

曹锐看到三哥太悲伤了，不忍心再给他添愁，忙说："三哥，你也别这样，我还是觉得这是命。咱们认了吧。扭不过命只有认，不能强求。"停了停，又说："心伤的是，后辈子孙们如何过？咱们从父辈那里接来的是贫穷，是勤劳，要自己干；子孙们从咱们这里接过的，是显赫的官位，是雄厚的财产，是优越的生活。家败了，楼塌了，他们能适应得了么？"说着，曹锐就流起眼泪。

曹锟再不说话——他不知道该说什么。

鹿钟麟的代表陈继淹和李向寅来到中南海。他们是来延庆楼请曹锐的。

——冯玉祥进入北京之后，没有从财政部得到分文支助。所欠的军饷依然欠着，进城后的支度，无着无落，连银行也空虚之极。所有寻找银钱的门路全死了，冯玉祥想到了曹锐，"他可以拿出千把万银元买总统，肯定还有更大的积蓄作后盾，何不找他借点！"他派人去了天津，获悉曹锐到北京来了。这才给鹿钟麟一个暗示。

张俊领着陈继淹、李向寅来到延庆楼，曹锟正躺在椅子上养神，听到有脚步声，故意把眼闭得死死的。

"大总统，"张俊声说，"有两位旅长奉命来前来看望你。"

"见我干什么？"曹锟依旧闭着眼睛，说，"我不见。"

陈、李二人已在曹锟面前，他们说："我们是来看望大总统的。"

"看我什么？"曹锟赌气说，"是不是来看我死没有死？告诉你们的冯将军，他反我的目的就是要处死我。他是不是派你们来杀我的？你们干脆把我杀了吧。杀了我，他就放心了。"

"冯将军没有这个意思。"陈继淹说，"他只想请四爷过去谈谈。他知道四爷在你这里住着呢。"

"找他干什么？"曹锟听说冯玉祥要见曹锐，惊讶而又愤怒。他挺身坐起来，大声说，"我的事情与他无关，有事对我说好了。他有病，去不了。"

张俊声在一旁说："各方面对四爷的风声不好，请四爷同冯将军当面谈谈，只会有好处，绝对没有别的意思。"

曹锟陡然站起来，把眼睛一瞪说："我兄弟多年不参政了，陪我住在这里，是尽手足之情。我有罪，我一人担当，完全与他无关。你们不要逼他。"

"总统不要误会，冯将军只想同他谈谈，谈谈便回来。"大家一起说。

曹锟气怒着，背过身去，不再说话。

陈继淹说："四爷不去，叫我们回去怎么复命呢？"

躲在暗室里的曹锐，知道不出来不行了，便从暗处走出，说："我是曹锐，各位来意我已听明白了。等我拿点东西，便随各位去。"

曹锐穿件大衣，对曹锟说声"三哥保重"，便随陈继淹等一同走下楼来，上了汽车。

汽车先把曹锐领到鹿钟麟的司令部，然后又转到旃坛寺，等待冯玉祥接见他。

冯玉祥进城之后，军务甚急，他一天到晚，里里外外忙得焦头烂额，一时无法见曹锐，只好把他安排在一个房间里，命人把生活用物送齐，又铺好了床铺，让他等候。

旃坛寺，一派紧张气氛，出出进进的军人，匆匆忙忙的身影，还有各室间传出的电话电报声。曹锐冷清清地被关在一个小房子里，他的心情渐渐慌张了："这是为什么？我有何罪？他们把我抓进来为什么？"曹锐坐卧不安起来。

为了钱财的事，曹锐已经精疲力竭了。此次冯玉祥把他拘来，他思索再三再四，没有别的事，只怕还是财的事。他自知名声太恶，天下人都知道他是大富翁，是守财奴。"政治上的事，冯玉祥不会难为我；军事上的事，冯玉祥也不会难为我。当前，冯玉祥面前最紧迫的事莫过于钱。果然冯玉祥逼着我拿出一笔钱怎么办？何况这一笔钱绝不会少！拿我拿不出，拒我拒不了。冯玉祥会饶我吗？不饶怎么办呢？"曹锐心跳了。

除了敛钱之外，曹锐是个胆小怕事的人；财多了之后，他更怕事了。现在，曹锟被囚，曹家的政治靠山已倒，买总统几乎倾了家，"再逼我出钱，我可怎么办呢？"越思越想，越觉生路渺茫。"咳，活着已经没有意义了，只会受罪。我，没有路了。"曹锐悲观、绝望了。他在房子里先是踱步，后是发呆，再后，他感觉四周都是洪水、是烈火！他忽然想起他内衣袋中还有一些未曾吸完的烟泡泡。"咳，总算有救星了，借光它们吧！"

他找一只茶杯，倒半杯水，拿出海洛因泡泡，深深叹声气，而后含到口中，半杯水冲下，又叹了一声气，他失神地躺倒床上……

当有人发现他服毒、匆匆送往医院的时候，因为他的心脏早已失去功能，他——死了。

曹锐死了，曹锟尚不知道，他还以为冯玉祥把他关押起来呢，索性思考自己的处境了。

11月1日，冯玉祥派人到延庆楼给曹锟送来一道通令，限他二十四小时辞去大总统职，迁出大总统府。

曹锟慌张了，此刻他明白冯玉祥真的要推翻他了。他通身冷飕飕颤抖起来，手捧着通令，思绪大乱起来——要想什么、该想什么？他什么也不知道了，竟然一忽儿想起了延庆楼和他眷属们居住的居仁堂："八国联军的统帅瓦德西当年就住在这里，他的参谋长许华兹就被烧死在这里的。难道这一群侵略者迄今阴魂不散，还在枪杀中国人，中国人不能在这里操理国政？"他联想到袁世凯、黎元洪、冯国璋、徐世昌，"这些大总统谁'万寿无疆'了？"曹锟乱如麻的思绪再也无法平静。

第二天，新任命的国民党北京警备总司令鹿钟麟带领一队国民军来到延庆楼，还算恭敬地对曹锟说："大总统，请你把总统印玺交出来吧。"

"交印？"曹锟立刻锁起眉。

"是的。"鹿钟麟说，"我也是奉命行事的。"

曹锟瞪了一下眼，心想："谁的命令？就你们国民军总司令冯玉祥的命令？国民军，冯玉祥、胡景翼、孙岳，还有王承斌……"他心里恼怒了，"当初这些人都是拥护我上台的，如今又逼我下台，逼我交印，你们算什么？"他怒气半天，才说，"去年是你们捧我上台，今年又是你们逼我下台，你们这些人……"

"大总统，去年是去年，今年是今年。我们只能说今年的话，就别说去年的话了吧。"

曹锟只怒气，并不打算交印。

"请你交出总统印，迁出总统府。"鹿钟麟说，"只有这样做，我们才能保证你的安全。如不然，即将采取最后处置的断然行动！"

看此情形，曹锟觉得再无退步了，他竟放声大哭起来——他哭他失去了大位，哭他倾出去的大半家产，哭他将永远永远地倒下去。

从黎元洪手中接过来的十五颗总统印，一颗不少地交给了鹿钟麟。总统印交出了，总统该怎么办？不用人提示，曹锟心里明白，当年逼迫黎元洪怎么干的，今天他也无法例外。于是，在交印的时候，他悲凄着说："我……我通电，我辞职。"

当日，曹锟即发出了辞职通电：

本大总统承国民付托之重，莅职以来，时切竞竞，冀有树立，以慰国人之望。无如时局多艰，德薄能鲜，近复患病，精力不支，实难胜此艰巨之任。惟有退避贤路，以谢国人，谨掬向贵院辞去大总统职务，理合咨请查照。此咨参议院众议院。

曹锟下野了。

曹锟下野的那一天，北京地区落了一场秋雨。雨不大，但雾蒙蒙，还刮着带有哨音的西风；不仅远山看不清楚了，近在咫尺的街巷，也只有面前才能看见行人。秋雨、西风，气候陡然增添了几分寒凉；残存在枝头的几片黄叶，虽然还在风中挣扎，但是最终还是离开枝条，飘落下来；落下的黄叶，只在水湿的地面上打了几个滚，便死死地贴在地面上，永远永远地爬不动了！

历史真是无情，曹锟从保定轰轰烈烈到北京即大位的时候，是1923年10月9日。当他的脚步跨进中南海，走上延庆楼，他是何等的心情愉快，何等的春风得意！连老天都高兴，秋高气爽，阳光明媚。曹锟把这里的一切都看得自豪，看得亲切，看得心旷神怡！

曾几何时——历史只演进了一年零二十二天，也是深秋，还是中南海，还是延庆楼，竟落起了细雨，竟张起了漫天大雾，竟刮起了残酷的西风？躺在床上的曹锟，死死地闭起双眼，问天问地问自己："这是为什么？为什么？既有今日的风雨相加，何必当初的秋高气爽？一年零二十二天呀！每一步都踩着白花花而厚厚的银元在度日！走过去便天塌地陷了，银元滚滚地消失在黑洞洞的深渊之中——那都是已经到了曹氏私宅的东西呀！"

曹锟又哭了。放声号啕，哭得延庆楼都颤颤巍巍。

曹锟尚不知道他们曹家善于理财的老四业经归天去了；他也不知道他的那位宠爱的"男妾"——当了总统收支处处长兼军需厅长的李彦青，也被冯玉祥押到天桥给枪毙了。

有一点尚值得曹锟欣慰，他被允许暂时留在延庆楼了。还有小道消息，冯氏的国民军待他还不错，国民军的副总司令孙岳还曾秘密地去延庆楼探望过他，二人相对坐下的时候还都流了泪。最后，孙岳拿出一张两万银元的银票交给曹，"三哥补补身子用吧。"曹锟收下了，只点了点头。这一次或者以后，孙岳的夫人，那个沟通京城和古北口信息的中年女人崔雪琴是否又到中南海来了，是否又同她的干姐姐陈寒蕊谈心了？便没有人说得清楚。男人的事都问不完了，还有谁去问女人的事？

秋雨还在淅淅沥沥地下个不停；

西风仍在刮着；

北京城依旧在雾蒙蒙之中。

第十九章
段祺瑞当了临时执政

曹锟的事情处理得差不多了，新政又在积极筹备之中，摄政内阁总算组成了。冯玉祥略略感到轻松些。但是，有一件事他忽然觉得十分紧迫——如何对待清室那帮子人？

冯玉祥虽然也属军阀系统，但他对于那些横行霸道、祸国殃民的军阀却有不同的看法，他认为只有"军不成阀、阀不代阀"才可以"永绝隐患，健全民治"。对于王朝余孽，他素来主张彻底清除。当初，张勋复辟被消灭之后，他便主张对清室要采取断然措施，要把他们赶出故宫去。因为各方掣肘，遗老打坝，未能实现。现在，曹锟贿选政府被推翻了，革命党要执政了，他又想采取行动。

一天，冯玉祥来到国务院，找到新任内阁总理黄郛，对他说："新政已成，对待清室就必须有新的措施，不能再如此优厚下去了。革命原本就是推翻封建王朝，王朝被推翻了，废帝和那些遗老依旧霸居故宫，依旧享受优越，这算什么革命成功？"

黄郛也说："这件事早该断然处置，国人也每每义愤。总司令所想，应国情、顺民意。我们应该立即立行动，迅速办妥才是。"

"好，咱们立即组织一个'清室善后委员会'，研究出具体处置办法，然后由军方去执行。"

两天之后，清室善后委员会将对清室优待条件的修改稿交给冯玉祥和黄郏，他们看后认为"妥当"。冯玉祥便把北京警备总司令鹿钟麟找来，对他说："有一项重大的革命任务，你去执行吧。"

"什么任务？"鹿钟麟问。

"驱逐废帝。要他们立即迁出紫禁城，向他们宣布修改后的优待条件。"说着，冯玉祥把那份形成文书的决定交给鹿。

鹿钟麟接过文书，匆匆看一遍，心里热腾腾———件彻底消除王朝余孽的任务交给他了，多么大的信任和多么大的光荣呀！鹿钟麟当即表示："服从命令，一定完成任务！"

冯玉祥说："为了显示慎重，你可以让警察总监张璧和社会贤达李煜瀛陪同你去故宫。"

"是！"鹿钟麟走了。

11月5日，麟钟麟率领张、李二人来到故宫，原清室内务府大臣绍英出来迎接。客厅坐定之后，麟钟麟说："我们是奉命来向溥仪阁下传达重新修改的清室优待条件的，我们要见溥仪阁下，请先生立即转达。"说着，把国务院修改的优待条件文书交给绍英。

绍英接过一看，神情颇为紧张地说："请三位稍候，我立即去禀报。"

绍英捧着文书匆匆朝里边走去。

绍英向溥仪报告了来人情况，然后把修改后的优待条件交给他。"请'上'过目吧。"

溥仪接过文书，仔细看起来。但见：

今大清皇帝欲贯彻五族共和之精神，不愿违反民国之各种规章制度仍存于今日，特将清室优待条件修正如下：

一、大清宣统皇帝即日起永远废除皇帝称号，与中华民国国民在法律上享有同等一切权利。

二、自本条件修改后，民国政府每年补助清室家用五十万元，并特支出二百万元开办北京贫民工厂，尽先收容旗籍贫民。

三、清室按照原优待条件，即日移出禁宫，以后得自由选择居住，但民国政府仍负保护责任。

四、清室之宗庙陵寝永远奉祀，由民国酌设卫兵妥为保护。

五、其一切私产归清室完全享有，民国政府当为特别保护；其一切公产，应归民国政府所有。

溥仪粗略看了看，便皱起眉头，把文书放到一旁，闭起眼来。

"来人要见你呢。"绍英说。

"不见。"

绍英不敢再说，只好出来说："溥仪身体不舒，不能见客"。

鹿钟麟说："请再转告，这是上命。拒绝接见，后果自负。"

绍英又回内去，还是报出："不能见客。"

鹿钟麟生气了，他转身对随从说："速去传令，时间虽然已到，事情正在商量，开炮放火时间再延二十分钟。"

绍英一看是礼兵一起来的，知道形势严峻了，便再次跑回宫中，据实相报。

溥仪感到事态严重了，只好走出来见鹿钟麟。"好，我接受新条件，愿意迁出宫外。"

鹿钟麟对溥仪说："从此以后，你是愿意当平民呢，还是继续以皇帝自居？在我们中华民国，是不允许皇帝存在的，我们有对待皇帝的办法。"

溥仪说："我既然答应接受修改的优待条件，当然不能再做皇帝，我愿做一个平民。"

"我们对平民当然要保护！"

从此，雄伟庄严的北京故宫，再也没有皇帝的足迹——是冯玉祥把最后一个中国皇帝从宫里赶出去的。

一辆专车从北京前门车站开出，风驰电掣般朝天津开去。头等包厢里，是国民军总司令冯玉祥和他的高级同僚刘翼、蒋鸿遇、王乃模等，他们是应邀到天津同段祺瑞、张作霖一起商量组织新政府的。上车前冯玉祥告诉刘翼等说："有些事咱们在车上再好好商量商量，自己先统一一下思想。"可是，车开出前门站之后，冯玉祥竟躺倒在自己的铺上，与谁也不说一句话，弄得同僚们心神不安。

冯玉祥的思想很乱：曹锟被赶下台了，废帝也被赶出了故宫，中国有了一片洁洁净净的土地，共同战斗的人们正可以携手并肩，共建一片新天地。冯玉祥自然想起了当初大家的承诺，那就是请孙中山先生主政，奉军不进关。可是，近来各方传到北京的消息都不是那样的，包括这一次段张迫不及待地邀他到天津"共商大计"，他也认为有些反常。不是请孙中山先生来主持大政么？孙先生已有电报发来，十分明白地说："义旗聿举，大憝肃清。

诸兄功在国家，同深庆幸，建设大计，即欲决定，拟即日北上，与诸兄晤商。"既然孙先生已明白表示"即日北上，与诸兄晤商"，就应该等孙先生到来，再"共商大计"，为什么孙先生的影子尚未见就匆匆共商呢？这不是在孙先生不在场的情况下决定"大计"而后交给孙先生来实施么？冯玉祥已经获悉孙先生从广州动身的具体日期，那就是 11 月 13 日；而段祺瑞非要他 11 月 9 日到天津共商不可，并说"张作霖日内已到津"。所以，冯玉祥想同同僚商量的事已无足轻重了。除了睡觉之外，他什么也不想谈了。

车到天津，天津车站冷冷清清，只有段祺瑞和张作霖的两位代表孤零零地迎接冯玉祥。

冯玉祥是在一个西式的洋房中会见段祺瑞和张作霖的。这三个同属北洋派的老人，有几年不见了。不见的这几年，是不愉快的几年，是相煎相拼的几年，只几年，人就显得都苍老了。冯玉祥拉着段祺瑞的手，颇为伤感地叫了声"老总！"段祺瑞只点点头，回了声"焕章！"两双手握着，再无言语。张作霖是首先伸过手给冯玉祥的，当他拉着他的手时，他单刀直入地触及这场刚刚结束的战争："多承冯将军的帮助，使战争获得迅速、全面的胜利！人也少死了，财也少耗了，冯将军对国对民都是首功！"

冯玉祥笑笑，说："用一句俗语来说吧，叫'得道多助，失道寡助'。我们都不喜欢战争，今后各自努力，消除战祸！"

这一年，段祺瑞刚好六十岁，张作霖五十岁，冯玉祥四十三岁，年龄相差，战火同经，能有这次握手，也是一件幸事了。然而，好事总是多磨，当这个融洽的仪式消失之后，小房子里顷刻又呈现出了紧张气氛——

是段祺瑞、张作霖迫不及待邀冯玉祥到天津来共商国是的，冯玉祥来了，他们当然要先拿意见。可是，段祺瑞却首先说了一段这样的话："国事艰难，形势紧迫，国中不能一日无主。曹仲珊下去了，得有人顶上去。为这事才速请焕章将军来津，共同商定决策。冯将军，说说你的打算吧。"说这番话的时候，段祺瑞完全恢复了他昔日身居国务总理兼陆军总长的神态，趾高气扬，盛气凌人，犹如让属下报告工作一般。

冯玉祥心中一惊，"曹仲珊下野之后国事怎么办，事先有约的，由孙中山先生北上主政。言犹在耳，无需再谈什么打算！"于是，他把目光投向张作霖，希望他说明事先的承诺。可是，张作霖只淡淡地一笑，说了一句附和段祺瑞的话："焕章将军说说打算吧，咱们共同商量。"

事态明白了，没有退步了，冯玉祥仍然说："战前没有取得段老总的意见，可是，同张总司令是有约在先的，我们的共同意见是由广东孙中山先生北上主政。我想，还是等孙先生来到之后再决定吧。"

段祺瑞狠狠地摇摇头。"孙先生主政，故无不可。可是，他远在岭南，几时才能到京，尚无定期，等待不是办法。"

冯玉祥说："孙先生已有电报告知，他本月 13 日即动身北上，用不了几日即可到达。"

张作霖说："这事不矛盾。孙中山来了，最多当大总统，政府班子还是要搭的。我们把班子先搭好，等孙先生来，有什么不好？"

"我就是这个意思。"段祺瑞说，"总之，组织政府最为重要，也最为紧迫。"

听了这两个人的话，冯玉祥皱眉了。"原来他们已经又有了新的共同意见了，不等孙中山来就先组织政府。这怎么办呢？"形势很明白，三比二了，冯玉祥只有一票，再争也困难了。他想了阵子，说："先组府，也不是不可以。只是，我们必须组织一个有新内容的政府。我的意见，新政府应该实行委员制，广泛吸收各方面代表参政，千万不能再走个人专断的路子了。我想，我们要商量的，只能是这件事。"

段祺瑞有点气怒地站起来，不假思索地说："委员制，不适合中国国情，吸收众多人参政，持什么意见的人都有，怎么执政？"段祺瑞已经不是四年前直皖战争他大败时的段祺瑞了，那时候，他连立足之地也没有，除了焦急得鼻子整天歪着，跟谁也提不起神，不愿开口。现在，这一场大战曹锟败了，张作霖又想靠他，冯玉祥对他印象也不坏，他正可以趁着曹、吴败北卷土重来，再振威风。冯玉祥发出和平通电，曹锟发出辞职通电的同时，段祺瑞已经偷偷地发出了"息争、和平、建设"的通电，表明自己愿意收拾这个烂摊子，领导各方走和平建国之路。段祺瑞是曾先后六次任国务总理的人，在国中影响大着呢！何况不少省份还有他的属下。这样，时间不久，便有江苏、安徽、江西、浙江、福建、湖南、湖北、四川、陕西和河南等省都督给他发来电报，拥护他出山。有这十省的支持，段祺瑞觉得上台时机已到，他哪里愿意搞什么"委员制"政府？

冯玉祥一见天津设下圈套，段张要独吞大权了，他便不想再同他们商量什么。可是，冯玉祥在天津，已经不同于在北京那么自由，那么平安了——

除了冯、段、张接触的场合，天津传出许多传言，既不表示欢迎孙中山，又胡说"冯玉祥的部下有共产党。"连段祺瑞的主要将领吴光新也说"冯玉祥的大将孙岳是可怕的共产党。"冯玉祥感到孤立了。

正是冯玉祥进退不定之际，段祺瑞迫不及待地邀着张作霖在天津召开了什么各界人士议政会议，冯玉祥不得不参加。

那一天，会议开得很特殊，除了张作霖的奉系军政大员之外，其余多是早已失宠的皖系遗老，还有少数附皖的所谓名流。冯玉祥一入会场就锁起了眉。索性，他采取了徐庶进曹营的办法——一言不发。

会议气氛十分热烈，奉皖人物，个个春风满面，犹如宴庆大捷。张作霖身着上将军服，但面上却流露出一派文雅，对谁都是点首、微笑。会议一开始，他便"当仁不让"地拿出了"主见"。"……我和冯将军的意见是一致的，铲除了贿选政府这个毒瘤之后，请孙中山先生北上主政。现在还是这个意思，不变。只是，目下孙先生正在广州，打算北上。广州到北方千里迢迢，路途难走，几时可以到北京，还说不定。国家怎么能一日无主呢？政府首脑的位子给孙先生留着，在新政府成立之前，暂时组织临时执政的执政政府。我和段老总商量过了，他同意。咱们今天开会，就算临时执政府成立了。我建议大家选举段老总出任执政府执政。"

张作霖的话刚落音，奉、皖的人士便"噼噼啪啪"地鼓起掌来；这伙人一鼓掌，其他人也随着"噼啪"起来。

张作霖又说："咱们现在成立的既然是临时执政政府，算是过渡的，就不再设国务院了，国家的事，由临时执政召集国务会议就决定了。"

在一阵"噼噼啪啪"的掌声中建议又通过了。这样，不仅临时执政府成立了，连刚刚成立的黄郛国务院也无形中撤销了。冯玉祥大气大怒，他几乎要暴跳起来——可是，冯玉祥也明白地看到，在这个场合他孤掌难鸣，自己已处在凶多吉少的位置上，他依然采取了沉默以抗的态度。坐在冯玉祥身边的段祺瑞，鼻子端端正正，眉目嘻嘻有神。张作霖的话被掌声接受之后，他笑着对冯玉祥说："焕章将军，咱往日的意见不变，请孙中山先生来主国政，我只替他临时料理一下。不过，临时执政府的人员组成，还得焕章将军推荐。焕章将军看看由哪些人组成，请提名单。"

冯玉祥默沉沉地淡淡一笑，心想："什么事情都定夺了，孙先生决定北上日期你们也知道了，就这样迫不及待抢权，还让我推荐人员，这不是骗局么？"于是，他说："我本人和我部各位早有态度，只尽军人职责，绝不参政。临时执政府由谁组织，我们一概不问。因而，我也不荐什么人入政。"

段祺瑞正盼着他不参政呢，听他这么一说，也不再"勉强"，便说："这样也好，反正是临时执政，待孙先生到来之后，咱们再共商组府大事，那才是永逸之事。"

冯玉祥要离开天津了，他满腹愁绪和怨怨都想回到北京去重新思考，并且思考出一条自己想走的路子。当冯玉祥回到他的下榻处，一连串的消息，令他愁上加愁、怒上加怒：

——张作霖的部队没有按事先约定退出山海关去，他们在天津的主力不仅作了长驻打算，且把王承斌收编的二十三师给解除了武装。王承斌是参加冯玉祥此次政变的，他原是直隶督军兼二十三师师长，是吴佩孚解除他的职的，政变之后摄政内阁令他复职，收拾旧部。现在好，张作霖又把他解职了，王承斌只好跑到租界躲起来。不仅如此，奉军还继续向津浦、京津两路进军，大有席卷关内之势。

——段祺瑞执行伊始，便连连作出姿态，什么奉军可以进军到德州啦，不再对东南用兵啦，准许吴佩孚和平下野，不下通缉令啦，又是召开全国政治会议啦，等等。俨然以推翻贿选政府功臣自居。

——张作霖也得寸进尺，为了席卷关内求得段祺瑞支持，他一方面推荐段的郎舅吴光新继任安徽督理，一方面借口"一定为皖系骨干卢永祥出气"，拉出必取江苏的架势……

冯玉祥同刘翼他们关起门来，商量退路。"我们要赶快离开天津。"冯玉祥说，"看来，我们的心血白费了。"

刘翼说："张作霖历来无信用，没有想到段合肥也是这样的人。为了权，他们什么事都可以干出来。怪咱们不坚决，北京的事何必要他插手呢？咱们自己干什么不可以。"

冯玉祥知道刘翼这话多少是带有批评他的意思，是他冯玉祥过于顾及名誉，生怕别人骂他抢权。不抢权了，现在权被别人轻而易举就拿了过去。权失去了，连说话也无分量了。冯玉祥虽然有点后悔，但也无可奈何。只好说："听天由命吧，我相信，谁行不义谁自焚！善有善报，恶有恶报。"

"咱们现在就走。"蒋鸿遇说，"夜长梦多。张作霖、段祺瑞都是奸诈多端的人，什么坏事都干得出。"

冯玉祥点点头，但还是说："咱们来得光明，走得也要光明。明日张作霖有个宴会，我要去参加。会上说明咱们返京的态度，然后回去。"冯玉祥又在沽名。

天津的天气忽然变了，密密的云层，呼啸的西风，刚到"立冬"季节，海河里竟结了片片冰层，云卷云舒，却又落起了雪花。

天黑得特别早，夜显得更寒凉。

有人匆匆来向冯玉祥报告："有位杨先生以老乡名义来访。"冯玉祥想了想，说了个"请"字。

把客人迎至客厅，冯玉祥惊讶地扑上去，握着来人的手，连声问候，而后说："阁下深夜来访，必有见教。请坐。"

来人叫杨毓珣，安徽巢县人，现在张作霖的总司令部任职副官长。年约五十岁，高高的身个，方方的脸膛，一派严肃的面容。坐在冯玉祥面前，茶不端，烟不接，神情慌张地说："焕章，你何时离开天津？"

冯玉祥见他这神情，知道事情不好，便问："有事吗？"

"有！"

"严重吗？"

"相当严重！"

"作何对策？"

"速走为妙！"杨毓珣说："确凿消息：李景林、张宗昌已经预谋，在你赴张帅宴时对你下手。"

"下毒手？"冯玉祥说，"张作霖指使？"

"不。"杨毓珣说，"起先张大帅并不知。知道了，有言阻止，唯恐阻止不了。所以，我劝你还是速速离去！"

"不！"冯玉祥坚决地说，"本当速去，既有此事，我非赴宴不可！"

"务必谨慎！"

"深谢同乡关怀，焕章自有办法。"

杨毓珣匆匆告辞。

次日早晨，不待来请，冯玉祥即携助手主动来到张作霖的住处。张作霖刚刚起床，见冯玉祥不请而至，忙接迎至客厅。"焕章将军好早呀！差点闹得我应接不暇。"

"终归是应了大帅之邀，与其等待，不如主动赴约。"

"我知道，你就是这样一个爽快人。"

"大帅，"冯玉祥开门见山了，"焕章是个直性子人，有话喜欢说到当面。今日早来，是送上门来领命的。"

"这话从何说起？"张作霖有点焦急。

"大帅，你的部下有人算计我了。"冯玉祥说，"虽是暗算，我却明做。无论是哪位的意见，在天津卫偷偷摸摸杀害一个将军，对大帅名声都不好。我送上门来，让他们明明白白在大帅面前下手，无论对各界军政，还是对全国百姓，都算个光明磊落，不玷污大帅名声。大帅，你就下手吧！我虽带领几位助手，谁也未带武器，他们至多算来处理我的后事。请大帅不必戒备。"

"啪——！"张作霖把桌子一拍，大声说："在天津，我看哪一个混账王八蛋敢对冯将军下毒手！我现在就派人查访此事，查着了，就地正法！"他又说，"冯将军放心，你就住在我这里，我就在你身边，你不走我不离，少一根毫毛，我抵一条命！"

冯玉祥总算在天津安然无恙，当他平平安安回北京时，还在沉沉迷迷地想："赶走了一个政敌吴佩孚，又招来一个比吴佩孚更蛮横的张作霖，这何苦呢？何况又添一个事事以张作霖意志为转移的段祺瑞。"

1924 年 11 月 21 日，段祺瑞回到北京；

1924 年 11 月 24 日，张作霖来到北京；

1924 年 11 月 25 日，段祺瑞就职临时执政；

1924 年 11 月 25 日，冯玉祥向执政府提出辞呈，同时通电下野。

接到冯玉祥的辞职报告，段祺瑞心里一阵高兴又一阵慌张不安。段祺瑞明白，在北方，冯玉祥是孙中山的积极追随者。孙先生北上，冯玉祥靠紧，像他这样的老牌军阀当然就别想东山再起。段祺瑞怕冯孙结合。冯玉祥辞职，正合了他分化冯、孙关系的目的。然而，冯玉祥在军方的影响，尤其此次政变的影响，十分广泛又深入人心，人民拥护冯玉祥，冯玉祥又有实力。排除冯，排不脱；留下冯，有隐患，段祺瑞又必须把冯拉到自己身边来。段祺瑞亲去挽留冯玉祥，一而再，再而三。当他最后得知冯辞意已坚时，便想厚厚地送一份人情：把察哈尔、绥远和京兆作为国民一军的地盘给了冯玉祥，并准许冯玉祥部扩编为六个师三个旅，冯仍任西北边防督办（这是冯任陆军检阅使时的兼职）。几经考虑之后，冯接受了这个安排。1925 年 1 月，冯玉祥离开了他暂时隐蔽的天台山，前往张家口，开始了他开发西北的计划。

第二十章
老蒋给死曹锟一顶上将帽

北京，中南海。

延庆楼依旧冷冷清清。四周的树木，树叶脱光了，枝条死一般的寂寥；地面上的草枯了，一派澄澄黄黄；小溪和池塘里的水，片片断断地现出了冰层。除了几个警卫人员在呆板地蠕动之外，延庆楼和偌大的中南海都冬眠了。

囚在延庆楼上的贿选总统曹锟，也同这自然景象一样，冷冷清清，萎靡不振。他被囚多少天了？他不知道；有谁来看过他了？他也不知道；后一步路怎么走？他更是不知道。一个想主宰国家、黎民的人忽然被别人主宰了，这种失落滋味，只有他自己才能知道。可是，曹锟一直紧紧锁着眉，紧紧闭着口，夜以继日，仿佛魂魄都不守舍了。

几日之间，曹锟便明显地消瘦多了，也苍老多了。到延庆楼来的人，见他这样情形，也多是几句劝慰的言语之后便匆匆离去——曹锟是因为失宠而丧气的，谁有本领让他重新得宠、复有大位呢？昨日一早，他的四姨太刘凤威到延庆楼来了。这个还充满着孩子气的小女子一见曹锟便揉起了眼泪。曹锟望了望她，没有说话——心里不想说话。被困延庆楼之后，曹锟便对这个女人产生了异常反感，觉得她尽说不吉利的话，唱曲也不吉利。他想起了一年前在贿选紧锣密鼓进行中时，她竟唱什么"楼塌了""乌衣巷不姓王"还要"放悲声唱到老"！这好，果真被囚了，"全是这女人的过错！"然而，曹锟又一下子产生了另一种想法，由于这个想法，他忽然对小凤威亲热起来。

"凤威，"曹锟以少有的平静对她说，"我想问问你，早在我没有当大总统之前，你就唱出了今天的事，你是怎么知道会有今天的事情的？"

"我？我什么时候知道有今天了？"刘凤威早忘了。

"还记得么，你唱过一段曲儿。"

"曲儿唱得多了。"刘凤威不惊不讶，"我哪里还记得。"

曹锟把当时的情景回忆一下，又说："我想问问你，你一定有什么预感？能不能今天往前再预感一下，看看我何时能走出困境，何时还有出头之日？"

刘凤威流泪了。"我何时有那个能耐？别难为我了。当初也是一时高兴，又找不着别的曲儿，便随便拾了一首，什么预感也没有。今日也一样。你好好养身子吧，困境是会走出的。走出困境之后，万万不可再在官场了，随便在哪里买间房，安安生生过下去就好了。"

曹锟想想也是，便不再跟刘凤威谈什么。刘凤威放下携来的食物，又说了几句安慰的话，就走了。这天晚上，仍然惹得曹锟心神恍惚，一夜不眠。

今日，曹锟睡到日出之后，懒洋洋地爬起来，尚未洗脸，王坦就匆匆忙忙上了延庆楼。当初，为曹锟买总统，王坦是立了汗马功劳的，议长吴景濂的工作几乎全是由他包下来。曹锟对他感激得很着呢！今日虽困，前情不忘，他依旧呼着他的雅号说："养怡，你来了。我很思念你呢！"

"我也很思念你。"王坦说，"有些事，我想跟大帅商一下。"

"什么事还要同我商量？"曹锟说，"我还能有个什么作用？"

"总不能老是被困在延庆楼，"王坦说，"我已同各方面作了磋商，得设法先恢复大帅的自由，然后再商量下一步。"

"下一步？"曹锟有点怀疑，"还谈什么下一步，命全在别人手里了。"

"还不到这种地步。"于是，王坦把他的活动情况作了一番介绍。

曹锟被囚之后，王坦曾先后找到了王承斌、王毓芝，还有当年曹锟的老部下陆锦、潘矩楹等人商量挽救办法。大家都觉得，应该也先恢复曹锟的自由，赚回失去的面子，过渡几天，而后平安下台，并决定先去走张作霖的路子，因为曹张既是好友又是亲家，会帮忙的。但是，王坦对曹锟只说了恢复自由，赚回面子的事，以后有没有台，如何下台便丢下了。"老帅，大伙都觉得只有这样做了，所以我特地来与大帅商量，想听大帅有什么意见。"

曹锟锁起眉，只沉思着，没有说话。不是没有话说，是在思索该怎么说。

曹锟何尝不想恢复自由，越早越好。被人囚起，不是滋味。可是，大权已失，想有自由，又是那么容易的事吗？张作霖发动这一场大战，就是要推翻他，打倒他；现在，他被打倒了，张作霖目的达到了，他会反过来再拉他一把？曹锟不相信。所以，他沉默。

王坦理解此刻曹锟的心思，便说："老帅不必顾及这些，张雨亭毕竟同老帅关系非同一般，转圜的余地还是很宽广的。"

曹锟眨了眨疲惫的眼睛，才轻轻地点头，说："只要赚回面子，我就很满意了。你们瞧着办去吧！"

"老帅还有什么困难吗？"王坦问，"我可以帮助解决。"

"没有困难。"曹锟说，"到这个地步了，还能有什么困难？除非家人的生活。"

"我可以送点钱过来。"

"不必了。"曹锟急忙摇手，"早几天，孙岳来过了，他送来两万块钱，可以做为零用了。"

"孙岳来了？"王坦心里一惊。他没有想到指挥兵马围困总统府的孙岳会来。

"孙岳来了。"曹锟加重了语气说，"他跟我见面时，还痛哭了一场。"曹锟还想说下去，但又停下了。王坦想再探听一下，也停下了。

为了恢复曹锟自由的事，王坦匆匆忙忙赶到沈阳，找到他的同学杨宇霆，又找到好友郭瀛洲等人，通过多方周旋，他终于见到了张作霖。

张作霖在一个小会客厅里接见了王坦，先听了王坦表明来意，然后说："谢谢你们的好意，我早就给冯玉祥打了电报，让他好好保护三爷，不准伤害，况且三爷对他也是有恩的，他一定会照办。至于以后的事情，大家商量吧，我是不够格的。"

王坦说："曹三爷经过这番变动，他也厌烦了。只给他赚赚面子，平安下台，他说很满意了。阁员们都和我一样想法，直方将领也没说的，只有冯玉祥不知道，我也不能跟他谈。"

张作霖点着头，又说："好吧，回去见曹三爷替我安慰他几句。没有什么，别看打仗，我俩还是儿女亲家，更是朋友。冯玉祥替咱打仗，那是一百万小洋钱买的他。他不能主张国事。"

王坦又问："雨帅对国事怎么看呢？"

张作霖笑了。"我是军人大老粗，不懂什么政治，捧谁都行，反正我是不够格的。我跟曹三爷本来是至交，又是亲家，都是让吴佩孚这小子闹得失了和气。别看现在这样，远近心里分，我跟他还是青山不改！"

"这么说，我就回去了。"王坦告辞。

张作霖起来送行。"以后在北京有事情，可以跟李景林、张学良他们联络。"

王坦从沈阳回到北京，向曹锟详详实实地汇报了见张情况，曹锟一阵欣喜，觉得"再起"有望，蒙在面上多日的愁云，多少有点消散。不过，曹锟欣喜得早了点，莫说"再起"，就是恢复自由，也尚须时日——张作霖虽又先后派郭瀛洲、杨宇霆来北京活动曹锟自由事，终因各方掣肘，事情还是被软软地放了下来，不能见效。

大混战的年代，事情常常突变，冯玉祥联合张作霖打倒了曹锟、吴佩孚不久，冯张两家又打起来了。先是冯玉祥的国民军同李景林的奉军开战，李景林败退；继而张宗昌的直鲁军战冯的国民军，国民军败；而后两军又在天津周围混战。此时，奉军内部郭松龄反张作霖，又是一场混战，冯玉祥支持郭松龄；郭败被杀，张作霖又以全力攻冯，以报复冯支持郭之恨。冯失败，宣布取消国民军名义，通电下野。冯的守京部队鹿钟麟部撤出北京。

大混战倒是为曹锟"战"出了出头的良机，段祺瑞执政宣布曹锟自由了！

曹锟大喜如狂，立即将家人招到延庆楼，大有凯旋之势，搞了一场喜庆，并且暗自下了"在延庆楼定居"的决心！

曹锟恢复自由的第二天，王坦把张学良、张宗昌、李景林领到延庆楼。张学良一见曹锟，便跪倒在地，连连磕头。一边磕头，一边说："三大爷，我给您老赔不是来了。我爸爸说对不起你，我们一定拥护你复位，大总统还是您的。"

曹锟早已从王坦那里知道了张作霖的态度，他心里比较轻松了。现在，张学良跪在他面前，又说了那么一番话，心里早有些乐了。一乐，面上也呈出现嬉笑——就像日坠西山的晚霞那样，暗淡的面容，又现了回光！不过，他还是摇头叹息着说："咳！不能干了，我德薄能鲜，以后国家大事要靠你们青年人了。"

张学良忙着又连连磕头，说："我爸爸说了，您老尽管复位，做你的大总统，有他老在旁边站着，看谁敢说什么。"

李景林、张宗昌也说："我们一定拥护您，您尽管放心。谁不听话也不行。"

曹锟心里热乎乎，真想立即发出声明，再登大位，重复握权，发号施令。可是，曹锟毕竟是被人囚起来过，自由了，也还是个罪身，并没有什么掌权人为他解脱。所以，他还是说："一年多，我什么事也没办，倒吵起家窝子来了，闹得天下大乱，黎民不安。你们看，我还能再当大总统？"

张学良说："三大爷，你老别说了，再说别的，就是不原谅我们了。那我就跪在这里，永远不起来了！"

王坦是个机灵人，一见这情形，便插话说："这都算不了什么，过去事就都不要提了。亲戚朋友会吵嘴，兄弟手足也会吵嘴，父子有时也会吵嘴，夫妻吵嘴的时候更多。怎么能都记在心上呢？"

张学良告辞了。

王坦送他出来。

张说："养怡，你明天再好好地跟三爷说说，咱们一定就这么办了。"

王坦心里明白，张作霖这层意思虽好，却不知段祺瑞是何想法。目前段还在执政，他能答应让位吗？不过，王坦还是说："好吧，一切包在我身上了。"

第二天，王坦真的又到延庆楼去"动员"曹锟。

曹锟一夜未曾合眼，他睁着眼睛做梦了，做的就是复位梦。这一梦比真的还真，他连人员安排，工作项目，今后前景都作了详详细细的思索。早晨，虽觉精神疲惫难耐，却还是挺着，准备迎接新的一天！见到王坦又来了，他的心思自然又落到张学良身上。他急焦地问："养怡，你说张学良这个小孩子，他说的话算数么？靠得住么？"

王坦心里虽然悬着，口中还是说："靠得住，没问题。是张作霖叫他来的，这我全知道。没错。"

曹锟高兴了，他将了将多日蓬乱的八字须，脖梗儿也挺直了，疲惫的眼睛也能睁开。他微笑，点头又晃脑，但却没有表示接受复位。乐了半天，才说："让我再想想吧，该进该退我考虑成熟了再说。"

——曹锟毕竟是官场上的老手了，延庆楼这一场囚灾，使他更成熟了，他不敢迈大步，他想走稳点。一方面让身边的人再去探探老部下各位的意见，看看他们赞不赞成复位；另一方面，还想把位复得体面些。这些事安排好之后，他把原总统府秘书长张廷谔偷偷地叫到延庆楼，对他说："廷谔，有件事想请你办办。"

"什么事？老帅请说。"张廷谔一如既往，恭恭敬敬。

"给各省军政界发个电报，通通气，联络联络。"

"以什么名义？"

"这个……那就以我个人名义吧。"

"内容呢？"

"告诉他们，冯玉祥部已撤出北京，北京安静如常，我也挺好。今后的事么……你看看，措个什么辞都可以。"

张廷谔明白了，曹锟想复位了，想复位又想复得光彩。"他想让各地都拥护他复位，复位名正言顺！"于是，说："我明白了。我去办。我会随时告诉老帅各地情况。"

张廷谔去发电报去了，曹锟又做起了白日梦：他觉得电报一发出，各地会立即响应，电报会雪片似的返回，他便可以名正言顺……

谁知天不遂人愿，曹锟的电报发出之后，各省军阀反映冷冷清清。原来他们都观望着吴佩孚。吴佩孚虽然败了，但经过一度休养，又有些势力了；吴是直系的中流砥柱，吴沉默，谁愿说话呢？何况，虽然冯玉祥退出北京了，张作霖、段祺瑞却赖在北京。所以，谁也不愿意对曹锟的电报"点"个头。

曹锟又垂头丧气了，刚刚回到脸上的一丝"回光"又消失了。这一次，虽然未曾"死"去，他却明白身价了。

曹锟和他的妻妾们终于自觉地从中南海搬了出来。他搬进了羊市大街自己的私宅。住进羊市大街的曹锟，真正感到失落了：院门紧闭，无车无马，不仅没有团团转的护卫侍从，连亲信的男男女女也不见踪影了。"难道我就这样了此一生了？"他觉得不应该是这样的，他还有风光时日！

曹锟自认为对张作霖是诚心的，张作霖保他复位也是真心的。"张学良跪请我复位时我答应他就好了。答应了，他和他老子总会有办法的，那就不至于是今天这个局面。"

曹锟对各地冷落他的电报很纳闷："我明明告知他们北京的情况了，他们为什么不声不响呢？难道真的是吴佩孚起了作用？这个吴子玉为什么也不声不响呢？"

一想起吴佩孚，曹锟的眉锁得更紧。他和吴佩孚相识相知二十多年了，一直是亲密无间的。吴佩孚到曹锟麾下时，仅仅是一个学测绘学的营部队官，是他曹锟——堂堂北洋陆军第三镇统制，精心栽培，一手提拔了他，让他做了封疆巡阅使！"人人都忘了我，他吴佩孚不该忘了我！"曹锟锁眉有时，信心依旧不变："可能吴子玉不了解北京情况。我派人去向他通融一下。他明白了，必然不会再沉默不语。"

他把王坦请进羊市大街私宅——现在，只有这一位当初的副参谋长，后来的陆军部次长还算形影不远了。住在沙井胡同的王养怡一如既往地为曹锟鞍前马后奔走。曹锟对他说了心事，又表了一下态度，说："吴子玉离开北方有一年了，对北京情况知之甚少，就跟咱们对他的情况知之甚少一样。所以，他对咱们的电报默不作声。我想，若是他知道了咱的情况，他是不会沉默不语的。"

王坦说："老帅想得对。吴玉帅跟咱们，那是没说的。"

"唉——！"曹锟长叹了一声气。"如果能有一个合适的人到汉口去一趟，把北方的情况，把咱们的情况对他说说就好了。"说这话时，曹锟表现出了孤独感，冷落得竟自摇头。

王坦机灵，知道曹锟是想让他去汉口，因为他身边再没有人了。忙自告奋勇，说："我去一趟吧，也好跟子玉细细研究研究今后的情况。"

"那就有劳你了。"

败走的吴佩孚，几经波折回到洛阳老巢，本来还想再振"八方风雨会中州"的盛世。但是，已经今非昔比了，他的河南阵地多被国民军占了去。不得已，他想南下，再图一个衡阳盛世。但那也是今非昔比了，湖南萧耀南便冷落了他。他只好在汉口安下了老营，待机再起。就在吴佩孚住汉口不久，王坦风风火火从北京到了汉口。

王坦的到来，吴佩孚先是欣喜，以为这个陆军次长也走投无路了，想来汉口找碗饭吃。要不然，北京到汉口交通早已中断，他艰艰难难地到这里来干什么？于是，他打算拉他一把。

　　王坦来汉口也实在不容易：坐一段火车，骑一段毛驴，有时还要坐马车，再坐火车，足足行程七日，才来到汉口。若不是为了老帅的大位事，他才不吃这个苦呢！

　　吴佩孚在汉口查家墩他的临时司令部客厅接待了王坦。二人一见面，吴佩孚便打趣地说："炮手来了。这一下，没把你这土蛋（土旦——坦）砸碎呀！"

　　王坦也笑着说："不但没砸碎，还磨成铁的了。"

　　"近来还好吗？"

　　"彼此彼此！"

　　"离开北方年余，顾不得老帅了，他还好吗？"

　　"好。"王坦说，"他已迁到羊市大街老宅去了。"

　　吴佩孚避开北京情况，转而问王坦："此次来汉，你想干点什么？说吧。"

　　王坦知道吴佩孚误会他了，便说："我干什么都可以，不过这倒不忙。我想还是先把总统的事办妥当了，再说我个人的事。"

　　"总统的事？！"吴佩孚感到惊讶，仿佛总统不该再有什么事了。

　　王坦开门见山，把拥曹复位的事说了一遍。然后说："张作霖那边已经没有问题，张学良在总统面前再三表白过了，其他方面也都说妥了，特来跟你商量，看你有什么意见。"

　　吴佩孚沉思片刻，说："你这种想法和做法，都是应当的。不过，恐怕难以实现。"

　　"各方还是支持的。"王坦说。

　　"那是假象。"

　　"怎见得？"

　　吴佩孚说："我自山海关下来，一到汉口，就打出通电拥宪、护宪，人家都不理，怎么能再提呢？"

　　王坦说："老帅的事，还是有余地的。我想，主要是同各方面通融的问题。"

　　"三爷这个人你不是不清楚，"吴佩孚狠狠地摇摇头，"在前台，他是唱不好的。我看还是请他在后台呆呆吧。等我把大局奠定了，咱们再商量。"

　　王坦一见吴佩孚推辞了，知道事情困难了。但他还是说："玉帅，今非

251

昔比，现在同你在山海关刚下来的时候不一样了，盱衡大局，还是得咱们说了算。大家自然是以你马首是瞻……"

不等王坦把话说完，吴佩孚便摇手阻止。"好马不吃回头草。养怡，你忘了，兵不再役！现在这形势，三爷复位不是一件好事。我劝你和各位都死了这份心吧。你也好好劝劝三爷，寻几日安静，度度晚年好了。"

再无转圜余地了，王坦只好悻悻地返回北京。

王坦离京之后，曹锟便以兴奋之情在等待那个兴奋的时刻——他很自信，他觉得他的代表一到汉口，吴佩孚便会积极响应，明白表示态度，他就可以即日复位，光光彩彩地回到中南海。"即便过一天那样的日子，我的面子也就赚回来了。那样，我再领着全家，退出政坛，回到我想去的地方。"

王坦回到北京了。王坦来到曹锟面前。

王坦没有像当年去活动议长吴景濂那样春风满面，带给曹锟一派明媚的消息。当曹锟以忧喜难定的心情迎接他的时候，王坦直截了当地对他说："冯玉祥没有反了您，吴佩孚可真反了您了！"

曹锟惊讶着问："他说了些什么呀？"

王坦将吴佩孚的话原原本本说了一遍，曹锟顿时冷了脸膛：他呆呆地坐下，紧紧地勾起眉，缓缓地垂下头，为王坦准备的香茶尚未及送到面前便冷在那里了。这突如其来的冷静，使小小的客厅猛然显得冷气飕飕。好一阵时间，曹锟像是为自己解嘲，又像是安慰王坦似的说："子玉不会不相信你，也不会不相信我。我早就想到，他会怀疑张作霖对我这样卑躬屈膝是不是不怀好意。这也不用怪他。先不用说了，你好好休息休息吧。"

王坦走了，曹锟的心也冷了，"宦海沉浮，不可再恋了！"曹锟在羊市大街只住了几日，便决定搬出北京，搬到他的根据地保定去——那里有他的宽敞宅基，有他的花园，有他的戏院，有他昔日许许多多的美梦！

吴佩孚毕竟和曹锟是生死与共的朋友，虽然不同意他再当总统，却想为他安置一个好的生活环境。于是，在曹锟到保定不久，吴佩孚便把他接到开封，在宋朝宫廷旧址——龙亭为他安排了一个幽静处。曹锟到也愿意在这里修身养性。

然而，在时局大动之际，哪里也寻不到安静之处。1927年2月，奉军为了阻止国民革命军东进河南，渡河南下。吴佩孚自郑州逃走。曹锟在开封无法住下去了，只好匆匆离开河南，回到天津，在英租界内的 19 号路，和郑夫人、陈夫人住在一起；刘夫人则住在英租界泉山里自己的小洋房，守着一双儿女。自此，曹锟开始了练气功、写字、画画，继而念佛诵经的晚年生活。

尾 声

海潮，海风，一年四季浸润着天津卫；天津卫在风潮中平平静静地一天一天演绎着自己的历史。

曹锟定居天津的第二年，忽然得了一场大病，卧在床上，几乎无法动了。请医生给检查检查，医生说他是糖尿病发作了，而且发作得十分严重。"这种病，治疗并无特效药，主要还是生活多注意，再加上好好护理。"曹锟可不是这样想，他知道他的病不是糖尿病，他是被气的。曹锟没有官场应酬了，家事似乎更沉重。他的养子曹少珊，虽然在他有了儿子以后又归宗到老四曹锐门下去了，可这个小东西依然控制着曹家的财产，并且十分苛刻这个逊位的大总统；三姨太陈氏和四姨太刘氏更加不和了，不和到不能在一处住；陈氏性情古怪，又专权惯了，曹锟同她很合不来；刘氏的一双儿女常在外边惹是生非，弄得人家常常闹到家中……家事愁人呀！曹锟对前来看望他的大哥曹镇说："大哥，不要为我看病，我想从这里搬出去，搬到泉山里凤威那里去住。只是……"

曹镇说："我明白了，凤威这几年对你冷了。我去对她说说，她会让你去的。"

老大出了面，刘凤威给了面子，把老头子搬了过去，随即请了天津著名的西医梁宝鉴、德国医生巴勒弟给他治病，再加上自己精心护理，曹锟很快恢复了健康，精神也好了。于是，他画兴大发，终日伏案挥毫，梅呀、蟹呀，山石呀，还画得一笔好虎；并且给自己刻了两枚闲章，一曰"一点梅花天地心"，一曰"万代一如"，每画成或书成，总把这两枚章盖上。

有一天，曹锟觉得精神特好，坐在院子里跟凤威闲聊。聊阵子之后，忽然说："凤威，好久不听你唱曲了，今儿有精神，孩子又都不在家，唱一曲怎么样？"

"罢哩罢哩，"刘凤威赌气说，"唱不好，你又怪我，什么'楼塌了'咒你下野。我可担当不起。"

"过去的事别提了，现在轻松了，也该乐一阵了。"

刘凤威笑笑，说："日子过到如今这地步，你还有心情听曲？"

"咋没有！"曹锟说，"前儿我还请我的画友齐白石为我刻了一块闲印，准备我七十岁以后用的。你说是什么文字？"

"印你不给我看，我怎么知道是什么字？"刘凤威撒娇地说。

"我告诉你吧，"曹锟说，"是这样几个字：弱冠从戎服劳国家四十年七十以后怡情翰墨之作。"

"呀呀，这么长的印文，谁记得呀！"

"只记'七十以后怡情'就行了。"曹锟又说，"'怡情'就是闲情。听曲也是闲情。唱一曲吧！"

"苦中求乐！"刘凤威终于答应了。于是，思索思索，便唱道：

> 休去采芙蓉。
> 秋江烟水空。
> 带斜阳、一片征鸿。
> 欲顿闲愁无顿处，都看在，雨眉峰。
> 心事寄题红。
> 画桥流水东。
> 断肠人、无奈秋浓。
> 回首层楼归去懒，
> 早新月、挂梧桐。

曹锟眯着眼想了想，竟想不起是谁的曲子了，但其意思却是明白的。他轻叹一声，说："凤威，这曲子太低沉了。不知你是为咱的身世感叹，还是为国家忧伤？"

"又来了不是！"凤威说，"我哪里有那个心胸，忧国忧民？只是随便拣来罢了。以后什么曲也唱不得了。"

曹锟轻摇首，再不说话。

有一天，曹锟抱着用重金买来的一尊金佛送到天津大悲院，院方接受之后正想询问他的姓名、住址、目的，他早已匆匆转身去了。路上，曹锟又拐到一家画店，取得早日约定的一帧《圣迹图》，回到家中，恭恭敬敬地放在卧室，还给自己制定了朝拜的约法——现在，佛在他生活中占据了相当的位置。仿佛他一生追寻的东西今天终于求到了，那就是佛。只有到了晚年方才追寻到的佛。他要与佛共渡，要享受来晚了的"幸福"。曹锟成了天津居士林敬佛圣地的忠诚者，自己从不迟误，并且还携带刘凤威去。早些时候，凤威患了病，曹锟便让她的二姐姐风风火火地去了浙江普陀山、山西五台山烧香拜佛，求其保佑。

就在曹锟虔诚地拜求佛祖保佑的时候，中国出了大灾难：日本人打进来了。"九·一八"事变之后，东北沦陷了，华北渐渐成为日本人的地盘。日本人要用"华人治华"的办法来统治中国，于是，华北出现了汉奸组织"冀察政务委员会"。

有一天，几个日本人身着便装来到英租界，邀请曹锟出山就大任。曹锟自搬入泉山里之后，一切都听从刘夫人的，此事当然也要问刘氏"怎么办？"

刘凤威出身贫寒，这些年经历坎坷，心胸竟是开阔了。一听说要给日本人办事，就寒起脸膛说："日本人打进中国来了，东北人受了大苦，这罪行还不够大的？咱就是每天喝稀粥，也不能出去为日本人办事。"

曹锟点着头，说："好，绝不替日本人办事。"日本人被拒之门外。

不几天，已经做了"冀察政务委员会"委员的曹锟的好友、部下齐燮元深夜来访。刘凤威知道他是来做说客的，便不开门。齐只好扫兴而去。再几天，曾经做过曹锟麾下国务总理的高凌霨又来当说客，曹锟正躺在炕上吸大烟，一见高凌霨，便脸色大变，放下烟枪，大声吼道："你给我滚出去！以后不许再进我的门！"

高凌霨退了出去，再也没敢来过。

日本人不敢来了，汉奸不敢来了，曹锟依旧写字、画画、念佛。

有一件事打破了曹锟的平静：陈氏所生的儿子士岳——也就是当年吴佩

孚收回岳州时他得的儿子叫"得岳"的，因为开枪打伤了自己的原配夫人袁怙贞，被娘家人告上法院，蹲了班房。吃官司蹲牢已是失面子、丢人的事，这袁怙贞是袁世凯第八姨太郭氏所生的排行十四的女儿，袁世凯虽已早死，袁氏影响仍在，虽然官司之后两人离了婚，国中小报把曹袁两家前前后后宣闹得沸沸扬扬。曹锟更觉见不得人。于是，常常郁郁闷坐，精神渐渐消沉下来。还有一件事，也被小报炒得天下皆知：陈寒蕊与刘凤威争宠失和，曹锟从陈氏处搬到泉山里刘氏处了，陈氏大怒。于是，陈刘大打出手，陈被打伤。这个名门出身的娇小姐哪里容得下梨园小妮子的欺负，遂买通英租界工部局职员和巡捕，雇了一批流氓打手，又用一万大洋聘请美国流氓律师做法律顾问，准备以武力进行报复。刘凤威也不示弱，于是效其办法，也买通英租界工部另一部分职员和巡捕，雇了流氓做护卫，在住宅四周巡逻，持枪警戒，如此僵持多日，京津报纸便兴风作浪，一时间，曹家桃色新闻漫天飞……

曹锟急了，把五弟曹钧叫来，揉着眼泪呼着他的雅号，说："秉权呀，秉权，你快快扑灭这团火吧，咱们不能把祖宗的脸面都丢尽呀！这个人丢不起。"

曹钧像孝子一般，拜了陈氏拜刘氏，总算把这幕丑剧给结束了。可是，曹锟那朽残的心灵上又平添了一块伤疤。

到 1938 年 5 月 17 日，曹锟终因多病相加，又添肺炎，医治无效而在泉山里病故了。这一年，他七十六岁。

曹锟毕竟是有影响的人物，亲友、旧部、家人等数百人为他披孝举葬，灵柩暂厝天津英租界公墓。

因为曹锟一直住在租界、又葬租界，吴佩孚平生"三不"（不借外债、不进租界、不纳妾），所以，探病、吊丧都是由夫人张佩兰代行。不过，吴佩孚在北京家中却是为曹锟重孝举哀痛哭号啕！如此，这两个人总算情意笃厚结交了一场！

国民政府有感于曹锟拒绝与日本人合作，除派代表到天津吊丧外，并于 6 月 14 日发表特别训令，予以表彰，并追授曹锟为陆军一级上将。

曹锟去了，他给中国北方大片的土地留下了斑斑疮痍。